石原昌家
ISHIHARA Masaie

沖縄

国家に捏造されろ

準軍属扱いされたい

験

インパクト出版会

新装改訂版の　まえがき

本書をお読みいただくうえで、まずは凡例七をご確認のうえ、知っていたら理解が深まるもっとも基本的なことを、最初に述べておきたい。

日本政府厚生省（現厚生労働省）は、沖縄戦で日本軍が住民を斬殺（虐殺）したり、集団死に追い込んだりした（それを軍命令による「集団自決」と政府は称している）ことを一九五七年までには、沖縄現地で調査を実行して、実態を把握していた。そして、その被害住民を軍人同様な戦闘参加者という身分で靖国神社に合祀して、遺族には遺族年金（遺族給与金と称している）を支給してきている。ところが、同じ政府の文部省（現文部科学省）は、日本軍の住民殺害の記述を教科書から削除したり、教科書執筆者に「集団自決」の記述を命じたり、「集団自決」の記述から、軍関与を削除したり、政府内でまったく相反する認識を示している。それは一体なぜだろうかという疑問を抱き、その答えを見つけるという問題意識をもっていたら、史資料に語ってもらう本書のテーマが読み解きやすくなると確信している。

＊

一九七〇年から「子や孫に同じ体験をさせないために」と生存者を説得し、沖縄戦の戦場体験を聞き取りしてきた。真実に迫る事実の体験証言を集積していけば、軍事を拒絶する力になると思っていたのである。しかし、凄惨な戦争体験者自らが自衛隊の軍備増強を主張する声に接し、非軍事による平和な社会を創るのは容易なことではないという課題意識をもって、本書を執筆した。

戦後いち早く、再軍備に着手した日本政府は、沖縄戦から六年余で米軍政下の沖縄で遺骨収骨状況調査を実施した。そこで沖縄戦の実態を知り、戦争被害住民への綿密な対応策に着手してきた。その事実を明確に把握できたのは、つい十数年前のことである。それも戦争遺家族が起こした裁判で、日本政府による沖縄戦体験の捏造を解明する機会を与えられたことに拠った。

二〇〇八年三月一九日に沖縄靖国神社合祀取消裁判が原告五名によっておこされるまで、軍人恩給法にかかわる戦傷病者戦没者遺族等援護法（以後、援護法と略記）と靖国神社合祀について、私は正面から向き合うことはなかった。しかし、その問題を知らないことには、沖縄戦体験の研究者としての資質が問われかねないほどの最も重要なテーマだったのである。

それまで私は沖縄戦体験の聞き取り証言の記録には、ぼう大な労力を注ぎ、それにもとづいて、沖縄戦の意味することの解明には注力してきた。ところが、戦争をおこした国家がどのように沖縄戦体験を認識し、戦争遺家族にどのように向き合ってきているのかについて究明することに焦点をあてようとはしてこなかった。

五名の原告団から裁判の専門家証人として法廷で証言することを求められ、はじめて援護法と靖国神社合祀に関する史資料を探索し、その内容を吟味した結果、ことの重大性を認識するに至ったのである。

一九七〇年から勤務してきた大学の定年寸前の二〇〇五年から、援護法と戦争被害住民の靖国神社合祀の実態を知ることになった。そこで日本政府が住民の沖縄戦体験をどう捏造し、どのように向き合って来ているのかを熟知するに至った。

ひとことでいえば、援護法で被害住民が国にからめとられている沖縄の姿が浮き彫りに見えてきたということである。私が知らなかった戦後沖縄の歴史を原告五名の提訴により、明らかにすることができた。それは大学の定年退職寸前だったので、あやうく肝心要のテーマを見過ごすところであった。

そのとき、何がわかったのかということを、史資料に語ってもらうということが、本書執筆の動機である。

＊

本書は、『援護法で知る沖縄戦認識――捏造された「真実」と靖国神社合祀』（凱風社、二〇一六年刊、以後、旧著と称す）の新装改訂版である。旧著を出版してまず明確にできたことは、日本軍に直接殺されたり、死に追いやられたりしたりした老幼婦女子（戦争当時の非戦闘員を表す用語）が、援護法によって天皇のため、国のために死んだ戦闘参加者として扱われて靖国神社に祀られ、遺家族には遺族給与金が支給されるという、いわば国にからめとられている沖縄の姿を浮き彫りにできたことである。

沖縄戦の原因や戦闘経緯・戦術や戦争を引き起こした帝国日本国家とその天皇の軍隊、皇軍について研究することと、戦後の日本政府が、戦争体験をどのように認識し、どのように対処しようとしているのかを解明することは、いずれも重要なテーマだということをはっきり理解できた。

その明識のもと、戦争を強いた国家（日本政府）によって、住民の沖縄戦体験がどのように扱われてきているのかということが、私にとって最重要な研究テーマとして、取り組むことになったのである。

それまで、沖縄戦に関する講演依頼はあっても、戦争を引き起こした日本政府がその沖縄戦の体験をどのように捏造し、戦場死者と生存者にどのように向き合ってきているかについて、講演依頼をうけることはなかった。

しかし、旧著発刊後、そこで提起された問題を真に理解しようとして、私に講演などの依頼をしてきているのは、主として沖縄靖国神社合祀取消裁判の原告団と支援者や沖縄のキリスト教会の牧師や信者、靖国問題に関心のあるグループのかたがたが中心だった。

ところが、昨年（二〇二一年）九月と十月、梨の木ピースアカデミーの若い世代が「犠牲と援護法から考える沖縄戦」というテーマのもと、私が「ヤスクニと援護法」というタイトルで二回連続講座をオンラインで実施することになり、質疑応答も行えたのは、画期的なできごとであった。援護法への関心が、広がりつつあることを実感している。

沖縄のキリスト教会の牧師さんたちは旧著を読み、「国家の圧力」というわかりやすい見識を示され、その演題でオンラインによる講演を昨年二月と九月に企画された。

私が、呻吟しながら史資料にもとづいてひも解いてきた日本政府による被害住民の沖縄戦体験のからめ取りを、いとも明解に「国家の圧力」と表現したのである。ドイツ在住の方もオンラインで二度も視聴されたというのは、新型コロナ禍がもたらした思いもよらないできごとであった。

その講演が伏線になり、梨の木ピースアカデミーでの同月の「ヤスクニと援護法」の第一回目の講座のとき参加者から質問をうけるや、再認識を得ることができた。

＊

歴史家・家永三郎氏が沖縄戦における日本軍の住民殺害の教科書記述で、その前に「集団自決」を書き加えるようにと、政府に命じられた（修正意見という事実上の命令）のは一九八三年だった。（詳細は本文）。それは援護法で一九五〇年代に示されている日本政府の沖縄戦体験の捏造を家永氏に押し付け・圧力を加える行為だったのだと、認識を確かなものにすることができた。

日本政府が、援護法を老幼婦女子にまで拡大する要件として定めた「戦闘参加者概況表」の二〇の事例に含まれる「集団自決」と「住民虐殺」を書かせたのだということに気がついた。日本政府のいう「集団自決」とは、天皇ため、国のために崇高な犠牲的精神により自らの命を絶った老幼婦女子という認識である。

第三次家永教科書裁判の第二審、東京高裁で原告家永氏側の証人として沖縄戦体験者や戦争死没者の思いを背負って、証言台に立ってきたが（一九九一年十月二十一日）、それは国が住民の沖縄戦体験を捏造した援護法で示された沖縄戦認識の押し付け・圧力に対する反撃だったのだと、いま確たる認識に至ったのである。

三〇年も経って、いまごろ気がついたのかというそしりは免れないが、国家は、それほど巧妙に民を操っているのだと改めて確認できた。

沖縄靖国神社合祀取消裁判の原告団が行動をおこしたので、日本政府によって捏造された沖縄戦体験の認識が沖縄社会の強固な岩盤となっている常識を破壊する端緒になったといっても過言ではない。本文で説明のくり返しが多いのは、常識となった言葉をくつがえすためだということをご理解いただきたい。

おそまきながら、沖縄戦体験を日本政府がからめ取っている援護法と靖国神社合祀の仕組みが根底から分かったところで、いま、沖縄を取り巻く軍事状況を見わたすと、自民党政権が「戦争ができる国」へと強行採決して法整備し、日本の国の姿を変えていることに慄然(りつぜん)とする。本書では、日本政府が沖縄戦体験を捏造する真の目的は、ふたたび、戦前同様な「軍事国家日本の再形成」への道を切り開いていくことにあった、ということが史資料を裏づけに用いながら、解明できた。

同時に「からめとられている沖縄」が、いまどのような姿になっているのか、その概略でも知ることは急務である。

＊

先人は「平和なとき、戦争は準備されていく」という教訓を残している。つまり、人びとが平和だと思っているとき、戦争の準備が進んでいるということである。さらに先人は「平和は、眠りを許さない」ともいう。それは、非軍事による平和を創るのは、眠りを許さないほどの労力を要するということであろう。

そこで明確にしておかないといけないのは、平和といっても「軍事による平和」か「非軍事による平和」か、ということである。

積極的平和ということばは、非軍事による平和を基本とする平和学の泰斗ヨハン・ガルトゥングが世界で初めて提唱した。だが、こともあろうに、戦争ができる国へと邁進してきた安倍晋三元首相は積極的平和主義ということばで、軍事による平和を提唱している。したがって、その違いを若い世代には、とくに峻別することが求められよう。

インパクト出版会から旧著の新装改訂版を出版するにあたり、付録の年表を補記していった。それは、二〇二一年八月十七日付け沖縄タイムスに寄稿したつぎのような問題意識を根底にしている。

　『軍隊を誘致せよ』というショッキングなタイトルの本には唖然となった。本の帯には「わが町に軍隊を！　商店街が栄え、水道・鉄道が通る…『地域振興の切り札』として軍隊の誘致に奔走した都市住民たちの姿に迫る！」とある。裏表紙には「日清・日露戦争後、全国で軍隊誘致運動が起こり、敷地の献納合戦にまで加熱した。地元への経済効果、水道・鉄道などのインフラ整備、遊郭設置問題などから、住民が軍隊と共存しつつ都市形成と振興をめざした姿に迫る」（松下孝昭著、吉川弘文館、二〇一三年）と記されている。翻って今日の〈琉球弧〉南西諸島の軍事化の過程で、そのような要素が内包されていないだろうか。

その問題意識をもって本書改訂版の年表を追記していくと、尖閣諸島をめぐる中国との軍事衝突を視野に入れた自衛隊の南西配備へのシフトによって、宮古・八重山諸島の軍事化が強行されつつあることが明白になる。「ぬちどぅたから（命こそ宝）」という沖縄の非軍事平和思想を根底に、住民の必死の反対運動にもかかわらず、それを容認する住民が多数を占めている。地獄のような戦場から生き延びた人たちと同時代を共有しているにもかかわらず、再び戦争前夜のような様相を呈している。

現在あらたな自衛隊配備には、「軍隊を誘致する」という、県外のような積極的ではない住民意思が、与那国、石垣、宮古島で示されている。ところが昨年（二〇二一年）一二月九日、北大東島村議会では自衛隊の働きかけもないにも関わらず、自衛隊誘致の意見書を全会一致で可決した。まさに「軍隊を誘致せよ」の沖縄版といえよう。それは軍事基地建設を容認・誘致しているということでもある。戦前の有事法制の現代版の安保関連法、特定秘密保護法、基地周辺の住民を規制する土地規制法、などが強行採決され、ほぼ戦前同様の軍事国家体制が完成しつつあるので、再び琉球弧・南西諸島の戦場化が現実化しつつある。

戦前の絶対主義天皇制の国家体制、警察国家とは異なり、一応は「民主国家」体制のなかで、戦前同様な国家体制が「民主的投票」制のもとで、復活されつつある。反対の意思が示されなかった戦前より、きわめて危機の時代に直面しているとうけとめたい。

このような時代状況の中でもとくに若い世代には、平和の島を希求する琉球弧・南西諸島非軍事化の理想をかかげて時代に抗うことを期待したい。本書は、旧著は分かりづらいという読者の声に応えて追加した凡例を前提に、全般にわたって十分吟味し、七二ページも増頁して理解しやすさを追究したリニューアル版である。なお、本書のキーワード「集団自決」でいう自決とは、「(軍人などが) 自殺すること」(学研国語大辞典)。「責任を感じて自殺すること」(岩波国語辞典)。「責任をとって自殺すること」(明鏡国語辞典) とあり、沖縄戦中の非戦闘員に適さない言葉だとあらかじめ明言しておきたい。

目次●国家に捏造される沖縄戦体験――準軍属にされた0歳児・靖国神社合祀

Ⅱ　援護法と靖国神社合祀　107

[第七章] 六歳未満児への適用と戦闘参加者に関する仕組み 285

［凡例］

●筆者の「地」の文について

一、登場人物の肩書は、当時のそれである。

二、頻出する用語は読書の煩雑さを避けるために原則、初出のみ括弧（「　」）付きで表記した。

三、新聞の見出しは《　》で示した。

●文献（史資料）からの「引用」文について

一、文中の〔　〕の記号で示されている箇所は筆者の注記・補記である。

二、文献原典（以下「原文」）にある旧漢字は原則、新漢字で表記し、分かち書きされている文章では適宜、句読点・括弧記号等を補記して読者にわかりやすいようにした箇所もある。固有名詞、たとえば正式名「靖國神社」も「靖国神社」と表記した。なお、旧仮名遣い（送り仮名も含める）は原則、原文のママとした。

三、原文にルビがない場合でも、読み仮名をつけた箇所もある。

四、原文（図表なども含む）は「横組・縦組」「箇条書き」「略記」などさまざまなスタイルで表記されているが、そのスタイルどおりに転載することは物理的に不可能な場合もあり、またそのママでは理解が判然としない箇所もあるので、本書では原則、原文を損なわない範囲で縦組書籍のルールに準拠した形で表記した。また、読者の理解に資するよう適宜、改行・送り込み、括弧記号の使用、見出し（題名）の太字表記などの工夫をした箇所もある。とくに、原文の洋数字表記は漢数字表記とした。

五、文中、頻繁に使用している老幼婦女子とは戦争時の非戦闘員を表す用語である。

六、本書で援護法というのは、戦傷病者戦没者遺族等援護法のことである。

七、軍人の集団自決、政府の沖縄戦体験を捏造する用語の「集団自決」、日本軍の指導・指示・命令・強制などによる住民の集団死を「強制集団死」として峻別する。それに基づき旧著本文を修正した。

本書を読むにあたって、沖縄住民に適用した援護法の基礎となる知識

（戦傷病者戦没者遺族等援護法（軍人恩給法が軍国主義の温床になったということで、戦勝国の連合軍が廃止したので、それにかわる法律として一九五二年四月三〇日に制定）

1、援護法の問題点

（この法律の目的）

> 第一条　この法律は、軍人軍属等の公務上の負傷若しくは疾病又は死亡に関し、国家補償の精神に基き、軍人軍属等であった者又はこれらの者の遺族を援護することを目的とする。

この法律条文で注目すべき点は、①「国家補償の精神に基づき」、②「軍人軍属等」、③「援護する」の三点である。

①「国家補償の精神に基づき」というのは、補償そのものではない。単に精神ということ

ばで援護法ではなく、補償法にするよう求めていた遺族などの批判をかわそうとした。

②「軍人軍属等」の「等」によって、援護法の対象者を拡大できる余地をつくっている。軍人・軍属は、「国と雇用関係」が明確である。しかし、日本軍部隊が、非戦闘員の0歳児をふくむ老幼婦女子に要請・命令などを発した時点で、「国と雇用類似の関係」が発生したものとしている。そして戦闘に協力した非戦闘員（父母とは運命共同体ということで0歳児も含むことにしてある）に、戦闘参加者という身分を付与し、準軍属扱いしている。つまり、「等」は準軍属のことで、ゼロ歳児にまで拡大解釈することになっている。戦争遺家族が「戦闘参加者についての申立書」を申請して、「戦闘参加者概況表」にもとづいて、厚労省が認定したら、非戦闘員が戦闘参加者という法的身分を得て、準軍属扱いされるという仕組みになっている。捏造を拒み、申請しない遺族も存在する。

③「援護する」ということに対しては、公聴会において日本遺族厚生連盟（のちの日本遺族会）などが猛反対した。「援護する」のではなく、「補償すべき」だと、公聴会での17の全団体や　政権政党以外の全政党が、補償法にするよう強く要求していた。国家が起こした戦争で、個人が損害・被害を被ったので、それを償うよう求めたが、政府は、戦傷病者や戦没者遺家族へ生活援護する方針を貫いた。

2、援護法で支給される援護年金の名称と金額

軍人は公務扶助料、軍属は遺族年金、戦闘参加者（準軍属）は、遺族給与金として支給される。それらは、総称して「援護年金」と称されている。

それらを受給される遺族の範囲は、戦没者の死亡当時の配偶者、父母、孫、祖父母、入夫婚姻（夫が女戸主の妻の家に入る婚姻のこと）による妻の父母および事実上の父母である。それらの順番で、第一順位にあるものを先順位といい、それ以外のものを後順位という。戦没者の子の場合は、一八歳に達する日以降の最初の三月三一日までの間で、配偶者がないことが条件になっている。

先順位者（優先順位第一番）の遺族年金、給与金は、戦没者一人につき、年額一九五万六二〇〇円、後順位者は六万六〇〇〇円（二〇〇〇年四月現在）が支給される。

先順位者の遺族給与金受給者は三五五人（二〇一九年）に減少（琉球新報社調べ）している。

援護法を研究の対象にすることは、戦争遺家族の経済生活に立ち入ることになるので、タブーになっていたが、経済的影響は減少しつつあるので、研究に支障がなくなりつつある。

3、援護法と靖国神社合祀

沖縄戦において、靖国神社への合祀は、軍人、軍属が対象であるが、援護法上で戦闘参加者と認定された老幼婦女子は0歳児も含め、天皇のため、国家のために殉じたので、「護国の神」・祭神として合祀されている。そして天皇が靖国神社に「親拝（一般人の参拝のこと）」するので、戦争遺家族にとって非国民・スパイとして日本軍に虐殺された住民まで最高の名誉な扱いをうけ、遺族は精神的に癒されている形になっている。援護法と靖国神社への合祀はセットになっていることに留意しなければならない。

4、強制集団死が「集団自決」として靖国神社合祀へ

日本軍の方針（強制・命令など）によって、集団死した住民を、日本政府は援護法を適用することにした。ただし戦闘参加者として「集団自決」した、と遺族は政府に申請しなければならない。認定されたら天皇のため、国家のために捧げた崇高な死として靖国神社に祀られ、「護国の祭神」として讃えられている。

Ⅰ

錯綜する沖縄戦認識

［序章］沖縄戦認識の変遷と問題のありか

一、第三次家永教科書検定訴訟――「沖縄戦に関する部分」問題

1　信じ込まされていた沖縄戦認識

「政府が人びとを誘導するために信じ込ませて常識となった言葉の意味を見直し、正しく定義し直すことは、人びとが真実を知るために極めて重要である」（ハワード・ジン（Houward Zinn）、朝日ニュースターでの通訳講演より）

米国の歴史家ハワード・ジンのこの言葉こそ、私が沖縄戦の住民被害を政府が「集団自決」と表現してきた言葉の意味を見直し、正しく定義し直されなければならない――という問題意識を最も適切に表現している。

安保関連法制という「戦争法」が国会で成立（二〇一五年九月一九日）した日本ではふたたび、集団的自衛権の行使容認という名を借りた参戦の可能性が国民一人ひとりに現実のも

のとなっている。アジア・太平洋戦争において国内最大の地上戦闘に巻き込まれた沖縄県民の沖縄戦体験が日本政府によって捏造され、そして被害住民が靖国神社に合祀される実態を知ることは、沖縄県民のみならず私たち一人ひとりの喫緊の課題といえよう。「戦争法」の成立によって、早くも新たな靖国神社合祀が取り沙汰され始めているからだ。本書では、十数万の被害住民が戦場で体験した事実を歪曲・捏造し、そのウソを人びとに信じ込ませ、国家権力にとって都合のよい方向へ誘導することができるという国家の意図を、史資料に基づいて明らかにしたい。逆に言えば本書は、国家権力にだまされない術(すべ)を身に着けるための一助となるはずである。

私自身が常識と考えていた沖縄戦認識で住民被害の最大の特徴は、日本軍による「住民虐殺」と「集団自決」ということであった。したがって、私は拙著『虐殺の島――皇軍と臣民の末路』（晩聲社、一九七八年）と、それに引きつづいて『集団自決の島』というタイトルの本を上梓すべきと考えていた。

ちょうどその頃（一九八三年）、歴史家・家永三郎教授（当時、中央大学）が執筆した『高校日本史』の改定検定にさいして、家永教授が沖縄戦での住民の非業の死に、日本軍による住民殺害も脚注に書き加えたとき、日本政府（文部省）から住民殺害の前に「集団自決」を書き加えるよう命じられた。正確には教科書検定官に修正意見を付けられたのだが、その指示に従わなければ不合格になるので、修正意見は事実上の命令と受けとめられている。家永教授は抵抗しつつもやむなく、国の修正意見に従って、「集団自決」という言葉を書き加えて検定に合格した。

しかし家永教授は一九八四年、さまざまな検定意見は憲法が保障する「表現、思想の自由」を侵しているとして国を訴えた第三次家永教科書検定訴訟（国家賠償請求訴訟）で、「集団自決を書き加えさせられた」という「沖縄戦に関する部分」も争点に加えた。一九六五年に始まり一九九七年まで第一次、第二次、第三次、と三二年間もつづいた家永教科書検定訴訟で、このとき初めて沖縄戦認識が法廷で争われることになったのである。

私はすでに沖縄戦の聴き取り調査を開始してから一四年目に入っていた。それにもかかわらず、家永教授が国に「集団自決」という言葉を書き加えさせられたことが憲法に抵触すると主張する理由をまったく理解できなかった。なぜなら、その年（一九八四年）に上梓した拙著『証言・沖縄戦——戦場の光景』（青木書店、一九八四年）でも、私は「住民の集団自決」という言葉を使っていたからである。「集団自決」とは住民が「戦闘員の煩累(はんるい)を絶つため崇高な犠牲的精神により自らの生命を絶つ者」(注1)と、国がすでに規定していたことに気づいていなかったし、国は援護法の適用を一般住民に拡大するにあたり、「壕提供」（事実は日本軍の壕追い出し）と同様に「集団自決」も、軍の要請・命令（軍関与）があったという現認証明があれば「軍事行動」に従事した戦闘参加者として認定し、「準軍属」として直ちに靖国神社に合祀していることなども知らなかったのである。

しかし家永教授は、国のいう住民の「集団自決」なるものは、日本軍による住民殺害のなかに含まれると捉えていた。直接的な殺害ではなくても、軍の作戦上、住民は死に追い込まれたのだから間接的な住民殺害だと認識していたのだ。家永三郎教授はそのことについて、三二年間をしめくくる第三次家永教科書検定訴訟上告審口頭弁論が一九九七年七月一八日に開かれる直前、沖縄地元紙『沖縄タイムス』のインタビューに応じて、「『集団自決』という言葉は『日本軍のために殺された人』という表現と同義語だとの認識だった」（注2）と明言している。

しかし既述のとおり、私自身が〝常識〟と考えていた沖縄戦認識は、沖縄社会一般でも〝常識〟であり、しかも『集団自決の島』というタイトルで執筆を心積もりしていた私としては、国は家永教授に私と同じ認識を教科書に執筆するように求めたのではないかと内心では考えていた。しかし、一九六五年からずっと国の教科書検定に異議申し立てをしている家永教授にわざわざ注文をつけるのは、私が気づいていない国側の意図もあるのではないかという、ある種の疑念も湧いていたのも事実である。しかしそのときは、家永教授の歴史認識の源泉を突きとめようというところまでは思い至らなかった。

そのため、「沖縄戦に関する部分」の第一審の裁判で、沖縄現地での出張法廷が一九八八年二月に開催されたとき、沖縄のメディアは連日連夜大々的に取り上げたが、私はその裁判の本質を見抜けないままであった。

2　原告側の証人を引き受けて深めた理解

その裁判の第一審は原告側の敗訴となったが（東京地裁、一九八九年一〇月）、家永教授はただちに控訴した。すると、一九九一年二月、家永教授の弁護団から突然、第二審（控訴審）における証人になるよう、私は依頼されたのである。その訴訟の争点が十分理解できていない私にとって青天の霹靂（へきれき）であり当然、応諾を躊躇した。しかし、裁判の争点は沖縄戦における日本軍の住民殺害であり、すでに『虐殺の島』を上梓している研究者なのだから証人になってほしいという弁護団に結局説得されてしまった。あとに引けなくなったものの、法廷で証言台に立った経験もないため、不安を抱きながら「沖縄戦に関する部分」の第二審原告側証人を引き受けることになった。

こうした経過を経て、一九九一年一〇月二一日に東京高裁で証人尋問をうけるまでの約八か月間、第一審の原告側証人（四人）のひとりを交えた沖縄戦研究グループとともに、家永教授が国を訴えた理由（わけ）を学習した。それによって初めて、国が家永教授に何を書き加えさせようとしたのか、その意味が理解できた。国の意図は、家永教授に対して、殉国死を意味する軍人用語の集団自決（注3）という言葉を強制的に使用させるところにあったのである。

沖縄戦研究グループの共同研究の成果は、日本車に直接殺された人の態様（直接的殺害）と死に追い込まれた人の態様（間接的殺害）を、戦争体験者の聴き取り証言と日本軍の史資料などに基づいて類型化する作業のなかから生まれた。私は、家永教授が国に加筆させられた「集団自決」に代わる言葉として、日本軍の作戦上の要求で死に追い込まれた人びとの態様を言い表す言葉、すなわち、自国軍隊による自国民の間接的殺害を的確に表現できる言葉を編みだそうと試みた。ところが原告側弁護団との打ち合わせ会議で、私の研究意図をいち早く察知した弁護士からこうクギを刺されたのである。

「住民の『集団自決』に代わる新しい言葉を考えて、その言葉で証言しようとしていらっしゃるようですが、裁判というのは、裁判がおこされた時点の学界の状況で争われるものです。この裁判が提訴された一九八四年に、石原さんは『証言・沖縄戦』を上梓され、そのなかで、『集団自決』という言葉を使っていますから、それに代わる言葉は法廷では使えませんよ」

それで私は「集団自決」に代わる言葉を考えるのを止め、やむを得ず「日本軍によって死に追い込まれた」とか、「日本軍の強制という意味での」「集団自決」という表現を使わざるを得なくなった。証言中になんども「日本軍の強制という意味での」「集団自決」——という表現をくりかえし使用したので、証言台の私は裁判長からその〝まくら言葉〟をくりかえさないようにと注意された。そのとき、公判を恣意的に引き延ばそうとしているとの印象を裁判長に与えたのかもしれないが、その一方で、この裁判長は被告である国側の立場に立っていると確信した。そこでますます「日本軍の強制という意味での」という〝まくら言葉〟を「集団自決」から切り離してはいけないと自分自身に強く言い聞かせ、主尋問・反対尋問に応えるようにした。

二時間余の証言を終えると、直ちに場所を変えて報告集会が開かれた。裁判を傍聴できなかった二〇〇余名の全国から駆けつけた裁判支援者（「教科書検定訴訟を支援する全国連絡会」の会員数は当時三万人）を前に、一〇名近い沖縄戦担当の弁護団と原告家永三郎教授と証人の私が並んだ。席上、それぞれが主尋問と証言の要点を述べ、家永教授が感想を述べた。沖縄を発つ数日前には、「石原証人を支える会」の主催で模擬法廷を開きリハーサルもしていたので、私としては、ゆるぎない自信をもって主尋問・反対尋問に応えたつもりでいた。

しかし、裁判を傍聴して報告集会の会場にいた第一審の家永側証人・安仁屋（あにや）政昭（まさあき）教授（沖

沖繩はかく戰つた 兩將校の脫出報告

比なし軍の精銳度 敵物量を越え大出血へ

祖國の必勝信じ 重傷者は集團自決

《祖国の必勝を信じ／重傷者は集団自決》という見出し。「軍人は集団自決はあったが、住民に集団自決なるものはなかった」と、石原証人は明確に証言すべきだったという安仁屋教授発言を裏付ける（『福島民報』1945年7月29日）。

「第三次家永教科書検定訴訟」控訴審直後の報告集会（1991年10月21日）で、支援者を前に報告する家永氏（左）と筆者（東京の弁護士会館にて）。

縄国際大学）から、「住民に『集団自決』なるものはなかった、とはっきり証言すべきだった」と指摘された。安仁屋教授は、ゼロ歳児が「集団自決」したなどというのは、自決という言葉本来の意味からしても形容矛盾であり、あり得ないことだと指摘したわけである。さまざまな国語辞典に目を通し、集団自決の「自決」とは「（軍人などが）自殺すること」（『学研国語大辞典』）、「責任を取って自殺すること」（『角川類語新辞典』）、「責任を感じて自殺すること」（『岩波国語辞典』）、「責任をとって自殺すること」（『明鏡国語辞典』大修館書店）などと確認はしていた。したがって、ゼロ歳児から高齢者にいたる老幼婦女子には「『集団自決』なるものはなかった」という安仁屋教授の指摘に異論はなかったが、証言の場では、「集団自決」以外の言葉は使えないと弁護団からクギを刺されていたことを説明して言い訳せざるを得なかった。

まさに報告集会での安仁屋教授の発言こそが、本書のテーマそのものである。なぜ言い訳をしなければならなかったのか、全国から駆けつけてくれた裁判の支援者たちを納得させる説明だったのかどうか——。私としては十分に説明したつもりだったが、その後の沖縄戦に関する教科書執筆者や沖縄戦研究者、メディアなどが使用している「集団自決」という言葉を目の当たりにすると、残念ながら私の説明は不十分だったと言わざるを得ない。

まず第一に、私自身が沖縄への援護法の適用拡大と靖国神社合祀に関する知識が皆無に近かったことにある。沖縄の住民は沖縄戦でどんな体験をしたのか――。その事実を調査して正確に記録にとどめるのはかなり困難だと経験的には知っていたものの(注4)、聴き取り調査で得た知見だけの説明では報告集会に参集した人びとを納得させることは到底できなかったのである。

二、教科書検定意見撤回を求める9・29県民大会

1、「集団自決」の記述から「軍関与」削除

沖縄戦認識について理解が深まっていない原因はどこにあるのか。この問題のありかは、二〇〇七年に勃発した「教科書検定意見撤回を求める9・29県民大会」で提起されたテーマに集約されている。まずは新聞報道を追って明らかにしてみよう(注5)。

二〇〇七年三月三一日、沖縄地元の有力二紙『沖縄タイムス』『琉球新報』が朝刊で教科書検定問題(以下、「二〇〇七年第三次教科書検定事件」と表記)を大々的に報じた。『沖縄タイムス』は一面トップで、《〇八年度教科書検定／「集団自決」軍関与を否定／文科省「断定できず」

／専門家「加害責任薄める」》という大見出しをつけて、リードで次のように説明した。

文部科学省は三十日、二〇〇八年度から使用される高校教科書（主に二、三年生用）の検定結果を公表した。日本史A、Bでは沖縄戦の「集団自決」について、日本軍が強制したとの記述七カ所（五社七冊）に、修正を求める検定意見が初めて付いた。文科省は「集団自決」に関して今回から、「日本軍による強制または命令は断定できない」との立場で検定意見を付することを決定。これに伴い、各出版社が関連記述を修正した結果、いずれの教科書でもこれまで日本軍による「集団自決」の強制が明記されていたが、日本軍の関与について否定する表記となった。

同日の『琉球新報』も一面トップで、《〇八年度・高校教科書検定／「自決強制」を削除／文科省が修正意見／「軍命明らかでない」／「岩波訴訟」原告意見も参考》と大きく報じた。そして次のように解説した。

文部科学省は三十日、二〇〇八年度から使用される高校教科書の検定結果を公表した。日本史教科書では沖縄戦の「集団自決」（集団死）で日本軍による自決命令や強要があったとする五社、七冊に「沖縄戦の実態について誤解する恐れがある」として修正を求める初の検定意見が付いた。五社は検定意見に従い記述を修正した。同省は「日本軍による自決命令や強要が通説となっているが、近年の状況を踏まえると命令があったか明らかではない」としている。日本軍の関与について断定的表記はしないという教科書検定の新基準は議論を呼びそうだ。

両紙ともほぼ同じ内容の記事で、県民読者に問題の重大性を伝えることに新聞社全体で取り組んでいることが紙面から伝わってきた。

これらの新聞報道以後、全国放送のテレビ・ラジオや新聞など多くのメディアでも、「集団自決」の「軍関与」削除問題が全国的に論じられていった。一九八二年の教科書検定で「日本軍の住民殺害」の記述が削除されたとき（以下、「一九八二年第一次教科書検定事件」と表記）、沖縄県内では市町村議会や県議会が臨時議会を開催して、日本車の住民殺害は「沖縄戦の真実」だという意見書を採択し、「島ぐるみ」で日本政府文部省への抗議運動を展開していった。この二〇〇七年第三次教科書検定事件では、日本政府に対する沖縄県民の怒りは、一九八二年をはるかに上回る大きなうねりとなった。

二〇〇七年第三次教科書検定事件は、「集団自決」の軍関与の有無をめぐる問題だった。

二〇〇五年にノーベル文学賞作家・大江健三郎氏と岩波書店を元日本軍部隊長らが、「集団自決」に軍命令はなかったとして訴えた「大江・岩波沖縄戦裁判」（沖縄「集団自決」裁判）と軌を一にした検定だった。これは、原告の背後にいる歴史修正主義者らが周到に準備した裁判で、『琉球新報』の見出し《「岩波訴訟」原告意見も参考》(注6)がそれを明言していた。かれら歴史修正主義者にとって、殉国死・軍民一体を意味する「集団自決」という言葉を社会に定着させるのが本来の目的だから、私は内心、裁判に持ち込めただけでも所期の目的は達成したと考えているのではないかと分析していた。なぜなら、原告が「集団自決」に命令はなかったと主張することによって、被告側は「集団自決」に命令があったという土俵に乗らざるを得ず、原告側はこうした裁判過程を通じてこの言葉の定着を図ろうとしているのではないかと分析していたからである。この点については、Ⅱ部で詳述する援護法の問題でもあった。

2　県民大会実行委員会の構成団体と援護法

二〇〇七年第三次教科書検定事件に対する県民の怒りは、「教科書検定意見撤回を求める9・29県民大会」に結集した。戦後沖縄の大衆運動のなかでも歴史的かつ文字どおりの「島ぐるみ」であった。大会実行委員会の構成団体は以下の通り。

沖縄県婦人連合会、沖縄県遺族連合会、青春を語る会、沖縄県老人クラブ連合会、沖縄県農業協同組合中央会、沖縄県青年団協議会、沖縄県中小企業団体中央会、沖縄県PTA連合会、沖縄県高等学校PTA連合会、沖縄県市長会、沖縄県市議会議長会、沖縄県町村会、沖縄県町村議会議長会、沖縄県漁業協同組合連合会、沖縄県子ども会育成連絡協議会、沖縄県医師会、連合沖縄、沖縄弁護士会、沖縄の未来を語る会、沖縄県生活協同組合連合会、沖縄県議会の各会派。(注7)

これらの団体名をみただけでも、「県ぐるみ・島ぐるみ」と表現するのも決して大げさではない。県ぐるみ大会は、仲井真弘多（なかいまひろかず）沖縄県知事本人が挨拶したことにも象徴される。当日の参加者は約一一万人（宮古や八重山の大会でも六〇〇〇人が参加）という、これまた沖縄の歴史上空前の参加人数だった。一九九五年九月の三米兵による少女暴行事件への怒りを結集した「10・21抗議大会」が約八万五〇〇〇人だったことを思えば、この数字の大きさがわかる。私は当日、地元テレビ局「沖縄テレビ放送局」による会場実況中継放送のコメンテーターとして現場を目の当たりにしていたこともあって、参加者の多さと熱気を肌で感じていた。『沖縄タイムス』は「『集団自決』検定撤回9・29県民大会」と銘打ってキャンペーンを張っていた。『沖縄タイムス』『琉球新報』両紙は全面を使った広告と広報記事で、九月二九日に宜野湾市海浜公園で開催される大会への参加を呼びかけたのだった。

そうしたさなか、父・母・姉・弟ら身内が靖国神社に合祀されている戦争遺家族の五名が原告となり、国と靖国神社を相手に「合祀取り消し」を要求する沖縄靖国神社合祀取消裁判をおこす準備が着々と進んでいた（二〇〇八年三月一九日に提訴）。私は二〇〇五年四月に原告の一人、彫刻家金城実氏から、「一九七〇年以降、沖縄戦の被害住民の体験を聴き取り調査してきた石原さんに、原告側の専門家証人として法廷に立ってほしい」という依頼を受けた。靖国神社合祀問題にはまったく知識はなかったが、この依頼を前にして聴き取り調査を積み重ねてきた者として断りきれず、第三次家永教科書検定訴訟での原告側証人同様、引き受けざるを得なくなった。またこの頃、共同研究の一環で靖国神社合祀関係資料の収集をすることにもなっていたので、さっそく、沖縄公文書館が所蔵している琉球政府文書の援護課資料のなかから「靖国神社に関する書類」「祭神名簿」「戦闘参加に関する資料」「靖国神社合祀者名簿」「諸団体に対する補助金交付に関する書類」（沖縄遺族連合会）などを共同研究者と一緒に収集し、『新編　靖国神社問題資料集』（国会図書館）と共に分析を始めた。

この結果、靖国神社合祀と援護法の遺族への適用とその住民への拡大が一体化していることが史実に基づいて初めて私は理解することになった。一九七〇年から大学教員として研究職に就き、定年を三年後に控えて「目から鱗が落ちる」という表現が決してオーバーでないほどの第一次資料群を目にしたのである。そして、政府がつくった援護法のマニュアル（『援護法Q＆A』）によって、援護法の仕組みと考え方も具体的に知ることになった。

3　靖国神社・厚労省と県民大会

空前の規模で開催された県ぐるみ・島ぐるみの「教科書検定意見撤回を求める9・29県民大会」の実行委員会構成団体に最も参加を希望していたのは靖国神社と厚労省だと、テレビ実況中継の解説の出演依頼を受けたあとも、周囲には説明していた。しかし、靖国神社と厚労省が参加することは到底あり得ないわけだから、その代わりに沖縄県遺族連合会が必ず参加するはずだと断言した。これら三組織にとって、「『集団自決』における軍関与」が検定意見通りに教科書から削除されてしまうと、軍関与によって成り立つ援護法の根拠が否定されるため、遺族年金（遺族給与金など）ともリンクすると共に靖国神社合祀の根拠も失う死活的大問題となるからである。つまり、なんとしてでも大会を成功裏に終わらせるべく、厚労省・靖国神社と密接に関係している沖縄県遺族連合会はどの参加団体よりもこの大会の方針を積極的に後押ししなければならない立場にあった。

その一方、沖縄靖国神社合祀取消裁判を準備していた原告団と弁護団を市民の立場から支援する運動体「ガッティンナラン沖縄靖国裁判支援の会」が、この実行委員会構成団体に加わるはずはないし、もしそれに参加しようものなら、その時点で裁判そのものが成り立たなくなる、と私は確信していた（「がってぃんならん」（合点がいかない）とは琉球語で「絶対に認めない」「許せない」という意味）。なぜそうなるのか、それは後述（終章など）を参照していただくとして、鈴木宗男衆議院議員の質問主意書に対する安倍晋三首相（第一次安倍政権）の答弁書を読んでいたことも確信の根拠になっていた。

4　矛盾にみえる政府答弁

沖縄住民の「集団自決」に日本軍の命令があったかどうかをめぐって、沖縄の地元二紙が大キャンペーンを展開しているさなかの二〇〇七年六月二五日、沖縄開発庁長官を務めたことがあった鈴木宗男衆議院議員が政府に質問主意書を提出した。それに対して、政府は七月三日に「閣議決定」による答弁書で回答した。

答弁書には、そのとき最も世間の注目を集めていた「集団自決」における軍命令の有無についての政府回答が記されていた。それにもかかわらず、世論はこの答弁書にまったく関心を示さなかったが、この答弁書こそ、本書のテーマである住民への援護法適用による沖縄戦体験の捏造が示されている。以下が質問主意書と答弁書（注8）である。（引用文だから集団自決に「　」はつけていない。読者は、以下「集団自決」としてお読みください。）

沖縄戦における集団自決をめぐる教科書検定に関する質問主意書
右の質問主意書を提出する。
平成十九年六月二十五日　提出者　鈴木宗男
衆議院議長　河野洋平殿

沖縄戦における集団自決をめぐる教科書検定に関する質問主意書

一、第二次世界大戦末期に、沖縄県にて当時の日本軍から沖縄の住民に対して自決の軍命令が下されたか否かについての論争が活発化しているが、沖縄戦において、当時の日本軍から沖縄の住民に対して自決の軍命令が下されたか否かの事実について、政府の認識を明らかにされたい。

二、沖縄戦において、当時の日本軍から沖縄の住民に対して自決の軍命令がなされたとの記述が教科書から削除される検定（以下、『教科書検定』という。）が下されたが、『教科書検定』に対する政府の認識如何。

三、『教科書検定』に対して、沖縄では県議会で撤回を要求する意見書が可決され、憤りの声を上げる沖縄の住民も多いと思料するが、このことに対する政府の認識如何。

右質問する。

それに対する政府答弁書は以下のとおりである。

平成十九年七月三日　内閣総理大臣　安倍晋三

衆議院議員鈴木宗男君提出　沖縄戦における集団自決をめぐる教科書検定に関する質問に対する答弁書

一について

先の大戦において、沖縄は国内最大の地上戦を経験し、多くの方々が、犠牲となり、筆舌に尽くし難い苦難を経験されたことは承知している。お尋ねの沖縄戦において不幸にも自決された沖縄住民のすべてに対して、自決の軍命令が下されたか否かについて、政府としては現時点においてその詳細を承知していない。

なお、沖縄戦における住民の犠牲者のうち、戦傷病者戦没者遺族等援護法（昭和二十七年法律第百二十七号）の適用上、過去に戦闘参加者と認定されたものについて、その過程で軍命令があったとされた事例がある。

二及び三について

沖縄戦におけるいわゆる集団自決については、種々の議論や意見があることは承知している。しかし、歴史教科書の検定は、国が特定の歴史認識を確定する立場に立って行われるものではなく、学習指導要領や教科用図書検定基準により、教科用図書検定調査審議会の専門的な審議の結果に基づき行われるものであり、御指摘の検定についても、沖縄戦の実態について誤解を生ずるおそれのある表現に関して、適切に検定意見を付したものと認識している。

政府は、答弁書で三つの質問に対して「一について」と「二及び三について」とに分けて回答しているが、内容は真っ向から矛盾対立している。

「一について」は、援護法の適用をうけている「集団自決」した住民に軍命令があったことを認めている。援護法の適用を申請して却下された遺族もあるし、援護法を申請すれば日本軍の蛮行を批判することができなくなるという理由や、軍が投降を絶対に許さない中での肉親の死を「戦闘参加者」としておカネに代えるわけにはいかないなどという理由で申請しなかった人もいるので、「集団自決」した沖縄の住民すべてに軍命令が下されたか否かの詳細を知らないと返答している。軍人・軍属等を対象にした援護法を住民にまで適用拡大するにあたって、厚労省（旧厚生省）は、その住民の死に軍（部隊）の関与（要請・命令・強制など）があったか否かによって、住民に戦闘参加者という身分を付与して、援護法を適用してきた。この答弁書は援護法申請にあたって必要な戦闘参加者申立書（一九四頁）の背景を熟知している厚労省事務官が作成した文面だと、容易に推測できる。

一九五七年以降、沖縄における援護法の適用拡大にあたって、日本政府は、琉球政府および沖縄遺族連合会から聴き取りを行って拡大の適用条件を思いついたのであろう（陸上自衛隊幹部学校『沖縄作戦における沖縄島民の行動に関する史実資料』参照）。この答弁書はその作業を再確認しているのである。「集団自決に軍命令があったとされた事例がある」というのは、政府自身が援護法の適用に必須の条件にしていた文言なので表現は当然そうなる。この答弁書では、具体的に記述されていないが、「軍命令で『集団自決』した住民」は軍事行動を取った戦闘参加者という身分で「準軍属」扱いとなり靖国神社に合祀される。したがって、「集団自決」に軍命令（軍関与）がなかったということになると、その住民は戦闘参加者という身分を失い、靖国神社に合祀される準軍属という資格がなくなるので、理屈のうえでは合祀を取り消さなければならなくなる。つまり、一般住民が戦闘参加者という身分で靖国神社に合祀されるには、軍関与が必須条件だったのである。だからこそ靖国神社や厚労省にとって、「集団自決」に対する軍関与の削除は絶対に阻止しなければならない。それゆえ文科省が削除を容認した「軍命令により集団自決した」という教科書の記述は、執筆者の意図とは別に、厚労省・靖国神社のこの沖縄戦体験の捏造と同一認識になると指摘せざるを得ない。

さて、問題は政府答弁の「二及び三について」である。「一について」では軍命令があったことを認めているにもかかわらず、教科書記述における軍命令削除については教科用図書検定調査審議会の意見を尊重するという回答である。それを根拠にして「集団自決から軍命令を削除する方針」を閣議決定したわけである。ここで留意しておきたいのは、援護法の解説（仕組みやカラクリ）は生徒や先生が使う教科書にはいっさい記述されていないということだ。援護法に目を通すのは法律を専門とする職業人以外はいないわけだから、教科書だけでは答弁内容の矛盾に気づきようがない。ということは、国民を愚弄していると しか言いようがない回答とも言えよう。

この矛盾する政府回答はいったい何を意味しているのか――それを見極めることこそ、政府のこれまでの教科書検定事件や大江・岩波沖縄戦裁判の本質を知るカギになる。いずれも援護法と係わる問題である。

本書を読み進めていくと理解できると信じている。

［第一章］捉えなおす沖縄戦認識——改正軍機保護法と沖縄戦

一、平和祈念資料館設立理念の修正と史資料の展示

序章で述べたとおり、一九八四年に第三次家永教科書検定訴訟の「沖縄戦に関する部分」が法廷で争われることになった。この裁判の過程で私は、住民が体験した沖縄戦を研究することで得た歴史認識の再検証を迫られることになった。沖縄県立平和祈念資料館（旧資料館）を移転改築して二〇〇〇年四月一日に開館した新しい沖縄県平和祈念資料館の展示は、この再検証の成果が具体的に反映された。

旧資料館は一九七五年六月に開館した。当時の資料館には学芸員はおろか設立理念もないまま、戦場に放置されていた兵器類などを、民間団体職員が中心となって集めたものを展示しただけだった。住民の視点に立って沖縄戦の聴き取り調査に携わってきた研究者から、まるで日本軍の兵器資料館だとの批判の声が上がっていた。

当時、屋良朝苗革新知事を引き継いだ平良幸市革新県政（在任期――一九七六年六月〜七八年一一月）は、研究者を網羅した沖縄県平和祈念資料館改善委員会を組織し、住民の体験に基づく資料館の理念を諮問した。資料館改善委員会の結論が出るまで一時閉館していた資料館は新しい理念にそって住民の体験証言を展示内容の中心にすえ、一九七八年にふたたび開館した。私は資料館改善委員会で設立理念が創られたあとの七七年五月から資料館展示委員会のメンバーに加わり、以後、さまざまな沖縄戦関係の展示に係わることになった。以下に、資料館改善委員会の結論が集約された「設立理念」（注1）を紹介する。

平和祈念資料館の設立理念

一九四五年三月末、史上まれにみる激烈な戦火がこの島々に襲ってきました。九〇日におよぶ鉄の暴風は島々の山容を変え、文化遺産のほとんどを破壊し、二〇万余の尊い人命を奪い去りました。沖縄戦は日本に於ける唯一の地上戦であり、太平洋戦争で最大規模の戦闘でありました。

沖縄戦の何よりの特徴は、軍人よりも一般住民の戦死者がはるかに上まわっていることにあり、その数は、十万余におよびました。ある者は砲弾で吹きとばされ、ある者は追いつめられて自ら命を断ち、ある者は飢えとマラリアで倒れ、また、敗走する自国軍隊の犠牲にされる者もありました。私たち沖縄県民は、想像を絶する極限状況の中で戦争の不条理と残酷さを身をもって体験しました。

この戦争の体験こそ、とりもなおさず戦後沖縄の人々が米国の軍事支配の重圧に抗しつつ、つちかってきた沖縄のこころの原点であります。

〝沖縄のこころ〟とは人間の尊厳を何よりも重く見て、戦争につながる一切の行為を否定し、平和を求め、人間性の発露である文化をこよなく愛する心であります。

私たちは戦争の犠牲になった多くの霊を弔い、沖縄戦の歴史的教訓を正しく次代に伝え、全世界の人びとに私たちのこころを訴え、もって恒久平和の樹立に寄与するため、ここに県民個々の戦争体験を結集して、沖縄県立平和祈念資料館を設立いたします。

一九七五年　　沖縄県

一九七五年と記されているが前述のとおり、開館当初は設立理念はなかったので、再館したときに付記された年号である。この設立理念は、『沖縄県史　第9巻――沖縄戦記録1』（一九七一年）、『沖縄県史　第10巻――沖縄戦記録2』（一九七四年）に収録された沖縄戦の住民体験記録を踏まえ、当時の多くの人びとに共有されていた沖縄戦認識を汲み取ってまとめられたものだった。

それから一五年後、一九九〇年に誕生した大田昌秀知事県政下、平和行政の一環として旧資料館を改築して沖縄県平和祈念資料館が新築されることになった。旧資料館の住民視点重視は継承しながら、監修委員会の審議を経て展示内容を大幅に改めることになった。しかし、一九九八年一一月の知事選挙で、大田昌秀革新県政から稲嶺恵一保守県政に代わると、「反日資料館であってはならない」という新知事方針が打ち出された結果、「資料館改ざん事件」が起きるのである(注2)。監修委員会の知見が表出されていた資料展示内容を密かにほぼ全面的に変更し、監修委員の任期切れを待っていたのである。しかし、地元新聞社にその改ざん内容が暴かれ、一九九九年八月から一〇月まで、『琉球新報』『沖縄タイムス』をはじめとするメディアの報道は、資料館改ざん事件一色といってもよいほどの大問題になった。国際的に注目される二〇〇〇年沖縄サミットを控えていた稲嶺県政は、この問題をこれ以上長引かすわけにはいかないと判断し、任期切れ後もこれまでの委員に監修を任せるという妥協点を見出して、ひとまず資料館改ざん事件の沈静化を図った。こうした政治介入で失われた六か月をとり戻すために、監修委員会の作業は急ピッチで進められた。

一九九九年一二月、監修委員会で議論になったのは旧資料館の設立理念をそのまま継承するかどうかであった。設立理念は変えるものではないという意見と、沖縄戦に関する研究は設立当初の一九七〇年代から大いに深化しているのだから、一九九〇年代の研究水準を反映させるべきだという意見に二分された。研究仲間であるはずの監修委員のあいだでも妥協点を見出すには時間がかかった。

私は一九九一年一〇月二一日、第三次家永教科書検定訴訟の「沖縄戦に関する部分」について、東京高裁の控訴審で家永側証人として証言台に立つ機会を得ていた。こうした立場から、沖縄戦認識に関する研究の到達点を展示に反映させなければ、これまでの共同研究者や、聴き取りに協力してくれた戦争体験者や無念の死を強制されてきた人たちに何よりも申し訳が立たないという思いだった。設立理念の内容をそのまま継承することは、私自身の研究者としての生命が問われる問題でもあった。

そこで最小限の字句の修正にとどめるという方針のなか、以下の諸点を書き改めることで意見の一致をみた。

①唯一の地上戦　↓　唯一の県民を総動員した地上戦
②太平洋戦争　↓　アジア・太平洋戦争
③自ら命を断ち　↓　自ら命を断たされ
④一九七五年　↓　一九七五年（二〇〇〇年四月一日一部字句修正）

以上のように、字句の修正は三点に止め、追記したのは一点だけだったが、監修委員会が意見の一致をみるまでには数時間を要した。③の住民が「自ら命を断ち」というのは、住民が天皇のため国のために自ら命を断ったということを前提にした「殉国死」を意味している。日本政府が定義する住民の「集団自決」とは、「戦闘員の煩累を絶つため崇高な犠牲的精神により自らの生命を絶つ者」（二八頁）だから、家永教科書裁判で得た沖縄戦研究の到達点を反映させるには、「自ら命を断たされ」たと表現しなければならなかった。

設立理念の修正をうけて、日本軍による住民犠牲のコーナーでは、日本政府の事実上の命令によって家永教授が加筆させられた「集団自決」という言葉を用いることはなかった。

日本軍の強制による集団死

日本軍は住民と同居し、陣地づくりなどに動員した。住民の口から機密が漏れるのを防ぐため、米軍に投降することを許さなかった。迫りくる米軍を前に「軍官民共生共死」の指導方針をとったため、戦場では命令や強制、誘導により親子、親類、知人同士が殺し合う集団死が各地で発生した。その背景には、「天皇のために死ぬ」という国を挙げての軍国主義教育があった。（注3）

という説明が可能になった。そして強制集団死、集団強制死、集団死、強制死という言葉が沖縄戦認識を語るうえで広く使用されるようになった。のちに大江・岩波沖縄戦裁判（沖縄「集団自決」裁判）で被告にされた大江健三郎氏は、「私は大阪地裁の、集団死の強制が軍の深い関与によったとする判決に強く感銘します」（注4）として、「集団自決」という言葉が住民には使用できないことがわかったので、もうその言葉は使わないと明言した文章を残している。

しかし同館の証言展示のなかで、体験者が「集団自決」という言葉を用いている箇所は、そのまま残してある。したがって、資料館としての説明文と体験者の証言文は整合性がないまま、「強制による集団死」と「集団自決」という二つの表現が混在している。さらに、沖縄戦の戦争責任と戦後責任がどこにあるのかを考えていくために、新たに展示した以下の史資料によって、沖縄戦認識を捉えなおすことが可能になった（傍点は筆者）。

①「一木一草戦力化スベシ」「地方官民ヲ指揮シ軍ノ作戦準備ニ協力セシム」「防諜ニ厳ニ注意スベシ」などを全軍に指示した一九四四年八月三十一日の牛島第三十二軍司令官の訓示（注5）。

②「秘密戦ニ関スル書類（報道宣傳防諜等ニ関スル縣民指導要綱　昭和十九年十一月

十八日、球一六一六部隊［軍司令部］）」の「第一方針　軍官民共生共死ノ一体化ヲ具現」は、軍人同様に軍事機密を知った住民は、軍と共生し、共死するよう沖縄県の官選知事に指導すべしという恐るべき史料である。住民の集団死が軍の方針として極秘のうちに準備されていたことを裏付けているとともに、凄惨な住民被害をもたらした元凶の史料として誰の目にも明らかである。

③「敗戦ハ遺憾ナガラ最早必至ナリト存候」という元首相近衛文麿の意見具申、すなわち一九四五年二月一四日の近衛文麿上奏文（注6）。昭和天皇はこれを受け入れず、翌三月沖縄戦に突入した。

④沖縄語使用禁止によって沖縄人総スパイ視した『球軍会報』という一九四五年四月九日の陣中日誌（注7）。

⑤老幼婦女子を盾にした形で国体護持の戦闘を継続することを示した大本営陸軍部の一九四五年四月二〇日付「国土決戦教令」（注8）。首里軍司令部の摩文仁撤退はその具現化。

⑥投降する者は銃殺するという日本軍の六月一五日付「達」〔次項で掲載〕。

⑦天皇が敗戦後の沖縄を米国の軍事支配下におくことを希望したという一九四七年九月二〇日付「天皇メッセージ」（注9）。

これら史資料から、軍機保護法下の沖縄戦における住民被害が「国体護持」のための戦闘の結果であり、日米最大の地上戦が展開された沖縄が戦後も米国の占領統治下におかれ、住民に苦難の歴史が強いられたことが理解できるようになっている。資料館の展示に込められたメッセージをどう受けとめるかの判断は来館者に委ねられた。とくに近衛上奏文と天皇メッセージを読みあわせていくと誰しも、国際情勢に対する近衛文麿の理解が的確だったことに仰天し、その進言を受け入れて終戦工作に着手しさえすれば、沖縄戦は起きなかったはずだと、残念な思いに駆られるであろう。と同時に、戦後沖縄の苦難の歴史が近衛上奏文の分析を踏まえた「天皇メッセージ」の内容をなぞっていると実感するに違いない。教科書執筆者は、沖縄戦について、沖縄県平和祈念資料館に展示してあるこれら史資料をふまえて書けば、政府によって書き換えを要求されることはないだろうと、私は常々指摘してきた（注10）。

二、改正軍機保護法で知る住民被害の根源

二〇一三年一二月六日、安倍自公政権下で特定秘密保護法が成立した（同年一二月一三日公布、翌二〇一四年一二月一〇日施行）。人口に膾炙しているエピソードだが、国民の「一体何

を秘密だというのか」という問いに対して、国が「それが秘密である」と応じるところにこの法律の本質が表れている。この法律が強行採決されそうな雲行きになったとき、私は『琉球新報』『沖縄タイムス』から相次いでインタビューの依頼を受けた。特定秘密保護法の「防衛」に関する部分は当然、戦前の軍機保護法（軍事機密保護法）を先例として参考にしているはずだから、インタビューの前にこの法律をきちんと吟味してみた。

沖縄戦の激戦場になった浦添（うらそえ）市（当時は村）で、『浦添市史』編纂のために聴き取り調査をしているとき、日本軍による住民のスパイ視とその容疑による殺害事件に関する証言にしばしば直面した。また、防衛庁防衛研修所所蔵の浦添駐屯日本軍の「陣中日誌」に目を通していたとき、「管下（かんか）ハ所謂（いわゆる）『デマ』多キ土地柄ニシテ、又管下全般ニ亘（わた）リ、軍機保護法ニ依ル特殊地域ト指定サラレアル等、防諜上極メテ警戒ヲ要スル地域ニ鑑ミ……」[注11]（傍点は筆者）という記述に目がとまったことも憶えていた。さらに、平和祈念資料館（旧資料館）に展示してあった、戦時中に喧伝された「軍機を語るな沖縄県」[注12]という標語を見ていたので、軍機保護法という法律の中身は知らなかったが、日本軍の沖縄住民スパイ視虐殺事件の原因は軍事機密の漏えい防止にあったに違いないと推測はしていた。その裏付けとして、国書刊行会が発行する『戦時・軍事法令集』（一九八四年）で軍事機密の漏えい防止についても知っていた。だが、この程度の知識では質問にきちんと答えることはできない。そこでインタビューの依頼を受けたのを機に、本棚に眠っていた『〈平和資料〉日米ガイドラインと戦前「有事法制」Ⅳ』（港の人、一九九八年）を取り出し、「軍機保護法施行規則」の一行一句に目を通した。初めてのことだった。こうして「沖縄戦の真実」に関する私の認識はさらに深まった。

一八九九（明治三二）年七月一四日に公布された軍機保護法は、日本と中国が全面戦争に突入した一九三七（昭和一二）年八月一三日に改正され、公布された（改正軍機保護法）。同年一〇月七日には、より詳細な軍事上の秘密が軍機保護法施行規則で定められ、秘密の重要度が「軍事機密」「軍事極秘」「軍事秘密」という名称で区別されていた。上述の「陣中日誌」にある引用文「軍機保護法ニ依ル特殊地域ト指定」は、この「軍機保護法施行規則」の第五条の三で指定されている地域と理解された。大日本帝国の領土に併合された朝鮮半島や台湾を含む日本各地の二九か所が、軍機保護法の指定地域とされていたのだ。すなわち、「イ　北海道東部近傍」「ロ　樺太北部近傍」「ハ　宗谷海峡近傍」……「ホ　基隆〔台湾〕要塞近傍」……「ノ　仁川〔朝鮮〕近傍」などに加えて、二九地域の一つとして「ツ　南西諸島近傍　北緯三十度五十一分以南ノ鹿児島縣及（および）沖縄縣」（注13）が列挙されていた。この記述によって、沖縄県が「陣中日誌」でいう特殊地域に指定されていることが確認できた。

北緯三〇度線上にあるのは口之島（くちのしま）であり、それ以南の鹿児島県というのは、トカラ列島・

奄美群島のことである。日本軍は泥沼化する日中戦争を打開するために一九四一年一二月八日、アジア・太平洋戦争に突入した。そして三年後の一九四四年三月二二日には、本土(皇土)防衛の南の玄関口である南西諸島防備のために第三二軍が創設された。第三二軍は奄美守備隊、沖縄守備隊、先島守備隊などから編成され、第三二軍作戦地域境界要図(注14)に示されているように、北緯三〇度一〇分以南の鹿児島県と沖縄県に展開した。まさに、七年前に軍機保護法指定地域にされた「南西諸島近傍」そのものである。改めてこの事実に括目すると同時に沖縄戦における住民被害の淵源を突きとめたように思えた。

戦地が外国だった日本軍(皇軍)兵士が自らの残虐行為を赤裸々に自己批判し反省した手記は数多く出版されている。しかし、沖縄に配備された日本軍兵士のさまざまな残虐行為に関する住民の証言は数々存在しているものの、犯罪行為を証言した兵士自身の手記は寡聞にして知らない。沖縄各地で発生した日本兵の残虐行為について、生存している元日本軍責任者にマスコミなどがインタビューしても、自らの行為について軍人だった立場で謝罪した事実はない。私にはとても不可解な現象と写っていた。

しかし、第三二軍の展開地域が南西諸島近傍の軍機保護法指定地域そのものだったことが判明すると、元日本兵が住民虐殺行為を公表して被害者に謝罪しない根拠はこの法律にあったと判断するに至った。沖縄に配備された日本兵の言い分としては、軍機保護法を遵

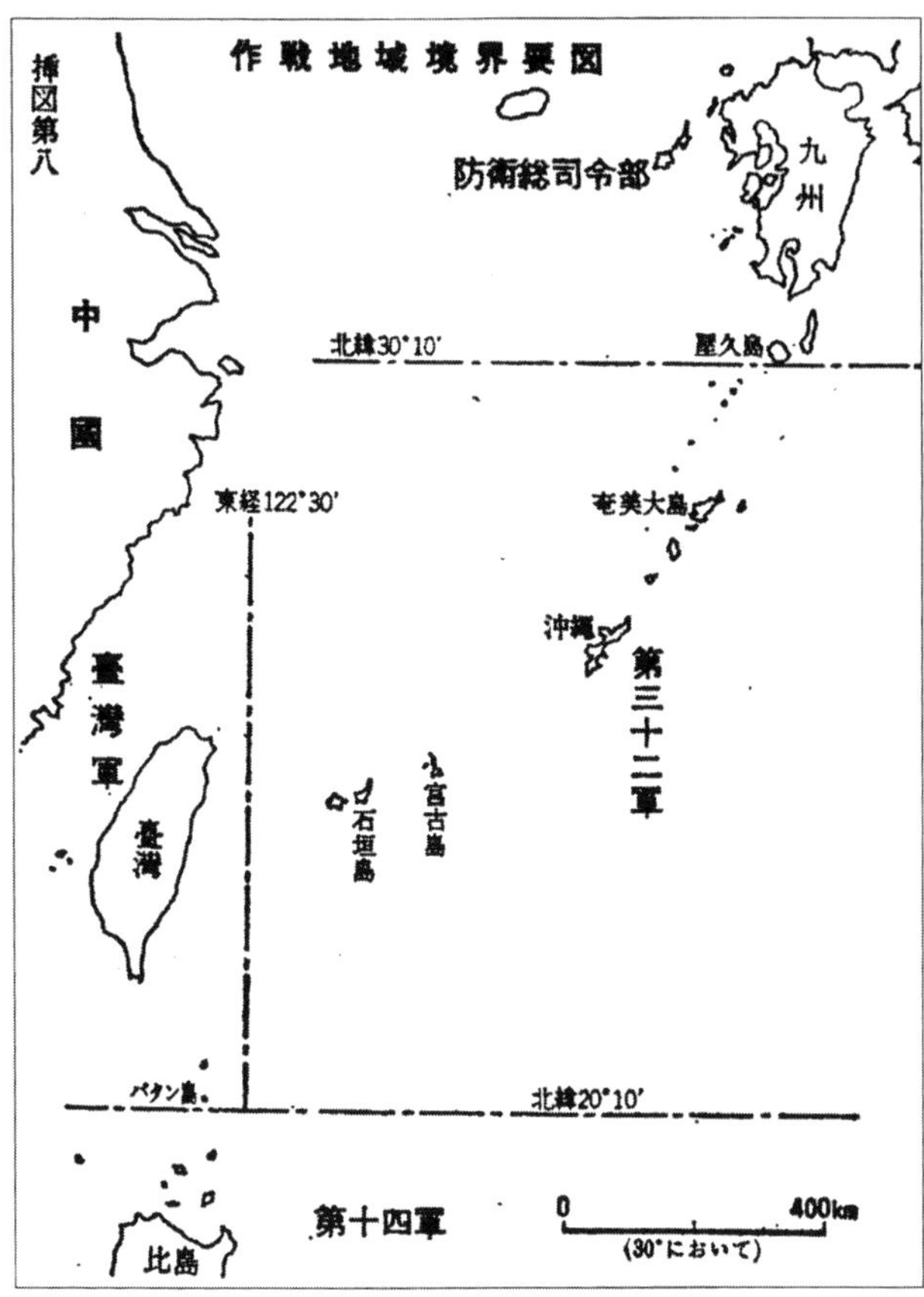

1937年の改正軍機保護法で指定された北緯30度以南「南西諸島方面近傍」の範囲が第32軍の展開範囲と重なっていることがわかる。米軍の占領支配地域とも重なる（防衛庁防衛研修所戦史室編『陸軍航空作戦』32頁）。

守したまでだと言いたいのだろう。

軍機保護法・第一条には「本法ニ於テ軍事上ノ秘密ト称スルハ作戦、用兵、動員、出師（すいし）其ノ他軍事上秘密ヲ要スル事項……」とある。「用兵」とは兵を動かすことであり、第三二軍が沖縄へ移駐してきた一九四四年夏以降、沖縄住民は日本軍との軍民雑居・同居を強いられ、しばしば集落に駐屯していた部隊の出入りを否応なく知る状態にあった。「出師」とは、軍隊を出動させることである。米軍上陸後でさえ多くの住民は軍隊の出動を目にしていた。とくに地上戦闘に巻き込まれた沖縄本島中南部の避難民は日本軍の動きを知るとはなしに十分知っていた。

馬淵新治（まぶちしんじ）元大本営船舶参謀は戦後、厚生省事務官として米軍政下の沖縄の日本政府出先機関に赴任して援護業務に従事し、図らずも、沖縄住民が軍事機密をいかに熟知していたかを知った。馬淵元参謀は、防衛研修所戦史室の依頼によって調査・執筆した文書に、自分の体験を次のように記述している（注15）。

> **第七節　防諜対策……**　1　国内戦である為、部隊の駐留しているところは一般住民の部落であり、一般住民を一空地域に隔離してその行動を制限することを徹底させることが不可能であるから、勢い常住坐臥（ざが）の間に部隊行動を住民が知悉（ちしつ）している。このこと

は、戦後援護業務を実施するに当たり全く資料の滅失した沖縄戦戦没者の死亡処理のため、その所属部隊を判定するための部隊行動を調査する際に、相当明瞭に部隊の行動を知悉している一般住民のあることによつて推察に難くないのである。このことは如何に部隊において防諜を云々しても、〔部隊を〕部落民と同一地域におくことの不利を明瞭に示している。

このように住民が軍事機密を知っていることを戦後、元参謀は確認していた。軍機保護法の第三条・第四条には、「……外国若ハ外国ノ為ニ行動スル者ニ漏泄シタルトキハ死刑……」[注16]と明記されている。これが日本軍の沖縄住民スパイ視虐殺事件を裏付けていると推察できる。つまり、軍事機密を知っている住民が敵軍に投降しても殺されることなく、米軍占領地域で軍作業（軍隊の各種作業）に従事している状態を、軍事機密を「外国に漏泄」したからこそ生かされていると当然視するのはある意味、自然の成り行きだった。

一九四五年四月一日、慶良間諸島に引き続き、沖縄本島中部西海岸へ上陸した米軍は、その日のうちに非戦闘員の住民を保護（住民側では捕虜になったという認識）していった。その結果、三月まで日本軍の軍作業に従事していた住民が、四月には米軍の軍作業に就いていたのである。また、米軍占領地域がどうなっているのか、とくに米車の捕虜となった住民がどのような状況にあるのかを調べるため、日本軍の最前線から選ばれ、決死の覚悟で情報収集を命じられた潜伏斥候（せっこう）と称する数名単位の兵士が米軍占領地域に派遣された。当然、ほとんどが米軍に発見されて殺害されたようだが、奇跡的に原隊に戻れた揚合は米軍占領地域の様子が日本軍に報告された。その報告内容を私は、生き延びた沖縄出身元日本兵から直接聴き取ることができた。

日本軍は住民に対して、敵に捕まる前に死ぬようにと教育してきたにもかかわらず、住民は鬼畜米英と教え込まれていた米軍の軍作業に従事していたのである。こうした情報が敵軍と直接対峙している最前線部隊にもたらされたため、沖縄の人すべてがスパイだとする見方や、非国民だという見方が戦場の日本軍部隊に広がっていった。その噂は沖縄から九州へ疎開した学童たちや朝鮮半島における沖縄出身学校教員にまで伝わっていたという証言を得ている。

軍民雑居という環境で陣地構築に住民を動員した結果、軍事機密が住民に漏れてしまうのは自然な成り行きだった。それでも機密漏洩を防止するために、牛島軍司令官の訓示（三三九頁、第一章「注5」）をうけ、「極秘」印が押された文書「報道宣伝防諜等ニ関スル県民指導要綱」が作成されたのであろう。その結果、この文書に基づく第三二軍の方針として、県民は「軍官民共生共死」へと誘導されていくのである（注17）。この極秘の指導方針こそが、軍機保護法を戦場で具体的に運用していくなかで被害住民を生む元凶となったといえよう。

兵士は「生きて虜囚（りょしゅう）の辱（はずかし）めを受けず」と謳われた戦陣訓〔一九四一年一月、陸軍大臣東條英機によって下達された訓示〕で皇国精神を教え込まれていたり、「敵の捕虜になりたる場合は必ず死ぬこと」という牛島軍司令官訓示を受けたにせよ、実際に米英軍の捕虜になったり訊問を受けたりすれば、助かりたい一心で軍事機密を漏らすことがありうる。そのことを日本軍中枢部は熟知していた。だからこそ、アジア・太平洋戦争末期の沖縄地上戦で、兵士同様に軍事機密を知る住民を直接殺害したり、死に追い込んだのである。住民には皇民化教育や軍国主義教育を通じて「天皇のために死ぬ」とか「国のために死ぬ」という刷り込み教育がなされていたが、軍機保護法下の戦場では結局、意図的であろうとなかろうと軍事機密を知ってしまった住民には死が前提になっていた。つまり、軍機保護法指定地域の沖縄では、住民が日本兵に直接殺害されたり、死に追い込まれたりしても、日本兵は法的には罪に問われないという仕組みになっていたのである。日本政府や旧日本軍関係者はこうした法的枠組みのなかで沖縄戦の問題を捉えていたのであろう。

ここで改めて、沖縄県平和祈念資料館で現物展示されている日本軍の資料を検討してみたい。

昭和二十年六月十五日
〔差出人〕久米島部隊指揮官
〔宛て先〕具志川村　村長警防団長殿
仲里村

達

（略）

三、敵ハ謀略宣傳ヲ開始スル算大ナリ

依ッテ敵ガ飛行機其ノ他ヨリスル宣傳「ビラ」撒布ノ場合ハ早急ニ之ヲ収拾取纏メ軍當局ニ送付スルコト

妄ニ之ヲ拾得私有シ居ル者ハ敵側「スパイ」ト見做シ銃殺ス

（略）

これは鹿山文書と呼ばれている。米軍が沖縄上空で八〇〇万枚撒布したという降伏勧告ビラを住民が私有していたら敵側スパイと見做して銃殺するというのは、久米島部隊特有の命令ではなく、住民の証言によれば、一般的に知られていた軍の命令であり、たまたまこの文書が残っていたにすぎない。米軍は逆にこのビラを持って投降するよう住民に呼びかけていた。米軍としては、住民を保護すると同時に、住民から日本軍の軍事機密を聴取して戦闘を有利に導こうという二つの意味があったはずだ。この「達」はまさに、軍機保護法を体現した文書といえる。また軍事機密漏洩防止策として、兵士と同様、住民も絶対に投降を許さないという日本軍の方針が具体的に示された生の資料である。

迫りくる鬼畜米英軍（＝前門のトラ）と投降を絶対に許さない日本軍（＝後門のオオカミ）とのあいだに挟まれた住民は、絶体絶命の絶望的状況に追い込まれていた。生き延びることが許されないと思わざるを得ない物理的状態に沖縄住民が追いつめられた根本原因は、この軍機保護法にあった。それは住民の強制集団死の根源の一つでもある。

[第二章] 迫りくる沖縄戦認識の再定義——連動する日米ガイドラインと有事法制

一九七八年の日米ガイドライン（日米防衛協力のための指針）と有事法制は、軍民一体をキーワードとして軍事国家日本の再形成（松尾高志「戦争遂行可能な国家システムの構築」『〈平和資料〉日米ガイドラインと戦前「有事法制」Ⅳ』）をめざしたものである。この時期、こうした動きと並行して、国は沖縄戦に関する教科書検定問題や沖縄戦における全被害者の補償要求運動を利用して、「六歳未満児」をも戦闘参加者とする援護法の適用拡大をすすめていた。すなわち、援護法の適用拡大は、「日本の軍隊による自国民の殺害」という住民の証言を「軍民一体の戦闘のなかの集団自決」という殉国死を意味する表現で「沖縄戦の真実」を隠蔽・捏造する「沖縄戦認識の再定義」（注1）を図りながら推しすすめられた。

一方、有事法制の制定は、国民のあいだに国防意識を形成すべく、「ソ連（北方）脅威論」や「強盗戸締り論」を前面に押し出した世論操作を駆使しながら行われた。制定に漕ぎつけるための計画は実に用意周到に進められたといえよう。そして、この二つの政治的策謀は密接に関連しているというのが本章のテーマである。二つの関連性は私自身の体験と史資料に基づいて検証する。

なお、日米ガイドラインは何度も更新されてきたので、便宜上、①一九七八年版、②一九九七年版、③二〇一五年版と呼称して説明する。①を更新したのが②の一九九七年版（一般に新ガイドラインと呼ばれている）、第三次安倍政権が二〇一五年四月に②を更新して策定したのが③の二〇一五年版である。

一、日米ガイドラインのあらましと有事法制との関連性

有事法制とガイドラインが密接に関連していることを知ったのは、前述で触れたが、一九九八年に出版された『〈平和資料〉日米ガイドラインと戦前「有事法制」』（港の人）という五巻セット（I～V）の資料集を入手したのがきっかけだった。この資料集は戦前の有事法制に多くの頁を割いており、戦時体制にむけて実際にどのような法律が準備されたかを読者に系統立てて提供し、解説している。

戦後日本初の本格的な有事法制、すなわち日本国内が戦場になったときに必要とされる法

令は、自衛隊と米軍との軍事協力が取り決められた一九七八年版日米ガイドラインで整備された。このことはこの資料集でよくわかる。また、編者の松尾高志氏は一九九七年版ガイドラインの内容について、「いま、日本は『戦後史的な転換』の時期にたちいたった、との思いを深くしている」（前掲書I巻、二頁）という問題意識を表明している。

一九九七年版ガイドライン策定から二年後の一九九九年の国会（小渕恵三内閣）では、これまで一つの法案を通過させるだけでも大論議になる法律、すなわち「周辺事態法」、国民総背番号制と言われていた「住基ネット（住民基本台帳法）」、盗聴法と称されていた「通信傍受法」、沖縄弾圧法と沖縄では猛反発されていた「駐留軍用地特別措置法」の再改定を含む「地方分権一括法」、そして「国旗国歌法」が相次いで成立した。その年の六月から八月までの国会の審議過程をいま振り返ると、有事法制の制定に向けたこの「歴史的大転換」は、まさに松尾高志氏が指摘するように、一九九七年版ガイドラインの政治的実現にほかならない。

同書では、一九六五年二月の国会で大問題になった『三矢研究』(注2)関連の国会会議録を、I巻の一九九七年版日米ガイドライン関係文書を理解するうえで欠かせない資料と位置づけて、II巻にその全文を収録している。一九六五年二月、「爆弾男」と異名をとった日本社会党の岡田春夫議員が「三矢研究」を国会でとりあげて大問題になった。同書はガイドラインと有事法制との関連について、「「ガイドライン」にもとづく「共同作戦」、「相互協力計画」は、

「有事法制」がなければ、その実効性は担保されないからである」（前掲書Ⅰ巻、三頁）という。

「三矢研究」というのは、朝鮮半島有事のさい、つまり第二次朝鮮戦争が勃発したとき、自衛隊制服組が日本国内の対応などを想定してすすめた極秘の有事法制研究――そうした断片的知識は私も持っていた。ガイドラインについては、春名幹男氏（早稲田大学院客員教授）が『仮面の日米同盟――米外交機密文書が明かす真実』（文春新書、二〇一五年一一月）で、ガイドラインそれぞれの特徴をあげている。春名氏は、一九七八年版が最初のガイドラインで、「日本防衛への米軍の貢献がより多く明記され」ていて、「旧ソ連の軍事力がピークに達した冷戦時代に、ソ連の侵攻に備える目的でまとめられた」という（同書、三五頁）。

また春名氏は、発見した文書には「在日米軍は日本本土を防衛するために日本に駐留しているわけではなく（それは日本自身の責任である）、韓国、台湾、および東南アジアの戦略的防衛のために駐留している」（同書、四七頁）という記述があるという。さらに安倍政権は、「戦争法」と言われる安保関連法制（憲法九条第二項を事実上無効にする「戦争法」。安倍政権は「平和安全法制」と称している。一括改正した一〇の法律と新法の「国際平和支援法」の総称）を成立させる前に二〇一五年版ガイドラインを更新したが、「実は、米軍の日本防衛への関与はさらに後退している」（六頁）という。

この春名氏の分析に基づいて考えると、米国の軍事防衛戦略の変化を見越した安倍政権は、自衛隊を正式に軍隊として認知して自衛戦争のみならず海外での戦争を可能にするために、有事法制を強化した安保関連法制を強行採決（二〇一五年九月一九日成立、翌二〇一六年三月二九日施行）したと理解できる。日米ガイドラインと戦争法の位置づけが春名氏の指摘どおりとすれば、一九八〇年前後以降の日本の有事法制制定の動きと沖縄戦記述の教科書検定問題や援護法の適用拡大（注3）も比較的容易に理解できるだろう。日本の「戦争ができる国」への道標は「日米ガイドライン」が最重要なキーワードである。

二、教科書検定問題の背景にあるもの

1、有事法制制定の地ならし――ソ連脅威論

三矢研究着手から一四年経った一九七七年八月、福田赳夫自民党政権のもとで有事法制の研究が始まった。三矢研究は自衛隊制服組の秘密研究だったが、防衛庁長官に対する首相じきじきの指示によって正式研究に格上げされたらしい（注4）。それは一九七八年版ガイドラインにむけての本格的研究のスタートだったと言えよう。

自衛隊制服組トップだった栗栖弘臣統合幕僚会議議長が、『週刊ポスト』（一九七八年七月二八日・八月四日合併号）のインタビューで、「有事の際、自衛隊は「超法規的行動をとらざるを得ない」」と発言。一九日、記者会見においてもこれを確認」（注5）したのだ。この衝撃的なニュースは世間の注目を集めた。栗栖議長の発言は、世論の強い反発を呼び「文民統制に反する」ということで、時の金丸信防衛庁長官が発言の撤回を求めた。しかし、栗栖議長は、「自衛隊法が整備されていないのだから、外国の侵略をうけたら自衛隊が超法規的行動をとるのは当然だ、絶対に撤回することはできない」と、現在の防衛大臣にあたる防衛庁長官の命令に従わなかった。そこで金丸長官は栗栖議長を罷免する。この一連の経緯は、日本の軍事化を憂えている人びとには日本の将来を画する〝事件〟として記憶されている。その頃はまだ憲法九条を堅持する平和志向の世論の力が強かったので、文民統制を逸脱した発言への抵抗感が広く共有され、金丸長官も発言の撤回を求めざるを得なかった。

ところが罷免された栗栖元議長は、以後は水を得た魚のように、「ソ連脅威論」「強盗戸締り論」を錦の御旗に掲げて、有事法制制定の地ならしと世論工作の旗振り役に全力を傾倒していった。そのソ連脅威論の実態については、水島朝穂教授（早稲田大学）が『知らないと危ない「有事法制」』で詳しく論じている（注6）。

「ソ連軍東京湾、北海道強襲――自衛隊はこう戦う」（『現代』一九七八年一一月号）、「ソ連上陸に用意」はじめた北海道住民の「本気」レポート（『週刊新潮』一九八〇年三月二七日）等々。当時の雑誌には、今にもソ連が北海道に侵攻するかのようなトーンの記事が並びました。書店には「ソ連軍日本上陸！」（二見書房）、「北海道の一一日戦争」（講談社）といったおどろおどろしいタイトルの本が平積みになりました。市井の人となった栗栖氏も、『仮想敵国ソ連――われらはこう迎え撃つ』（講談社）を出して、市場に参入。五つの「ソ連軍侵攻ルート」を、釧路や音威子府（おといねっぷ）などの具体的地名を挙げながら得意げに解説しています。結論部分では、自衛隊が円滑に行動できるための例外規定と、「人と金と物との動員」を図る非常事態措置諸法令の必要性が声高に主張されています。

当時の有事法制制定の動きは、スパイ防止法など今日のさまざまな有事法制関連の法案策定に連動していった。後述する教科書検定問題（修正を求める検定意見は「事実上の命令」なので本書では「教科書検定事件」とする）、すなわち一九八二年第一次教科書検定事件（「日本軍の住民殺害」記述の削除）や、八三年第二次教科書検定事件（住民の「集団自決」加筆命令）はまさに、そのような一連の動きのなかで発生していたのである。国内戦を想定した有事法制制定を推進する国防族にとって、同じく国内戦だった沖縄戦における〝不都合な真実〟を国民の誰の目にもふれる教科書に書かれることは絶対に阻止したかったのである。言い換えれば、自らすすんで国のために死ぬ殉国死を意味し、軍民一体の戦闘だったと国民に刷り込むため、住民の「集団自決」を強調したかったのだと断言したい。

2 ソ連脅威論と沖縄戦体験

大分県教職員組合と大分県総評から「沖縄戦の惨状」についての講演依頼をうけ、一九八一年八月一三日から一五日にかけて私は、日本本土で初めて沖縄戦をテーマに講演することになった。講演を依頼した動機とはいったい何なのか——講演を前にした私は、経済大国・軍備拡張への道をつきすすむ日本の情勢と「沖縄戦の真実」との接点を念頭において準備していた。

当時、防衛予算が国民総生産（GNP）の一％を突破するか否かで、軍備拡張勢力・国防族と、非武装を目指す、いわゆる平和勢力（憲法九条擁護派）とのあいだで激しい論議が交わされていた。日本政府・国防族は、北海道へソ連が侵入してきたときの備えを十分しておかねばならないという「ソ連脅威論」を前面に押し出して国民のあいだに不安を煽り、〝どの家庭でも強盗に備えて鍵をかけ、戸締りを厳重にするでしょう〟という「強盗戸締り論」で国民を説得しようとしていた。そして大手軍需企業の労働組合委員長さえも、「自分は長崎で被爆し、『被爆手帳』をもっていて戦争には反対だが、組合員の家族の生活を思うと、仕事を増やすためには防衛予算のGNP一％の突破はやむを得ない」と、全国紙のインタビューに答えていた。ソ連脅威論には、社会主義国ソ連が初めて他国であるアフガニスタンに侵攻するという衝撃的な国際情勢が背景にあったので一定の説得力があり、とくに北海道民に恐怖心を抱かせるには十分な効果があった。

私が教職員組合と総評という労働組合の団体に沖縄戦の惨状を話すことになったのは、そのような状況が渦巻いていたときだった。主催者の企画意図は、沖縄戦のように国内が戦場化したとき、国民・住民はどのような状態に陥るのかを確認することにあったに違いない。そのために、『虐殺の島――皇軍と臣民の末路』を一九七八年に出版してまもない私に白羽の矢を立て、強盗戸締り論に対抗する言説を期待したのだろう。

大分市のホテルで講演前日、講演内容に思いをめぐらせているとき、大分県教組の封筒に印字されている「教え子をふたたび戦場に送るな」という日教組（日本教職員組合）の有名なスローガンに目がとまった。このスローガンに対して私は、外国への侵略戦争に反対する意味ではすばらしいスローガンだが、それを考えた人たちの沖縄戦認識は「外地における戦争」という認識だったに違いないと思った。沖縄では、男女中等学校生徒まで戦場動員され、故郷も学び舎も戦場そのものになった。他国を戦場化した侵略戦争を反省する「教え子をふたたび戦場に送るな」という表現は、国内戦だった沖縄戦を体験した教職員からは生まれようがない。

ともかく、主催者側の沖縄戦認識の問題はさておき、ソ連脅威論・強盗戸締り論に対抗するために、国内戦だった沖縄戦の教訓である「軍隊は国民、住民を守らない（現在は、それどころか軍事作戦と称し住民を殺害したり、死に追いやると付加）」をメインテーマにして私に沖縄戦の惨状を話してもらいたいと考えたのだろうと思った。つまり、防衛予算のGNP一％突破を阻止し軍備拡張に反対するための講演依頼と理解した。したがってこのときは、一九八二年第一次教科書検定事件や、八三年第二次教科書検定事件の背景、さらに一九七八年版日米ガイドライン・有事法制と沖縄戦との関連はまったく思い付かなかった。

三、「日本軍の住民殺害」削除と住民の「集団自決」加筆命令
——一九八〇年代の教科書検定

1　一九八二年第一次教科書検定事件

一九八二年六月二六日、全国紙の『毎日新聞』が、教科書検定で文部省（現・文科省）の指示により沖縄戦における日本軍の住民殺害の記述が削除されたと報じた。その第一報をうけて沖縄地元紙の『沖縄タイムス』『琉球新報』もその問題を報じはじめた。とりわけ、在京の『東京タイムズ』が同年七月八日の一面で大特集を組み、日本政府による沖縄戦史実の抹消について大々的に報じたのは特筆すべき出来事だった。沖縄社会には、日本政府が「沖縄戦の真実」を抹消しようとしているという危機感が一気に広がり、地元二紙は連日この問題を報じた。

第一報からわずか二四日目に、北中城村（きたなかぐすく）議会が「沖縄戦の真実」を教科書へ記述するよう抗議行動をおこす。臨時議会を開き、日本政府に対する「教科書検定に関する意見書」を全会一致で採択したのである。沖縄各界各層の世論は、「沖縄戦の真実」を抹消することへの「島ぐるみの抗議一色」といっても過言でない状況になった。以後、教職員を中心に各種団体が連日連夜、抗議行動を展開した。九月四日には、沖縄県議会も臨時議会を開催して「教科書検定に関する意見書」を全会一致で採択した。「沖縄戦での県民殺害」の記述復活を求めるため、ただちに県議会代表五人を上京させて文部省への要請行動（抗議行動）を開始した（注7）。

問題の発端はこうだ。江口圭一教授（愛知大学）が執筆した、実教出版の高校日本史教科書『日本史』のなかの沖縄戦の脚注として「戦闘のじゃまになるなどの理由で、約八〇〇人

7月8日(木)
1982年(昭和57年)
発行所 東京タイムズ社
第13148号

東京タイムズ
THE TOKYO TIMES

50円

沖縄戦史実を抹殺

高校「日本史」検定で文部省

日本軍の住民殺害

県史「研究書でない」

再三の改善指示 抽象的記述に

沖縄戦で傷つき、手当てをし合う少年、少女たち

沖教組ら反発

「子供はじゃまだ！殺してやる」

悲惨な戦争 赤裸々

実態“事実隠し”と執筆者

鈴木首相

きょうの歴史
<1982年7月8日>

の沖縄県民が日本軍の手で殺害された」という記述があった。これに対して、日本政府文部省検定官は、数字が不確実だからという理由で、事実上の変更命令である修正意見をつけた。江口教授は、教科書が不合格になるのを避けるために数字では争わず、原稿を書き換えて「スパイ行為をしたなどの理由で、日本軍に殺害された県民の例もあった」、と修正意見にしたがった。しかしそれも、文部省検定官は不合格にしたのである。そこで江口教授はさらに、『沖縄県史』では戦場の混乱のなかで、日本軍によって犠牲者となった県民の例もあげられている」と書き直したが、「県史は一級の史料ではない」という理由で、これもまた却下された(注8)。その経緯を、江口教授は次のように明かしている。

いかなる表現であろうと、日本軍による県民殺害の事実自体を書いてはならないという文部省の強固な意志は、すでに明瞭であった。合格をうるためのタイムリミットは迫っていた。私は最終的にこの事実の記述を断念するほかなかった。
沖縄戦の記述の検定をめぐる文部省のやりとりは、私の研究者としての当然の、ささやかな努力にすぎないものであり、また検定の厚い壁のまえに無駄な抵抗に終わったものである。

理解いただきたいのは、教科書検定が文部省と執筆者との協議や討論などではまったくなく、国家権力の発動による一方的強制であるということである（注9）。

住民の犠牲は沖縄県教育委員会発行の『沖縄県史』にも記述されているという江口教授に対して、『沖縄県史』の記述は一級史料ではない、というのが日本政府文部省の言い分だったと、一九八二年七月八日付『東京タイムズ』が詳細に報じた（七九頁）。一面全面を使って《高校『日本史』検定で文部省／日本軍の住民殺害／沖縄戦史実を抹殺／県史「研究書ではない」／再三の改善指示／抽象的記述に／沖教祖ら反発／こどもはじゃまだ！殺してやる／悲惨な戦争、赤裸々／殺害実態／〝事実隠し〟と執筆者》という見出しをつけて大きく報じたのは、東京に本社のある新聞社では『東京タイムズ』だけだった。私自身、『沖縄県史 第10巻――沖縄戦記録2』の執筆者として、社会学における生活史の研究方法に基づく聴き取り調査を重ねてきたので、自分の研究を全否定されているような問題でもあった。

沖縄県民が沖縄戦で被った日本軍のむごい仕打ちは、一九七二年の「日本復帰」以前に、日本政府自身が調査したうえで認めた「沖縄戦の真実」であった。II部「援護法と靖国神社合祀」で詳しく論ずるが、被害住民を軍人・軍属扱いすることにした「戦闘参加者概況表」作成過程でも明らかなとおり、日本軍の住民殺害は周知の事実だった。にもかかわらず。一九八二年の時点で突然、日本政府は周知の事実を真っ向から否定する暴挙にでた。これに対する沖縄県民の、はらわたが煮えくり返るような怒りは尋常ではなかった。

私はその頃、勤務する沖縄国際大学の学生たちと、激戦場だった浦添地域で住民からの聴き取り調査を行っていた。ゼミ学生を同行して現地を訪れた八三歳の沖縄戦体験者がそのとき突然、「先生、若い人たちに沖縄戦の真実をしっかり伝えてください」と床に手をついて懇願したのである。このあと、壁に貼ってあった新聞の切抜きを剥いで私に手渡した。わざわざそこまでして日本政府に対する怒りを露わにした高齢のかたの行動は私にとって忘れられない出来事である。この人のほかにも、私は沖縄戦を体験した多くの住民とじかに接してかれらの心情を身近に感じていたので、なおさら憤怒の深さが痛いほどわかった。

沖縄県民の強烈な怒りに直面した日本政府は、住民殺害記述に検定意見を付けずに黙認を決め込んだ。そうやって住民の怒りを沈静化させようとした。国内が戦場化することを想定した有事法制の制定に向けて着々と準備を整えていた日本政府にとって、日本軍が住民を「スパイ視」「非国民視」して殺害した行為は明らかに〝不都合な真実〟だったので、教科書の記述から抹消しようとしたわけである。「有事法制」制定のために「沖縄戦の真実」を隠蔽することが一九八二年第一次教科書検定事件の本質だったことを強く認識しておかなくてはならない。

2　一九八三年第二次教科書検定事件――住民の「集団自決」加筆命令

第一次教科書検定をうけて発生したのが、家永三郎教授への住民の「集団自決」加筆命令だった。日本軍による住民殺害がクローズアップされた一九八二年の翌八三年、家水三郎『高校日本史』が改定検定の時期を迎えた。家永教授は、八〇年度検定済教科書のなかの沖縄戦について、脚注部分で次のような記述をしていた。

沖縄県は地上戦の戦場となり、約一六万もの多数の県民老若男女が戦火のなかで非業の死に追いやられた。

一九八三（昭和五八）年度改定検定に際して、家永教授はこの記述を次のように改定しようとした。

沖縄県は地上戦の戦場となり、約一六万もの多数の県民老若男女が戦火のなかで非業の死をとげたが、そのなかには日本軍のために殺された人も少なくなかった。

これに対して国（文部省）は、沖縄戦の記述における住民の犠牲について、県民の犠牲の全貌が客観的に理解できるように、犠牲者が最も多かった「集団自決」のことを書き加える必要があるとして、修正意見（これに従わないと、不合格になるので、事実上の命令である）を付した。その結果、家永教授は最終的に次のような記述にせざるを得なかった。

沖縄県は地上戦の戦場となり、約一六万もの多数の県民老若男女が、砲爆撃にたおれたり、集団自決に追いやられたりするなど、非業の死をとげたが、なかには日本軍のために殺された人びとも少くなかった(注10)。

家永教授は、国との数度のやりとりを経て、「集団自決に追いやられたり、日本軍のために殺された人も少なくなかった」、と「集団自決」の文言を加筆することによって、やっと検定に合格したのである。

国内が戦場となったときは自国軍隊は自己保身や軍事作戦を優先して自国民を殺害することがありうる。沖縄県民が体験したこうした衝撃的な事実は、国内の戦場化を想定した有事法制の制定には不都合であり、国民の目から覆い隠しておきたかったのだろう。だからこそ、住民殺害の記述の前に、殉国死を意味する「集団自決」を書くように命じたのである。つまり、日本軍による自国民殺害という記述の衝撃を和らげることを目指したのは明らかだった。国のため、天皇のために自らの命を絶った住民が多かったという印象を強調したのである。

国が家永教授に「集団自決」の加筆命令を出し、家永教授が「集団自決に追いやられたり……」と書き直した結果、検定合格を認めた。これはまさに、援護法における戦闘参加者申立書で、国(旧厚生省)が住民を戦闘参加者として認定する基準そのものだった。冒頭部分の「基礎となる知識」(二一頁)で述べたように、国は、軍の関与(命令、強制、要請など)があったときに、「国と雇用類似の関係」が発生したとみなし、「集団自決」を軍事行動と認定して戦闘参加者という身分を付与してきた。「集団自決に追いやられたり……」という表現は日本軍による強制があったと捉えることができるので、「集団自決」した住民に援護法を適用してきた基準どおりの記述を踏襲した形、言い換えれば強制による「集団自決」という援護法適用基準が満たされたので合格したのである。住民殺害の記述の前に、殉国死を意味する「集団自決」を書くように命じた検定を、家永教授が「不服として」国を訴えたのは、歴史学者としての卓越した識見を示す。二〇〇八年三月に提訴した沖縄靖国神社合祀取消裁判の原告・弁護団もまた、同じ立場に立っていた。同時に、序章(四四—四五頁)で述べたように、鈴木宗男衆議院議員の質問主意書に対して安倍首相が閣議決定した答弁書の「一について」で答えたとおり、「集団自決をめぐる問題で」援護法の適用上、「戦闘参加者と認定されたもの」について「軍命令があったとされた事例」があったことを、改めて確認しておきたい。

家永教授が国を相手どって訴訟を起こした頃、「集団自決」の命令をめぐって、作家の曽野綾子氏と太田良博元沖縄タイムス記者との論争が起きていた。太田記者は曽野綾子氏に対する反論のなかで、「集団自決」という言葉を住民の死について初めて使い、それが一般に流布された経緯を、一九八五年五月に次のように述べている（軍人の集団自決と住民の援護法用語の「集団自決」を区別した）。

「集団自決」という言葉について説明しておきたい。『鉄の暴風』の取材当時、渡嘉敷島の人たちはこの言葉を知らなかった。彼らがその言葉を口にするのを聞いたことがなかった。それもそのはず「集団自決」という言葉は私が考えてつけたものである。島の人たちは、当時、「玉砕」「玉砕命令」「玉砕場」などと言っていた。「集団自決」という言葉が定着した今となって、まずいことをしたと思っている。この言葉が、あの事件〔渡嘉敷島強制集団死事件〕の解釈をあやまらしているのかも知れないと思うようになったからである（注11）。

沖縄戦において軍人の死に集団自決という言葉を用いたのは、『福島民報』の記者だった（三三七〜三三八頁、序章「注3」）。しかし、住民の集団死に初めて「集団自決」という言葉を用いたことで、沖縄社会にそれが定着したのは沖縄タイムス社が刊行した『鉄の暴風』（一九五〇年）の記述からだった。その本の共同執筆者の記者自身が誤った沖縄戦認識を生じさせたかもしれないと反省している。いま思えば、第三次家永教科書検定訴訟の「沖縄戦に関する部分」についての沖縄出張尋問（一九八八年二月）が行われる前に、原告側は「あの事件の解釈をあやまらしているのかもしれない」と思っている太田元記者を交えて共同討議を実行し、沖縄戦認識を深化させて裁判に臨むべきだった。それが悔やまれる、太田元記者の述懐である。

四、本格化しはじめた右傾化・軍事化

1　駐留軍用地特別措置法の再改定

一九九七年版日米ガイドラインの合意をうけた日本の国防族・歴史修正主義者の動きは素

早かった。一九九九年夏の国会では、テレビのワイドショーが低次元井戸端会議（「サッチー・ミッチー騒動」）に数か月も「電波ジャック」されているあいだに、既述（七〇頁）したとおり、周辺事態法、盗聴法（通信傍受法）、国民総背番号制（住基法）、国旗国歌法が相次いで成立した。これらは安倍政権の政策に連動する法律である。とりわけ沖縄にとって致命的だったのは、その一連の動きの中で「駐留軍用地特別措置法」の再改定が国会議員の圧倒的多数の賛成で成立したことである。以後、沖縄では先祖伝来の土地が軍用地として収用されることに異議申し立てができなくなった。

「沖縄住民弾圧法」ともいえる改定駐留軍用地特別措置法に対して沖縄の怒りは爆発したが、代表的な全国紙でさえ一行すら報道しなかった。この法律が「地方分権一括法」という四七五本の法律のなかに紛れ込まされていたためかもしれないが、米軍に強奪され軍用地にされた土地に対して契約を拒否しようとする沖縄県民の意思が踏みにじられたにもかかわらず、大多数の日本国民は、沖縄への差別を一顧だにしなかった。しかし沖縄では、沖縄差別の象徴的な法律として大きく取りあげられた（それは、いまや国家による沖縄迫害としか言いようがない段階にきている）。同時期には、大田革新県政に取って代わった稲嶺保守県政が、沖縄県平和祈念資料館の移築にあたって、「反日資料館ではあってならない」という指示を出し、いわゆる「資料館改ざん事件」も発生していた（注12）。以後、二〇〇三年六月の「有事法制関連三法」成立にむけた動きは、まるで押し止めることができない土石流のようだった。

2 「軍隊は国民を守らない」のは当たり前

有事法制の仕掛け人ともいうべき自衛隊制服組トップの栗栖弘臣統合幕僚会議元議長は当時、念願の有事法制制定はもはや時間の問題と確信していたようで、次の手を打ち始めていた。それは国防族・歴史修正主義者を叱咤激励する『日本国防軍を創設せよ』（小学館、二〇〇〇年）という著書の上梓であり、時代はこうした書籍を堂々と出版できる段階へと突き進んでいた。この本には、それまでの沖縄戦認識に関して私に反省を迫るような表現も記されていて、認識を新たにした。元議長は、「国を守るということ」という見出しをつけて以下のように述べている（同書、七八～七九頁）。

国を守るということ

……今でも自衛隊は国民の生命、財産を守るものだと誤解している人が多い。……国民の生命、身体、財産を守るのは警察の使命（「警察法」）であって、武装集団たる自衛隊の任務ではない。自衛隊は「国の独立と平和を守る」（自衛隊法）のである。この場合の「国」とは、我が国の歴史、伝統に基づく固有の文化、長い年月の間に醸成された国柄、天皇制を中心とする一体感を享有する民族、家族意識である。決して個々の国民を意味しない。……さて誰が守るのか。現代の戦争は国民全部の戦いであって、決して自衛隊のみが「守る」のではない、自衛隊は最前線の最も苛烈な局面を担当するが、国民すべてが強固な抵抗意志を持たねばならない。……

自衛隊制服組トップだった元議長の武装集団（軍隊）に対する認識を知ったとき、私自身の沖縄戦認識の甘さを知った。これまで私は、沖縄戦の教訓について、「軍隊は住民（国民）を守らない」と話したり書いたりしてきたが、自衛隊制服組トップに言わせると、「そんなことは当たり前」で論ずるまでもないのだ。沖縄戦は、日本軍にとって「国体護持」の戦闘、すなわち天皇を中心とした国家体制を守る戦闘だったのだから、軍隊が住民を守らないのは、いわば当然だった。私はそれ以降、沖縄戦の教訓とは「軍隊は国民（住民）を守らない。それどころか軍事作戦上、自国民を殺害したり（直接殺害）、死に追い込んだりする（強制集団死・間接殺害）という表現で、「沖縄戦の真実」を簡潔に述べるようにしている。少なくとも「沖縄戦の事実」を語る場合、「軍隊は住民を守らなかった」というだけにとどめた表現は的外れということになる。

また、同書で元議長は「有事法制を真剣に、立法化を前提に考慮すべし」という項目のなかで「既に二〇年余前から言われていることであり、今度は周辺事態安定法に基づく米軍支援と自衛隊の緊急時の行動とを許容するような法改正と新立法が必要となった……非軍事思想は対米全面依存と同義である」（同書、一六頁）と述べている。金丸防衛庁長官時代に、自ら積極的に有事法制の制定にむけて先導役を担ってきた成果が、一九九七年版日米ガイドラインの合意をうけ、いよいよ仕上げの段階にきているという認識なのだろう。また、「自衛隊は国防軍とせよ」という項目では「重大なる国防に挺身（ていしん）する部局を単なる総理府内の「庁」に留（とど）めるのは、自衛官に対する軽視である」と主張し、その後の防衛庁の防衛省昇格の布石を打っている。

安倍は首相当時、自民党の憲法改正草案に沿って国会中継においても自衛隊を国防軍にするとしきりに唱えていたが、その源流はこの本にあるのではないか。栗栖元議長は、国内戦では自衛隊は最前線を担うが、「決して自衛隊のみが守るのではない」ので国民すべてが強固な抵抗意志を持たねばならないとのことだが、これは戦前の「軍民一体意識」論の現代版である。教科書検定において、沖縄戦は軍民一体の戦闘だったという記述が増えたのは、栗栖元議長の期待に沿ったものでもある。

五、国防族・歴史修正主義者が捏造する「沖縄戦の真実」

1　連動する有事法制と沖縄戦認識の再定義

一九九七年版日米ガイドラインの合意をうけ、日米安保体制がアジア周辺に機能することになった周辺事態法の成立（一九九九年五月二四日）を間近に控えた四月以降、私は「沖縄県資料館改ざん事件」で、国防族・歴史修正主義者からの非難攻撃の矢面に立たされていた。この経緯について、二〇〇〇年八月一五日付『琉球新報』の座談会「二十世紀最後の8・15／沖縄戦研究と平和教育（上）」で、私は概略、以下のように述べた。

軍人の集団自決と、命令などによる住民の集団死は明確に区別しないと沖縄戦の本質を見誤ってしまう。沖縄戦の住民犠牲は、直接的には日本軍の「軍官民共生共死の一体化の方針」により生じた。明治以降、日本軍部の沖縄県民観は「軍事思想に乏しく、国家意識も薄い、皇室国体に対する観念も徹底していない」というのが一貫した見方で、住民は民度も低く、信用できないと、軍関係資料に明示されている。このように〝信用できない住民〟と日本軍が同居し、陣地作りに駆り出さざるを得なくなり、重要な軍事機密を知られてしまうことになった。したがって、住民が敵軍に捕まって日本軍の情報が伝わらないように「共死」してもらわねばならず、軍人のみならず住民にも絶対に投降を許さなかった。極度の恐怖心の対象だった米軍が攻めてきて、投降を許さない日本軍がいるという絶体絶命の絶望的状況の中で、あるきっかけで互いに殺し合うという集団死事件が発生した。小さな島で住民が「臣民」として「皇軍」兵士と「一体化」していたという、沖縄戦の特殊な事例を一般化して論じると、歴史修正主義者にとって部合の良い〝実相〟になりかねない。沖縄戦の諸相の一つとして位置づけないといけない。

栗栖元議長の『日本国防軍を創設せよ』を受ける形で、教科書検定における沖縄戦は「軍民一体となって勇敢にたたかった」という記述が強調されるようになった。有事法制関連三法成立（二〇〇三年六月六日）前夜の二〇〇二年の教科書検定では、沖縄戦における軍民一体がますます強調されていた。同年四月初めに『沖縄タイムス』記者の電話インタビューを受けたさい、軍民一体を強調している教科書記述の背景はひと言では述べられないと告げたところ、六月に思いきり書いてくださいと言われた。そこで二〇〇二年六月一八日から六回連載で「幻化（まぼろしか）される沖縄戦――体験記録の二重構造」という教科書検定問題の背景を書いた。「幻の南京大虐殺」のように、いまの流れでは沖縄戦も、日本軍の住民スパイ視虐殺や住民を強制・命令などで集団死に追い込んだ「沖縄戦の真実」が幻にされかねない。そういう意味を込めて、「幻化される沖縄戦」というタイトルをつけた。

『沖縄タイムス』は連載第一回目で、《軍事国家再構築の動き／「軍民一体」定説化のもくろみ》という見出しのあと、「沖縄戦の実態がゆがめられ、利用され始めているという、その動きの意味、背景は何なのか。そして何が問題なのか。沖縄戦に詳しい石原昌家沖縄国際大学教授に問題の核心を解いてもらった」というリードをつけた。ここに示された私の問題意識の要点部分を、六回の連載から抜粋して本書の読者に紹介したい。

本年〔二〇〇二年〕四月、新年度検定済み教科書が発表された。そこで判明したのは沖縄戦が「軍民一体」の戦闘だったと定説化をもくろむ記述の教科書が登場したことである。沖縄戦は、日本軍が「軍官民共生共死の一体化」の方針の下に、「皇土防衛（天皇の統治する国土防衛）・「国体護持（天皇制を守る）」のための戦闘であった。そのために沖縄守備軍司令部を首里から、南部の最南端摩文仁に移動して、「出血持久作戦（長く持ちこたえながら、敵軍に犠牲を強いる作戦」）をとった。

〈国が書きかえ明示〉

物理的強制力を伴った「軍民一体」の形は、米軍の上陸後の地上戦突入時までであった。以後、とくに激戦場の沖縄南部では、住民にとって前門のトラ（鬼畜と宣伝されていた米軍）、後門のオオカミ（軍民ともに投降を許さない自国軍＝日本軍）というのが沖縄戦の実態であった。これが、地上戦の体験をふまえた、沖縄県民が共有している沖縄戦認識である。ところが、戦後五十七年たった現在、なぜ、沖縄戦の「軍民一体」説が教科書に登場したのであろうか。私は、かねがね、日本が軍事国家をめざす動きの中で、沖縄戦の幻化（真実の書き換え）が発生するであろうことを危惧してきた。この「軍民一体」の教科書記述、つまり、それが国の検定を経たということは、国がそのような書き換えを明示したことを意味するわけである。それは「周辺事態法」の制定、「安保条約」や「憲法九条」を大きく逸脱したといわれる「有事法制」制定のもくろみ、さらには小泉（純一郎）政権首脳の「核保有発言」などとすべて連動しているとみてよい。

〈不都合な沖縄戦の真実〉

日本国内が戦場化したときのことを想定した「有事法制」の制定を急ぐ小泉政権下では、日本で唯一県全体が「国内戦場」化した沖縄で、国民にとって「自国軍隊」も怖かったということでは、きわめて不都合なのである。つまり、現在、「有事法制」を制定するためにも、「国内戦場」の沖縄戦は、「軍民一体」の戦闘であったと国民を〝マインドコントロール〟しておかなければならないのだ。同時に「軍民一体」化させる「有事法制」を国会に上程したということは、すでにこれまでに日本国民は軍事に対する拒絶感・違和感が取り除かれつつある、と政府小泉政権が認識しているからであろう。政府は、一九九一年の「湾岸戦争」以降、世界のみならず日本においても「好戦（武力に訴えようとする）意識」が形成されていることを熟知しているのである。そのような意識形成は、日常生活の中でサブリミナル的（潜在意識に印象づける）に相当植えつけられている。

……

……敗戦と同時に、国民は真っ先に地域単位でも自らの戦争体験を総括すべきであった。それを欠いたまま戦後生活が出発したのは、日本国民の最大の過ちであった。沖縄にあっても、沖縄戦体験の本質と事実の見分けがつかない人たちが存在するのは、集落単位からの戦争体験の総括をして来なかった私たちの責任である。早晩、「援護法」受給者（注―先順位〔受給の優先順位〕者第一位のこと）がすべていなくなる。しかし、日本政府には、沖縄県民すべてがいかに日本軍に「軍民一体で戦闘協力」したかという、住民が押印した何万通もの記録（捏造）文書（注13）が残ることになる。

〈私たちの課題〉

私たちは、沖縄戦の事実と真実、つまり、木と森を見分け、そして「援護法」によってもたらされた「沖縄戦体験記録の二重構造性（ダブルスタンダード）」(注14)「沖縄のジレンマ」を十分認識しておかねばならない。さもないと、後年、「厚生省資料」としてそれが公開されるや、連載一回目で紹介した新教科書記述の裏づけとなり、沖縄戦の真実は幻化され、「軍民一体」の戦闘だったとみなされるであろう。そして日本国家が「有事法制」下で国民に軍民一体を強要するとき、日本国民の「手本」にさえ使われる、と私たちは懸念を抱いておかねばならない。沖縄の「慰霊の日」に元軍司令官といえどもすべて戦没者を一個人に還元させて刻銘した「平和の礎（いしじ）」前で挙行される「沖縄全戦没者追悼式」に、沖縄県（稲嶺県政）は軍服着用の米軍高官を招待し、列席させるようになった。それは県民自らの「軍民一体」意識の顕在化であり、その深度を示すものとして注目しておく必要があると、最後に指摘しておきたい。

六回連載真っ最中の六月二三日、沖縄「慰霊の日」の『沖縄タイムス』社説(注15)は、《慰霊の日と有事法制／沖縄から声を上げよう》と題して「戦争への道」へ向かう日本に対する危惧を表明した。

……具志川市に住む比嘉善栄さん（七六）は、沖縄師範学校の本科二年のとき、鉄血勤皇隊の一員として戦場に動員された。「法律はできてしまえば、それが正義。逆らうことができなくなる」と比嘉さんは言う。一つの有事法制は、別の有事法制を招き寄せ、さらに別の有事法制を生み出すという具合に、どんどん積み重ねられ、膨らんでいく。戦前の日本がそうだった。人的物的資源を動員するため徴発令が出され、軍需工業動員法が制定され、一九三八年には総力戦体制を築くため国家総動員法が成立する。これを補完する勅令、省令などが相次いで公布され、しまいには、身動き取れないような総動員体制が完成する。国会で審議中の有事関連法案と戦前の有事立法を比較するのは、不穏当だろうか。そうは思わない。

〈拡大する戦争関連法規〉

昨年成立した自衛隊法改正の中で、政府は「防衛秘密」という分野を新たに設け、漏洩した場合の処罰を民間人にも拡大した。しかも、防衛秘密の指定は防衛庁長官の裁量に任されている。八五年に廃案になった国家機密法案とよく似た内容が、既存法の改正によってすんなり法制化されたのである。ＰＫＯ等協力法、周辺事態法、テロ対策特措法、そして有事関連法案。一連の戦争関連法の流れを見ると、日本が「戦争をしない国」から「いざとなれば米軍と共に戦争を辞さない国」へと変ぼうしつつあるのではないか、

という強い危ぐの念を抱かせる。（後略）

社説が指摘しているとおり、「防衛秘密」は二〇一三年一二月六日に戦前の軍機保護法の現代版として、「特定秘密保護法」という名称でより強化されて成立した。さらに二〇一五年版日米ガイドラインの合意を得て、二〇一五年九月一九日には戦争法（安全保障関連法制）が成立して「米軍と共に戦争を辞さない国」になる危惧が現実性を帯びてきた。そしてついに二〇一六年三月二九日、戦争法は施行された。一九九七年版日米ガイドラインの策定から日米軍事同盟の強化を推進した小渕政権・小泉政権を経て登場した安倍自公政権。今日に至るこの二〇年間に敷かれた「戦争する軍事国家」に向かうレールの上を安倍自公政権が爆走していることがよく理解できる社説である。

2 「軍事国家」構築に向けて賛美される軍民一体感

二〇〇三年六月、有事法制関連三法が成立し、二〇〇四年には国民保護計画が策定されると、自衛隊が先頭に立つ図上訓練や実地訓練が沖縄も含め全国各地で開始された。二〇〇三年七月には、若者に人気の漫画家・小林よしのりが、満を持していたかのように沖縄戦をテーマにした漫画『〈新ゴーマニズム宣言〉沖縄論』（小学館）を上梓した。その後、『産経新聞』『正論』など保守的な紙誌を舞台に発言する歴史修正主義者にも共通するが、沖縄戦では婦人たちまで軍と共に「玉砕」覚悟で勇敢に戦って国を守ろうとしたと、沖縄の人びとの行為を賛美した。こうした言説を放置しておくとそのうち沖縄の人びとは日本国民の「手本」だと言われるようになる、と私が危惧したとおり、とうとう「日本人の鑑（かがみ）」だという言説まであらわれた。

二〇〇五年には、国防族・歴史修正主義者からなる自由主義史観研究会が慶良間の集団死事件の現地調査を始めた。そこから見えてくるのは、殉国死を意味する「集団自決」という用語の定着を図り、沖縄戦は軍民一体の戦闘だったと再定義しようと狂奔する歴史修正主義者の姿だった。私は、「沖縄戦＝軍民一体の戦闘」という再定義がいよいよ仕上げの段階に来ていることを実感した。そこで『琉球新報』紙上で二〇〇五年六月二〇日から始まった連載記事の第一回目を担当したとき、「追い込まれた命――『集団自決』と『集団死』をめぐって」というタイトルで寄稿した。その一部を概略して紹介する。

〈沖縄側の隙を突く〉

慶良間諸島などでは友人・知人同士、あるいは親が子を、子が年老いた親を殺すとい

> う形で生き残った人たちがいる。例えば、子どもを殺して生き残ってしまった（これ自体は沖縄戦のひとつの事実）母親から沖縄戦体験の証言を得ようとしたとき、嘆き悲しむその母親に対して「あなたは子どもを殺してしまいましたね」と問うか、「いやお母さん、あなたが子どもを殺したのではない、日本軍が前もってお母さんが子どもを殺して自分も死ぬようにと、子供を殺させるように仕向けていたのですよ。（今流の表現では）マインドコントロールして、子どもを殺させるようにしていたのですよ。だから、お母さんが殺したように見えるが、そうではないのです。日本軍が殺したのも同然のことなんですよ」と、聞き手が「沖縄戦の真実・本質」を交えて問うかによって、母親の証言内容はまったく違ったものになる。つまり、住民の強制集団死事件について証言を得ようとしたとき、「あなたは子どもを殺して自分は生き残ったのですね」と受けとられかねない問いは、母親が被った残酷な結果事実だけを突きつけた問いでしかないことを理解しておかなければならない。……「沖縄戦のみかけの事実」と「沖縄戦の真実・本質」の見分けをつけず、「集団自決」という用語の乱用が後を絶たない。自由主義史観研究会は、この沖縄側の隙（すき）を突いてきたのであり、沖縄自らが招いたといっても過言でない。

この焦燥感に満ちた私の寄稿が掲載されたひと月半後の八月に、大江健三郎氏と岩波書店を被告とする大江・岩波沖縄戦裁判が歴史修正主義者によって提訴されたことが報じられた。原告側は、慶良間の集団死事件では「集団自決」に軍命はなかったと主張し、被告側は「集団自決」に軍命はあったと証明することを求められた裁判である。私は、被告となった大江健三郎氏に手紙を書いた。そのなかで、慶良間諸島では住民は軍命によって「集団自決」したとして援護法の適用をうけているので、もしも被告側が敗訴するとなれば厚生省（現・厚労省）と靖国神社が一番困ることになる。原告勝訴はあり得ませんよ――と伝えた。歴史修正主義者にとって最大の狙いは沖縄戦イコール「集団自決（殉国死）」という観念を定着させることだから、「集団自決」の軍命の有無が争点になる裁判に持ち込めただけで、かれらのその目的はほぼ達成したのも同然だと思えた。

沖縄戦認識をめぐる私の史資料に基づく認識に、ヴェネツィア・カ・フォスカリ大学（イタリア）のローザ・カーロリ教授が関心を抱いた。二〇〇六年九月一四日から一六日までヴェネツィアで開催された第五回沖縄研究国際シンポジウム「想像の沖縄・その時空間からの挑戦」で、「皇軍〔＝天皇の軍隊〕の本質を露わにした沖縄戦とその後の今日的問題」というタイトルで発表する機会が与えられた。シンポジウムは、外観が大聖堂のように立派な歴史的な建物で行われた。会場のフロアから窓の下に目をやると、観光客を乗せたゴンドラが行き交う運河が見える。ゴンドラの船頭が観光客に向けて朗々と歌うイタリア民謡が聞こえてくる。とても心地良い気分にさせられ、緊張感も自然とほぐれる。そうした雰囲気のなかで沖縄戦の問題を報告するという、まさに時空間を超えた忘れ難いシンポジウムだった。

帰国後、何人かのシンポジウム報告要旨が『琉球新報』に掲載されると、読者から詳細を知りたいという要望が新聞社にあったという。私はそれに応えるつもりで、二〇〇六年一一月一六日から一二月二一日にわたって「問われる『沖縄戦認識』」を六回連載した。そのなかで、沖縄社会で二〇〇七年三月以降に大問題となる教科書問題の発生を予期していた。以下は連載の一部である。なお、以下の「沖縄靖国裁判」とは、小泉純一郎首相の靖国神社参拝（二〇〇一年八月と二〇〇二年四月の参拝）が政教分離を定めた憲法に違反し、精神的苦痛をうけたとして、沖縄の戦争遺族ら八一人が二〇〇二年九月三〇日に損害賠償を求めて那覇地裁におこした訴訟である（二〇〇六年六月、最高裁は「参拝で原告らの法的利益が侵害されたとはいえない」として原告側の上告を棄却した）。

〈「沖縄靖国裁判」の教え〉

今日このように「集団自決」の再定義が目論（もくろ）まれているにもかかわらず。その意図を軽視し、いまだに新聞紙面でマスコミ関係者も研究者も無造作にその用語〔集団自決〕を使用してきている。いま「国内戦」を想定した「国民保護計画」も受け入れている日本国民に、「軍隊は住民は守らない」（注――それどころか軍事作戦上住民を殺害したり、死に追いやったりする）という沖縄戦の真実を明らかにしつつ、「首相の靖国参拝」を既成事実化することによって、実質的な「靖国神社の国家護持」を目論む日本国家に真っ向から挑んでいるのが「沖縄靖国訴訟団」である。その原告団が、住民の沖縄戦体験を語るときに、仮にかぎ括弧を付けたにしても「集団自決」という言葉を用いたら、たちまち、自己矛盾に陥り、裁判を起こした意味が消え失せてしまう。「沖縄靖国裁判」の意味を真に理解するならば、その意図にもかかわらず、「被告国側・小泉前首相」に利することになるのである。もはや、〔沖縄戦研究者らが〕「歴史用語」になっていることばだとか、「言葉狩りになる」などという単純なレベルの問題ではなく、重大な意味が付与されていることを、「沖縄靖国裁判」が教えている。教科書から「従軍慰安婦」という言葉が消えかかっているのと、軌を一にして、今後は、沖縄戦の教科書記述において、日本軍の指導・強制・命令による住民の集団死の記述が消えて、「軍民一体」「殉国死」を意味する「集団自決」の表現が増えていく可能性がある。（後略　筆者の原文を正した）

この文章は、「集団自決」の教科書記述から「軍関与」が削除されたとして翌二〇〇七年三月三一日に大々的に報じられた教科書検定問題を予測し、その三か月前に発表したものである。

二〇〇八年三月二八日付『朝日新聞』（夕刊）は、《集団自決「軍、深く関与」沖縄ノート／大江さん全面勝訴／元軍人らの請求棄却》と、大江・岩波沖縄戦裁判の大阪地裁判決を伝えた。それから一週間後の四月六日に、大江健三郎氏からはがきが届いた。

重要な二論文（注16）をいただき、判決の日の東京―大阪の車中熟読しました。記者会見の発言の前半を、〝集団強制死〟の定義についてあてましたが、本土の新聞でみますかぎりなお〝集団自決〟の用語が使われていますこと、残念でした。今後も、一小説家の発言者として、注意深く沖縄からの御発言に学び続けたいと存じます。

地裁判決が出た直後、三月二九日には、東京都杉並区の杉並公会堂で「沖縄集団自決訴訟」をめぐるシンポジウム「『狙われる沖縄』と日本の前途」（「新しい歴史教科書をつくる会」主催）が開かれた。同会会長の藤岡信勝教授（拓殖大学）は「集団自決で隊長命令がなかったことは今年になって新証言が出ており、控訴審で逆転できる」と指摘し、「教科書から『従軍慰安婦』を削除させたように、これから一〇年かけて沖縄の本当の姿を明らかにする戦いを始めたい」（MSA産経ニュース）と述べた。ここで藤岡教授のいう一〇年をかけた戦いとは、二〇一八年までには「集団自決」（殉国死）という言葉をキーワードにして、沖縄戦は軍民一体の戦闘だったことを再定義する、という宣言である。

沖縄戦認識の再定義はこんにちの「軍事国家日本の再形成」構築に向けた推進力のひとつになっていると思われる。しかし、ほぼ時を同じくして、二〇〇八年三月一九日に国と靖国神社を被告とする沖縄靖国神社合祀取消裁判が五名の原告によって起こされた。この訴訟は、藤岡教授のいう一〇年をかけた戦いに、沖縄の戦争被害者遺族が直接立ち向かった行動である。この裁判については終章で記述する。

II

援護法と靖国神社合祀

【第三章】国会報告で知る日本政府の沖縄戦認識――援護法制定前夜

一九五二年四月三〇日に制定された援護法（戦傷病者戦没者遺族等援護法）は、米軍政下の沖縄にも適用された。本章では、軍人・軍属を対象にしたこの法律の適用が、どのようにして非戦闘員である老幼婦女子に拡大されていったのかをみていく。

援護法制定に先立って国会で公聴会が開かれた。そのさなかに、日本政府厚生省事務官らが遺骨収骨状況調査という形で沖縄入りし、沖縄戦の体験者から聞き取り調査をしていた。この事実はこんにち、援護法の本質を考えるうえで刮目に値する。当時の沖縄には、まだ琉球政府も存在していなかった。

アジア・太平洋戦争開始直前に生まれた私は、一九四八年に戦争の跡も生々しい小学校に入学した。砲火をくぐってきた沖縄の先生たちの指導の下に中学・高校を卒業したが、沖縄戦の体験についてはまったく耳にすることがなかった。あまりにも凄惨すぎて、言葉にするには感情の風化を要したようだ。

したがって私が小学五年生のときに開かれた国会で、沖縄戦の実状がこれほど詳細に報告されていたという事実を知ったとき、私は心底驚いた。同時に、日本政府が沖縄戦の被害家族を放置できないと考え、その実態をまず最初に全国民を代表する国会に報告しようとしたのはある意味、当然の行動だと思えた。すくなくとも、米軍統治下の沖縄に援護法という日本の法律を適用させようと努力したことは問違いない。

沖縄戦の国会報告から一年後、援護法はまず軍人から適用されていった。その後、非戦闘員の老幼婦女子にも適用が拡大されていくが、結果的に国会報告が適用拡大の根回し的役割を果たしたともいえるが、沖縄戦体験の捏造への道の第一歩でもあった。

一、戦後六年七か月目の沖縄戦実態調査

援護法を審議した国会は一九五二年三月二五、六日の二日間、各界各層の代表を公述人とする公聴会を開催した。その頃、日本政府厚生省は米軍統治下の沖縄において、戦没者の遺骨収骨状況調査という形で、沖縄戦実態調査を実施していた。この調査は開始から三週間に及ぶものだった。最初の実態調査である戦没者の遺骨収骨状況調査は、一九五二年三月から四月にかけて行われることになっていた。この調査予定を、沖縄住民は同年一月二一日付『沖

縄タイムス』一面トップ記事で初めて知る。

沖縄戦開始から六年七か月目に実施される実態調査について配信した共同通信の記事を伝える地元紙の紙面は歴史的なものとなった。《最大の犠牲払った〔沖縄戦〕／沖縄の遺骨調査〔始まる〕／戦没者は軍人七万五千、住民十数万人》（補記は筆者）という見出しが踊った。「遺骨調査団」が同年三月二一日に沖縄入りするまで日本では「遺骨が野ざらしにされている」と報じられたために、大きな物議を醸していた。このデマを打ち消すために、沖縄地元紙は遺骨問題の特集を組んだ。三月二三日付『沖縄タイムス』には、《遺骨調査団きのう来島／丁重な遺骨取扱いに／日本政府は感謝／調査にどうぞ協力を》という見出しをつけたトップ記事で、次のように報じた。

日本政府から派遣された遺骨調査団――復災局庶務課長美山要蔵、復員業務課長森下陸一、松本秀満の三氏はきのう正午、白山丸で来島、那覇浮島ホテルに旅装をといたが、約十八日間に亘って、本島や慶良間、伊江島など激戦の跡をたずね、沖縄の山野に眠る同胞が現地でていちょうに祭られてきたようすを見聞、その霊をとむらう予定である。

森下課長は海軍の幕僚だった経歴を自己紹介したあと、「日本政府に対し、占領軍当局から、元戦場地域の遺骨還送計画を出せ、といわれていますので、現地を踏査し、実状にそった計画をたてるため、硫黄島の場合と同じく、太平洋地域の遺骨調査の一環として、やってきたわけです」と調査目的についても語っている。日本政府代表が初めて沖縄戦の実地調査で沖縄入りしたという歴史的な紙面である。このときの調査結果は、三名の厚生省事務官が国会特別委員会で報告している。つまり日本政府は、国内で唯一、全県が戦場となった沖縄の地で、敗戦後六年七か月目に公式調査を実施し、国会に報告したのである。この国会報告は、日本政府が戦後初めて国民に示した沖縄戦認識ともいえよう。

私は『沖縄県史　第10巻——沖縄戦記録2』の執筆のために開始（一九七〇年）した聴き取り調査を通して知った沖縄戦の惨状に驚愕した。そのときの記憶はいまでも鮮明に残っている。ところが日本政府はその一八年ほど前、すでにその実態を詳細に把握していたわけである。敗戦後七年にも満たない時期の調査報告だったので、その内容は沖縄ではほとんど知られていない。

ひじょうに長い引用となるが、貴重な資料なので国会報告全文を次節に収載した。沖縄住民による「沖縄への援護法適用」の陳情があったとき、沖縄戦の実態を克明に知っていた日本政府は、当然それに応えるべきだと受けとめたに違いない。

ここでは、あらかじめ注目すべきポイントを列挙しておきたい。

①沖縄戦では敗戦後もゲリラ戦が行われていた。
②将兵の戦死者数は八万八六〇〇人。
③調査地域は本島南部から沖縄本島全域、伊江島、慶良間諸島。
④敗戦前の沖縄本島住民四九万二一二八人中、戦没者は一六万五五〇三人。
⑤戦没者の数の中で最も多いのが一般住民である。
⑥沖縄本島では全人口の三三%が戦没し、九五%の家屋が焼失した。
⑦五月二日(一九五二年)に開催される初の全国戦没者追悼式典に沖縄からの参列を希望。
⑧自然洞窟の中で死亡し、そのまま白骨化している戦没者が多数いる。
⑨昭和二〇(一九四五)年一月から三月までの疎開者は約三万人を数え、三月末に始まった艦砲射撃の中で約三万人が難民となった。
⑩米軍上陸後の戦闘の推移。
⑪米軍は投降した住民を戦死遺棄死体の埋葬作業に使役。
⑫日本軍の組織的抵抗終了後も残存将兵の掃討のため、住民を収容所に隔離。
⑬伊江島では昭和二三(一九四八)年まで日本軍の来援を期待して二人の兵士が武装して籠城していた。

⑭難民収容所生活は短くて一年、長い場合は三年にわたっている。
⑮多数の死体は、激戦下で、土・死体・土・死体と重ねて埋葬され、遺骨が散乱した。戦火で樹木が失われ、全島赤はげ状態になった。
⑯沖縄仏教会や本土土建業者のボランティアが遺骨遺品を蒐集。
⑰魂魄の塔には三万一六〇柱を納骨。
⑱沖縄政府の集計では頭蓋骨数で一五万人を収骨。
⑲六月二〇日ないし二一日に組織的抵抗が終わったが、各地の残存将兵が抵抗を続けたので戦闘状態が続いた。
⑳島尻地区だけでも一四七万トンの鉄量と火焔を浴びた死体は、白骨化して区別がつかない。
㉑援護法の沖縄への適用。

戦後まもない混乱期に掌握したこれらの数値は、必ずしも正確とは言い切れないかもしれない。また大田昌秀元沖縄県知事によると、戦闘終結直後、住民が戦場の跡地に放置されている遺骨の収集を申し出ても、米軍に任命された住民代表者たちは米軍の心情を慮って許可しなかったという。この結果、日本本土に、沖縄県民が日本軍兵士の遺骨を野ざらしにしていると伝わったのであろう。日本政府の調査は報告のなかでそうした噂は誤解だと言明している。国会報告の議事録を読むと、沖縄戦の戦場の跡をつぶさにみてきた厚生省事務官の、沖縄の惨状を国民にぜひ知ってもらいたいという心情が伝わってくる。

二、日本政府が把握した戦場の跡――沖縄遺骨収骨状況調査報告

以下が国会特別委員会で行われた三名の厚生省事務官による調査報告である。なお、議事録の引用にあたって適宜、標題・小見出しを付した。また、旧漢字は新漢字に改めた（例――「戰→戦」「戰鬪→戦闘」「沖繩→沖縄」「收容→収容」「燒→焼」「聽取→聴取」「拂う→払う」など）。旧仮名遣いと送り仮名は原文のママである。

＊　＊　＊

◎第十三回国会衆議院　海外同胞引き揚げ及び遺家族援護に関する調査特別委員会議録十二号　昭和二十七年（一九五二）年四月二十二日

◎十三―衆―海外同胞引揚及び遺家族―十二号　昭和二十七年四月二十二日

○**小平委員長**　これより会議を開きます。

本日は海外同胞引揚に関する件及び南方諸地域における戦没者の遺骨調査に関する件について議事を進めます。まず南方諸地域における戦没者の遺骨調査に関しまして、過般沖縄におもむき戦没者の遺骨状況を調査しておりました調査団が十八日に帰られましたので、本日ここに関係当局よりその調査の結果につき報告を求めることといたします。まず引揚援護庁長官より概括的な報告を願います。木村引揚援護庁長官。

●**遺骨状況調査の概括と戦没者数＝一六万五五〇三人**

○**木村（忠）政府委員**　沖縄の遺骨調査のために、先般遺骨の調査団を政府において派遣いたしたのでありまするが、この調査団は、三月十五日に東京を出発いたしまして二十二日那覇に到着いたしまして以来、沖縄本島及びその周辺の諸島の遺骨調査の任務を終りまして、去る四月十八日に帰京いたしたのであります。

ただいまその調査の結果の報告に当りまして、本委員会におきまして、調査につきまして格別の御配慮を寄せられましたこと、さらに遺骨のお出迎え並びに御献花、御焼香をいただきましたことに対しまして、まずもつて厚く御礼を申し上げたいと存じます。

御承知の通り、沖縄本島は南北の長径百キロを越え、さきに遺骨の調査を実施いたしましたる硫黄島に比較しまするると、数十倍も大きな島でございます。この沖縄本島におきまする戦闘は、昭和二十年四月一日に始まりまして、一部におきましては終戦後も戦闘が行われておつたのでありまして、米第十軍約六師団に対しまして第二十四師団、第六十二師団等を基幹といたしまする牛島中将麾下の第三十二軍及び那覇地区にありました海軍部隊が戦闘いたしたのであります。この地上戦闘の主戦場となり、従つてわが将兵の遺骨の大部分が残つておりまする地域は、本島の南端、人口の密度の最も高い島尻地区でございまして、面積は全島の五分の一にすぎない地域であります。米軍がこの狭い地域に費しました鉄量は、百七十四万トンに達するといわれるのでありまして米軍最高指揮官であります第十軍司令官バックナー中将もここで戦死いたしておりますし、その損害は数万に達したほどの激戦が続けられたのであります。わが方におきましては、軍が組織的抗戦力を失うに至りました六月二十一日までの八十二日間、及びその後のゲリラ戦闘並びに海空で失いました将兵の数が八万八千六百名に上つておりますことは、さきに提出いたしました報告にある通りでございます。

この戦闘の渦中にありました住民からも、きわめて多数の犠牲者を出しまして、また土地の荒廃もはなはだしかつたのでありまするから、その後、わが将兵の遺骨の状況に関しまする断片的な情報はしばしば耳にいたしておつたのでありまするが、実際の状況を予測することは困難であつたのであります。

調査団は、三月二十二日那覇に到着いたしましてから、四月十一日までの間、沖縄民政部、琉球政府及び県民、また沖縄復興〔実際は米軍基地建設のこと〕のために協力いたしておりますす内地の業者等(注1)の各方面から絶大なる支援を得まして、主戦場でありました島尻地域を始めとして、全沖縄本島、それに伊江島・慶良間群島等、戦闘の起りました離島をも踏査いたして参つたのであります。

調査団が遺骨の状況について報告しましたところを総合いたしますると、第一に、遺骨の大部分は、各地に建設されてある慰霊塔の中に、住民の手によつて丁重に納められ、かつねんごろに供養されておることであります。第二に、しかしながら、本島北部の山岳密林地帯、その他人跡のきわめてまれな地域には、まだ納められていない遺骨が残されておることは想像され得るところでありますばかりでなく、その他に、沖縄固有の宗教的慣習から、洞窟内の遺骨にはまだ手を触れられていないものが残つておるようであります。第三には、今後調査いたしましても、その氏名を判定し得ると予想される遺骨はきわめてまれでありまして、また氏名判定上の一つの有力な資料となるべき遺品も、あるいは焼失し、あるいは湮滅(いんめつ)いたしまして、残つているものはきわめて少数であるということであります。

以上申上げました事情につきまして、若干御説明を加えたいと存じますが、終戦直後琉球政府〔群島政府のこと〕が調査いたしたところによりまするところ、終戦前におりました沖縄本島の住民四十九万二千百二十八人の中から出た戦没者の数は、十六万五千五百三人ということになつておるのであります。もちろんこれは今残つておりまする者から調査いたしたものでありまして、戸籍等が全然焼けてしまつておりまする状況におきまして、今生き残つておりまする人々によりまして調査いたしました数でございますので、これよりも多くなることはありましても、少いということは考えられないという数字でございます。

この戦没者の大部分は、国内戦の常とは申しながら、将兵も住民もほとんど同一の行動をとりつつ、この狭い島尻地区でまくらを並べて相ともに戦没いたしたのであります。この島尻地区におきまする戦没者の数の中で最も今多数のものが島民でありますことを考えまする と、まことに胸迫る思いがいたすのであります。しかもその上にここで辛うじて生き残りました住民の全部が、戦闘に引続き、島内の他の地域に立ちのきまして、収容所内に入ることを命ぜられまして、自分の肉親の遺体にすら手を触れることのひまもなかつた、手を触れることを許されなかつたというのが実情でございます。この収容所の生活も短かい者で一年、長い者は三年にわたつておりまして、その期間の後に、以前の居住地に帰ることを許されたのでありますが、帰りましたときにおきましては、家は全部焼かれてなくなつており、草木さえもなく、その土地の状況も一変いたしておつたということでございます。従いまして住民も、自分の肉親が自分の目の前で倒れ、その場所も確実に記憶しておつたはずのものでさえも、自分が帰宅いたしましたときには、累々たる遺体のうちに、どれが自分の肉親のものであるか、将兵のものであるかということがとうてい判別さえもつきかねたのが普通の状況であつたというふうにいわれておるのであります。あるいは辛うじて土をかけることができた遺体の上に、また別の遺体が埋められたり、あるいは埋葬した人が別のところで倒れるというような、今の私どもといたしましてはとうてい想像することもできなかつたいろいろの事情が錯綜いたしまして、相重なつて遺骨の判別を不可能にいたしておるのでございます。帰宅いたしました住民は、焼け跡に遺骨を整理しながら、多量の鉄のために不毛に近くなりましたわずかの土地を耕しまして、遺骨を見かけますればこれを整理するといったようなあいにいたしまして、次第に納骨所のようなものができて行つたようであります。戦没いたしました自分の肉親の遺骨を手にすることができましたのは、全体のわずか五％にもならないというのが実際の状況であつたようであります。しかしながら特別に信仰心の厚いこれらの島民におきましては、驚くべき忍耐をもちまして、窮乏をきわめた生活に耐えながら、その後も多大の犠牲を払いまして部落ごとに慰霊塔を建設して遺骨を納めて供養するというような状況でありまして、戦闘の最もはげしかつた本島南端の三和村〔現・糸満市〕におきましては、こういう慰霊塔が十七箇所建立せられておりまして、そこに納められました遺骨の数も実に七万五千柱に上るというような状況でございました。かつて一部において伝えられておりましたように、故意に遺骨が放置されておるというようなことは絶対に考えられないというふうに、調査団は報告いたしております。以上申し上げましたような実情にあります沖縄の遺骨をいかに処理いたしますかにつきましては、今回の調査の結果をさらに整理いたしました上で、海外に残されました遺骨全般との関係も考えながら、今後さらに慎重に検討いたしまして、遺族は申すに及ばず、国民一般の心情に十分にこたえられますようにいたしたいと存じておるのであります。

●援護法の沖縄への適用

最後に繰返すようでございますが、重ねて申し上げたいと存じますことは、わが戦没将兵の遺骨に対しまする琉球政府及び県民の心からなる取扱いでございます。さきにも申しましたように、沖縄の本島におきましては、全人口の三三%に近い人々を失つており、家屋は九五%焼かれております上に、暴風等の災害は重なつて起り、荒廃からの復興意にまかせぬものが多いように承（うけたまわ）つておるのであります。それにもかかわらず、政府からはさきに三百柱の遺骨がこちらに送られておりまするし、また現地におきましても、島民の多大の犠牲によりまして、わが将兵の遺骨が手厚い取扱いを受けておりますることは、私ども当初予想し得なかつたところでありまして、琉球政府並びに県民の御懇情に対しまして衷心から感激いたしまするとともに、いささかなりともその同胞愛に報ゆるの方途を講ずべきであるということを痛感いたしたのであります。目下衆議院の審議を終りまして参議院で御審議を願つておりまする戦傷病者戦没者遺族等援護法案も、近く成立いたしますようにわれわれは期待いたしておるのでありまするが、これが成立いたしましたならば、沖縄県民も、同法の規定するところに従いまして援護を受け得られることになるのでありまするが、ただ現在のところ、日本政府が沖縄に対しまする行政権を持つていないので、実施上につきましていろいろの研究を要する問題が残つておるという状況でございます。従いまして、これらの問題につきましては、なるべくすみやかに解決いたしましてできるだけ早くこの援護の手がさしのべられることができますようにいたしたいと考えておる次第であります。

なおまた来る五月二日に予定されておりますところの全国戦没者の追悼式典におきましても、とりあえず内地に在住されておりますところの沖縄県出身戦没者の遺族代表の方々の参列を願うように措置いたしておるのでありまするが、なおそのほかにも、沖縄から代表としてお見えになりまするいろいろな方々につきましても、何とか参列ができるようにいたしたいというふうに、その方途を検討いたしておる次第でございます。この点をつけ加えて御報告いたします。

なお遺骨調査の細部につきましては、これに参りました森下事務官〔森下陸一〕、松木事務官〔松本秀満〕が参つておりますので、なお漏れた点につきまして補足的な説明をいたし、また御質問にお答えいたすようにいたしたいと思います。

○**小平委員長** それでは引続きまして松木事務官より補足的な説明を聴取いたします。松木事務官。

○**堤委員** ちよつと議事進行について。出席の委員も大体お顔ぶれがそろつておると思いますから、地図がありますので、あまり遠いと説明なさる方も不便でありましようし、私たちも何ですから、少し会場を整理して、もう少し近くでやつていただいた方がいいんじやないかと思います。

○**小平委員長** 承知しました。

○**松木説明員** 沖縄の遺骨、遺品の状況について御報告いたしますが、その前に沖縄の人々は、遺骨に対しましてどういう態度をとつておられるかということ、それから戦闘が始まりましてから、遺骨に関連する事項はどういう経緯をたどつて来たかということが、関係がございますので、まずこれについて申し上げます。

沖縄の人々は祖先崇拝の心が非常に厚うございまして、自分の家屋よりも墓地を大事にされまして、多額の費用を投じて墓をつくる。そうして仏事の日には墓前にござを敷きまして御供養するという習慣がございます。この墓地には戦前の費用で三万円もかけてつくつたのもあるというような状況で、これは内地と非常に違うところでございます。それから沖縄の人々は、なくなりました人を生のままのからだで棺に入れまして、そしてこういう墓地の中に納めます。そしてふたをいたしまして二、三年たちましてからこのふたを開いて、中から棺を出します。そのときは骨ばかりになつて肉は落ちておりますので、そのからだを河原のところできれいに洗いまして、これを洗骨と申しますが、洗骨いたしましてから、これくらいのかめの中に生の骨のまま頭骸骨を一番上にして入れて、そしてその上にふたをいたしまして、この中に納めます。それでこのかめの中にありますお骨に対しましては、永久に対面ができるという習慣でございます。

以上のようなわけで、沖縄の人々に接触いたしまして感じますことは、沖縄の人々はお骨に対しましてはこれを恐れない、恐怖しない、しかしながらお骨に対しましては非常に畏敬の念を払う、尊敬する、こういう感じを受けます。この考え方が一般の自然洞窟なんかにも及ぼされておりまして、こういう墓地の中には生のお骨のまま入つておる。これは独立した建物になつておりますが、多くは山の斜面にこれができております。従いまして山の斜面なんかに入つております。この洞窟の中に死んでそのまま白骨となつておる人がたくさんあるわけでございますが、そういうお骨に対しましては、こういう墓地の中にあるお骨と同じような考え方をしております。

次は遺骨、遺品、これに関係します沖縄戦闘の経過について概要を申し上げます。

●戦後初めて報告された沖縄戦

第三十二軍は、主力をもちましてこれから南の地区を占拠いたしまして、ここで持久戦闘をやり、一部をもちましてこちらの中頭郡(なかがみ)、国頭郡(くにがみ)という方面で遊撃的な、ゲリラ的な戦闘をするということでございまして、それは兵力が少かつた関係でございます。この沖縄の戦場化ということが予想されましてから、内地の方に学童その他の疎開をやりまして、その数は約十万といわれております。それから昭和二十年の初めごろから敵の上陸も近いという状況になりまして、この地区に戦場を予想しておりますので、この地区の人々のうちより年寄り、子供というような人々を国頭方面に疎開をさしております。その他の人々につきましては、米軍が上陸いたしましたならば、軍の方で指導いたしまして、国頭方面に疎開させるという状況になつておりまして、二十年の一月から二十年の三月までの間に疎開しておつた人が約三万、それから三月の末から艦砲射撃が始まりましたが、そのころからあとに疎開しました人が約三万〔艦砲射撃開始後は疎開はほぼできなかった〕、こういうぐあいにいわれております。こういうあわただしい空気の中におきまして、沖縄に派遣せられておりました将兵は、沖縄の人々にいろいろ遺品となる品物をお預けになつたというようなことが相当あるようでございますが、あとから申しますが、全本島が戦場になりましたために、すべての人が無一物でさまよい歩かれたという状況でございますので、そういうのはほとんど残つておりません。

次は沖縄戦闘の推移と遺棄死体の処理でございますが、四月一日にここに上陸をいたしました米軍は、これを瞬時に両断いたしまして、主力をもつて南の方を攻撃し、一部でもつてこちらを攻撃するということになりました。その前に三月の二十六日に、こちらにあります慶良間（けらま）島、座間味（ざまみ）島、渡嘉敷（とかしき）島というような方面に上陸しております。四月十五日〔十六日〕に伊江（いえ）島に上陸するというようなことで、戦闘が始まりましてから、各地区の戦闘の状況はかわつております。その戦闘の特質に応じて遺体は処理されたということになります。この地区におきまして、米軍は、御承知の通り物量攻撃とよくいわれておりますが、厖大（ぼうだい）な軍需品を利用いたしまして、またたく間にブルトーザでもつて大きな道路を建設をする。川には鉄橋みたいな金網みたいな橋をかける。そういうふうにいたしまして、自動車道の推進をする。たくさんの軍需品を運びまして集積をする。それからそのほかには幕営地をつくるというようなことで、米軍が作戦上必要とする地積がたくさんできて来たわけでありますが、(委員長退席、池見委員長代理着席) その地区に遺棄されておりました死体につきましては、米車は投降いたしました沖縄の住民を使役いたしまして、その地区の遺棄死体を集めて埋葬したというぐあいにいわれております。

●戦没遺体の埋葬状況

そのこまかい状況はよくわかりませんです。この戦場には至るところ陣地があつたわけでありますが、この厖大な死体は百七十万トンに及びますする鉄量のために、壕で埋没したものが多いと考えられます。遺骸を戦友が簡単に埋葬したというようなのが、これは相当多数あると考えられます。いろいろな記録を見ましても、野戦病院等で、夜間を利用しては遺骸を出しまして簡単に埋葬したというような記録がたくさんございます。大きな投下爆弾の弾痕がありますと、その中に死体を入れる、そうして土をかけまして、その上に目印の石を置く。またそれを知ところがほかの人が知らないで、その上に死体を入れて土をかけて石を置く。またそれを知らない人がその上に死体を入れて砂をかけるというような事態が随所にあつたようでありまして、あとで心あたりのところへ行つた住民の人々が掘つてみますと、土、死体、土、死体というような状況があつた、こういうことも聞きました。これから南の方でその戦闘間に立てた墓標というのは、わずかに首里で一箇所だけございました。

それからずつと南の、現在は三和村といっておりますが、そこの一部落で負傷した人が、倒れたままの姿勢で木に自分の名前を掘りつけて、その下に白骨になっておられたというのが一箇所だけございます。それ以外には、今のような激しい戦闘の中ではつきりとした証拠を残している墓地と申しますか、遺体と申しますか、そういうものは見当りません。

●戦闘終結の頃

六月二十日に各部隊とも連絡が絶えまして、これら部隊の指揮はできない。各部隊はそれぞれの位置におきましてできるだけ戦闘するようにということになりまして、その以後におきましては、生き残りました者は、敵線を突破して国頭方面に出るとかいうようなこともあつたのでありますが、そういう関係とか、あるいは六月でありまして、現在でも向うの人は短かい開衿シャツ一枚でおりますが、六月の暑さで、しかも戦闘の末期の状態でありますから、簡単な服装をしておるというような状況で、住民と軍人との服装の区別もほとんどつかなくなっておつただろうというようなことも考〔え〕られます。大体こちらの戦闘間の経過についてはそういう状況であります。

中頭、国頭方面は、それと比較をいたしますと、住民がたくさんおり、部隊はごく少数でございまして遊撃戦闘が行われた。従いまして遺体処理もいくらか南方とすると恵まれておる状況にあるということが考えられます。〔現在、牛島満（うしじまみつる）中将と長勇（ちょういさむ）参謀長が摩文仁（まぶに）で自決した六月二三日が日本軍による米軍に対する組織的な抵抗が終わった日とされ、公式の「沖縄戦終結の日」となっている。この日は、県条例によって制定された沖縄独自の祭日「慰霊の日」とされているが、この国会報告で後述されているように、実際は散発的に各所で戦闘が継続していたので、戦争終結日を六月二三日とするのは史実としては妥当ではない。「降伏文書」に正式に調印した九月七日が合理的ではないかとされる見解もある。〕

●戦闘の特色と組織的戦闘終結後の抵抗

座間味諸島、こういうところにおきましては、部隊の兵力は非常に少く、住民と兵士が仲よく交わつておりまして、お互いに名を知つておる。何々上等兵がここでなくなつておるというようなぐあいで、住民がすぐ拾つて埋葬してくださつたというようなことが特色をなしております。伊江島は米軍が上陸いたしましてから、ここは玉砕した。そうしてそのあとにおきまして、住民を全部ほかへ移した、こういうのが特色になっております。

次は、今のような戦闘が終つてから、住民は収容所の生活に入つたわけでありますが、その収容所の生活が終つて各村に帰つて来るようになつた。それまでの遺骨をめぐる状況について申し上げます。アメリカ軍は作戦の進捗に伴いまして、投降いたしました住民を久志(くし)あるいは東村(ひがしそん)、知念(ちねん)、三和(みわ)村の一部、こういうところに収容所をつくりまして住民を全部隔離しております。そうしてそれ以外の全戦場は住民が一人もいない地域にする、家屋のない地帯にする、そういうぐあいにいたしまして、残存して抵抗する日本軍将兵の掃蕩に力を尽〔く〕したと考えられます。長期抗戦を企図いたしまして各地に将兵が残存抵抗しておりまして、一例を申し上げますと、ここに、糸満の東南のところに国吉(くによし)というところがございますが、国吉の自然壕の中では、北海道の歩兵第三十二連隊の将兵が抵抗いたしまして、これが終戦を知りまして連隊旗を焼きまして、武装解除を受けたのが八月二十三日のことであります。それからこちらの方では、国頭の方で村上護郷隊長以下が山を下つて出て来ましたのが二十一〔一九四六〕年一月でございます。伊江島におきましては、今のように米軍が占領して住民を払つてやつておったのでありますが、日本軍が再援して来たならば、一番先頭になつて案内するというかつこうで武装を完全に持つたままで二人の人が隠れておりました。その人が出て来ましたのが昭和二十三〔一九四八〕年、これは伊江島でその当時の状況をお聞きしました。こういうぐあいで、六月の二十日に組織的な抵抗が終りまして、大体沖縄の戦闘は終末を告げたというものの、その後におきまして各地に残存した将兵が抵抗を続けまして、従いまして依然として戦場状態が続いておつたということであります。それで今までの間に百四十七万トンの鉄量と火焔に翻弄(ほんろう)せられた死体は、こういう長い期間風雨にさらされまして、完全に白骨と化し、氏名を弁別する目じるしとなるようなものはすべて腐蝕してしまったということであります。

●全島赤はげと遺骨

住民は今のように隔離されておりましたが、その地域から各村に帰って来ましたのは、早くて一年、おそくて二年、三年というぐあいになっております。現在でも、米軍の使用しております地域は復帰できないでおります。この村に帰ります状況は、まず若い人を派遣いたしまして準備をさせる。それからその村の中のある一部落を限って住民を移住させる。次いで次の部落に拡張して行かせる。また次の部落に行かせるというかっこうで、一つの村に、全村民が元の自分の古巣に帰るというのには相当の期間を経過しております。そこで収容所から住民が帰って来たときは、戦闘直後においては、全島赤はげになりまして――赤はげと申しますか、白い灰色の土と申しますか、そういうふうなぐあいになっておりましたところに、青い草が一面に生え茂っておるという状況になっておったとのことでございます。それで完全に白骨化した遺骨がその青草の下に隠れておった、こういうことでございます。

今のような状況の中で、那覇と首里とのまん中のところに真和志(まわし)村というところがございますが、真和志村の人々は、米軍がここに上陸しまして、ずつと押して来るこの間に、住民は一緒に押されてこちらに来ておりましたわけで、この付近の帰投した真和志村の人は、この村のここのところに集結しておつたわけでありますが、この収容所生活の間に、願いを出しまして遺骨収集を初めまして、有名なひめゆりの塔とか、健児の塔とか、魂魄（こんぱく）の塔とかいうのを建てまして、その後におきまして、真和志村の方に、さつき申しましたような状況で帰つております。帰つてまた自分のところの収骨を始めております。こういう状況でございます。この地区だけを真和志村の人々がやつてくれた以外は、先ほど申しましたように、住民が帰つて来るまでは遺骨はそのままであつたということであります。

●戦闘直後の村や家の様子

次は、村に帰りましてからの遺骨の問題でありますが、住民は無一物で、飢餓にさいなまれながら、三箇月間鉄の暴風下を彷徨（さまよ）いたしまして、次いで収容所で自由を奪われておつたのでありますが、それから村に帰りました。（池見委員長代理退席、委員長着席）

その村に帰りましたときの状況は、御想像がつくかと思いますが、帰ってみますと、まず家が全部焼き放たれておるということ、それから先ほどもお話がありましたように、全沖縄本島における人の損害が三三％でありまして、従いまして肉親の顔が見えない、あるいは親類の顔が見えない、友達の顔が見えない。各家庭とも一家五人平均としますと、そのうちの二人くらいは死んでおるという平均になります。それから畑は砲弾でくつがえされてしまつておりまして、青草が生えておる。今まで山に木があつたところのその木が全部なくなつております。従いまして食を得ようにも畑は荒廃しておる。燃料を切り出そうにも、山には木は一本もないという状況、ただ気候が暖かいところでありますから、被服類、寝具類についてはそれほどの不自由を感じない、まあそういう状態が考えられます。そういう状態で住民は帰つて来たんでありますが、まず自分の焼け跡に帰りまして、家の跡を、清掃する、そこにある遺骨を収集する。そうしてそのあとに、付近からかやを切つて来まして屋根をふいたり、簡単な小屋がけをする。それが終りますと、まわりの畑を草を抜いて種をまく。その間に畑の中に落ちております遺骨を収集する。

●遺骨収集と納骨場の建設

こういう状態になりまして、その間まわりの付近から遺骨を収集するわけでありますが、まつたく白骨となつておつてだれのかすべてわからない。肉親をたくさんなくしているわけで、その場所にはたいてい覚えがあるわけでありますが、行つて見ますと、どれがだれだか全然わからないという状況でございます。向うの話を総合いたしますと、沖縄の人々で、自分の肉親の遺骨を拾った者は一割以下、こういう感じを受けました。集めました遺骨は、部落の人々は協議いたしまして、その部落のある一箇所に地を卜しまして、納骨をいたします。その納骨所として選ばれましたところは、大体高燥な乾燥した自然壕であります。住民は耕地を広げて行きます際、遺骨を発掘する。あるいは家の屋根をふきましたり、燃料用とか肥料用とかいうかつこうで山の草を刈りに行きますが、その草刈りに行つたときに遺骨を発見する。そういうたびごとに遺骨を持つて参りまして、ただいまの納骨所に納めます。それからだんだん余裕が出て来るに従いまして、配給のうどん粉でまんじゆうをつくつてお供えをする。あるいは部落の行事としまして、今まであまり行かなかつたところの一斉遺骨収集作業をやる。それから納骨所をだんだんいい納骨所に改装して行くというぐあいにいたしまして、集めました遺骨は、すべて部落民全部の共同の墓地と申しますか、部落のお守りである、氏神であるというような考え方に立ちまして、通常毎年二回お祭りをいたします。部落によりましては、奉納相撲をやったりしている。こういう状態でございます。

沖縄の小学校は、ここにも写真がございますが、約九割というものは一教室ごとの掘立小屋でございます。ちようど内地の都営住宅、あるいは市営住宅というようなぐあいに、行儀よくうちが並んでおる。これは小学校でありまして、今申しましたように一教室一戸、掘立小屋で、屋根はかやでふいておる、窓ガラスも何もない、土間に机と黒板を置いておる、こういうのでございます。そういう苦しい現状でございますが、そういう苦しい中で醵金をし合う、あるいは募金に努める、こういうぐあいで、逐次石あるいはコンクリート製の塔に改造せられて来ております。南風原村、それから伊江島というようなところでは、村の全遺骨を一箇所に集めまして、一つの大きな納骨塔をつくつてございます。これも写真にございますので、あとで見ていただきたいと思います。この一箇所にまとめるにつきましては、各部落の人は、自分の部落にある納骨所には、自分の肉親や親類の遺骨が入っておるのだ、従いまして、それを村のまん中に持つて行かれることは不同意だ、こういうような気持を持つておるところもあるようでございますが、全般としましては、村全部のものを一箇所にまとめようという方向に動いておるわけであります。真和志村の納骨塔には、「有縁無縁の塔」と表の方に書きまして、裏の方に、向うの文句でありますが、「あはりちりなさやいくさのならいやすんじてこ〔く〕まにねむてたほれ」こう書いてあります。これは内地出身の軍人、軍属、それ以外の沖縄の人、それらの御遺骨が一緒にそこに入つておりますわけで、そのうちの肉親の人、部落の人の御遺骨は有縁の御遺骨と考えております。それ以外の内地から来た軍人、軍属の遺骨、それから他村の人の遺骨、これは無縁の遺骨と考えておりまして、有縁、無縁の遺骨に向いまして「あわれ苦しみの多きは戦の世のならいで、まことにやむないことである。どうか安らけくここに永眠していただきたい。」こういう意味の句でございます。そうして祭つてあります。大体至るところに――全島で二百ほど著名なのがございますが、南の方に特に各部落ごとに全部できております。この納骨所の大部分に有縁、無縁という言葉が使われております。

次は最近における遺骨収集の状況について申し上げます。最近におきましては、内地出身の人々で土建業者として出て来ております人々、あるいはそのうちでも沖縄戦の生残りの人、それからそちらの写真にあります仏教会の人々、それから各種学校の生徒、諸団体というような人々が収骨作業に努めております。

以上のような状況でございますが、沖縄の遺骨は現在どういうぐあいになつているか、これについてまとめて申し上げますと、まず地表面上の収骨の状況につきましては、大部分が終つておるということが言えます。部落の中、耕地の地表面、ここには全然残骨はございません。道路及びその周辺の目の届くところ、ここにも遺骨はございません。これはどんな丘陵、奥地の細い道にしましても、その道路上あるいはそのまわりの目の届くところ、そこらには全然遺骨は見当りません。それ以外の山野、それから海岸、こういうところには、もう一般には見当りません。ただ国頭方面の各山岳の奥深いところ、それから浦添宜野湾（うらそえぎのわん）付近の奥地、それから与座岳（よざだけ）、八重瀬岳地区、それから三和村海浜地区、こういうところの――先ほど道路のところは申しましたが、そういう道路を除きました一番奥深いところ、そういうところには若干まだ草に埋もれたところに遺骨が残つているようでございます。それから米軍が使用している土地がございますが、その内部の状況はわかりません。住民はいかなる場合におきましても、遺骨を発見いたしましたならば、必ず丁重に持つて来まして、納骨所に納めております。地表面の状況につきましては、以上の通りでございます。

次は、洞窟の中の遺骨の状況でございますが、洞窟の状況についてちよつと申し上げますと四、五百メートルも離れた部落の下をずつと貫通しておるという、大きな長い自然の洞窟がございます。中に入つてみますと、東本願寺、西本願寺に入つたときの感じみたいな大きな内部の洞窟がございます。あるいは二段にわかれ、三段にわかれ、いろいろなかつこうをした鍾乳洞の自然の洞窟が至るところたくさんございます。そういう洞窟の中の状況につきましては、洞窟内の遺骨は、一般にほとんど収骨せられていない状況でございます。完全に収骨せられているというのは、さつき申しました三十二連隊の入つておりました壕の中、ここは全然見えません。それから都市に近いところの壕で、トンネルみたいなもので、ごく短かい壕、あるいは奥行きが二、三メートル程度のだれでも入る壕、こういうところは遺骨はございませんが、それ以外の自然洞窟の中には、相当遺骨がそのまま残つております。そういう大きな洞窟の中の遺骨がほとんど収集されていない。その理由につきましては、次のように考えられます。

●洞窟と約一五万の遺骨

先ほどちょっと申し上げましたが、住民はそういう壕の中にあります遺骨につきましては、ちょうど向うの様式にあります、墓地の中に保管せられている遺骨と同じ考えをしておるようでありまして、こういう洞窟内の遺骨は、すでにそこに安心立命しておるのだという考え方、こういう洞窟の中には霊気と申しますか、そういうものを感じまして、またその中に入るのは罰を受けるような感じ方、そういう感じ方をしている次第でありまして、青年、少年でもこういう考え方をしております。それから落盤の危険のあるものが相当ございます。それから過去におきまして爆発物の危険があったというようなこと、なお部落の人さえも知らない洞窟が相当ある、こういうことでございます。

次は、こういう洞窟内の状況について申し上げますと、洞窟の中はほとんど全部が湿っております。雨水が流れ入りまして、土砂が入って来る、あるいは側壁等の一部が崩壊しているという状況でございまして、たまっております水、あるいは湿っております湿りけのために、ゴム長をはいて入らないと入れないというような所が多うございます。先ほども洞窟の大きなものを申し上げましたが、そういう洞窟は、雨の直後に入りますと、洞窟の一番下の所は音を立てて地下水が流れております。それから上の方からは、鍾乳洞のつららの所から、ぽつぽつと水滴が垂れているというような状況でありまして、大体雨がやんだときでも、洞窟の中は湿潤しております。

それからこの洞窟の中の遺品の状況でございますが、今のように湿潤しておりますす関係上、きれとか紙とか、こういうような繊維製品は全然残つておりません。残つておりますのは鉄製品のものが大部分でありまして、まれに皮革類で残つておるものがございます。洞窟内の遺骨の収集につきましては、今申しましたような状況で全然手がついていなかつたのでございますが、最近沖縄仏教会の人々、あるいは内地から渡航しております業者の中の一部の人々が、収骨あるいは遺品の収集ということに着手をしておられます。

次は、入口を閉塞せられておる洞窟の状況について申し上げます。入口を閉塞せられておりますす洞窟は無数というほどございます。その閉塞せられている原因は、ささえておりました抗木が腐つて落盤したというもの、あるいは山の中腹にありましたのが、がけくずれによりましたものでありまして、この中はわかりませんが、これをかりに発掘いたしましたとしましても、名前がわかるのは数名というほど少数と考えます。個人の墓地は、住民で特に名前がわかつて埋葬しておられたというようなのがごくまれにあちこちにございます。あちこちと申しましても、先ほど申しましたように比較的戦況の閑散な方面にございます。

次は、納骨場の状況について申し上げます。納骨場を大別いたしますと、コンクリート製のもの、それから石材でつくりましたもの、それから自然の石で四方を壁につくりまして、その上をかやでふいたもの、それから露天の納骨場、大体こういうものにわかれます。これは村の経済状態とか、その他いろいろなことに起因をしておりますが、大きな納骨堂になりますと、高さが六、七メートルになるものもございます。それから幅が六、七メートルにも及ぶものがあります。たとえば魂魄の塔というものがありますが、この中には三万百六十柱収容せられております。そういうような大きなものがございます。伊江島に芳魂の塔というものが一つできておりますが、これは全住民、全村民の奉仕によってできたもので、作業費は全然出しておりません。ただ資材費だけを出したのですが、この資材費に向うの金で十三万円、内地金にいたしますと三十六万を投じてこれが昨年でき上っております。

○**小平委員長**　なるべく簡単にしていただいて、質疑に応じて答えていただきたいと思います。

○**松木説明員**　次は、納骨場の内部の状況でありますが、遺骨と遺品が入っております。遺骨は先ほど申し上げましたように生体のままでございまして、遺品は、遺骨と一緒に置いてさしつかえないという種類の遺品でございます。それから納骨場の収容骨数でございますが、沖縄政府ではこれらを全部集計致しました数は十五万という数がでております。これは頭蓋骨の数を基準にして数えた数でございます。納骨場に収納されております遺骨は、これはもうご承知の通り、内地出身の軍人軍属、その部落の人々、それからその部落以外の沖縄の人で、その付近で死んだ人が一緒にまつられております。大体以上のようでございまして、遺骨、遺品につきましては、七年も経過しました現在におきましては、氏名が判明するというものはほとんどございません。沖縄の人々でさえも、肉親がどこで死んだということがわかっておりながら、その遺骨を収集した人は一割以下にしか考えられないという状況でございました。

○**小平委員長**　ただいまの報告に関連する質疑を許します。〔後略〕

＊　＊　＊

以上のような生々しい沖縄戦の実態を沖縄の人びとが共有したのは、「日本復帰」前年の一九七一年六月に琉球政府の下で発行された『沖縄県史　第9巻——沖縄戦記録1』刊行後のことである。それは国会報告から遅れること一九年後である。その意味では、地上戦闘が開始されて七年に満たない時期のこの国会報告は、日本政府によって激戦場から生還してまもない多数の沖縄戦体験者から聞き取り調査した貴重な歴史的記録と位置づけられる。

［第四章］沖縄への援護法適用と拡大

一、援護法の沖縄適用と援護課の設置

1 沖縄班の新設

沖縄戦終結後の沖縄の各地域は、米軍統治下にあって日本本土と隔絶された。そのため、日本国民として戦前から引き継がれてきた国との身分関係が崩壊した。日本政府にとって、米軍政下の沖縄住民をどのように処遇するか、それが喫緊の問題となった。この問題に対処したキーパーソンが、日本政府厚生省の比嘉新英（ひがしんえい）事務官だった。比嘉事務官は、沖縄県遺族連合会三〇周年記念誌『還らぬ人とともに』に次のような手記を寄稿している（注1）。本章では、この手記に依拠しつつ、援護法が沖縄に適用されていく過程をたどる。また、それを裏付ける新聞記事を引用して参考に供する。なお、米軍政下の沖縄で援護法の適用を求める動きは、大きく二つに分けられる。

（1）援護法の本来の目的である軍人・軍属への適用促進。
（2）戦場動員された住民に対する援護法適用の拡大要求。

米軍政下の沖縄では、これらを沖縄遺族連合会が順を追って推進していった。

一九四六年四月一日、第一復員局留守業務部島嶼課に「沖縄班」が新設された。沖縄県名護出身の比嘉事務官は、陸軍留守業務部で復員処理の作業を開始する準備をしていたが、沖縄班の新設を知るや転属を志願した。沖縄班の業務内容は、沖縄戦で戦死した第三二軍将校の進級上申と戦死公報の作成であった。公報作成にあたっては、第三二軍の八原博通（やはらひろみち）高級参謀や北部の国頭支隊長ら、沖縄戦から生還した旧軍人を召致して、それぞれの部隊ごとに死亡確認作業と復員処理を行っていった。

この沖縄班の調査業務がおおかた終了した一九四九年四月一日、留守業務部企画課のなかにも沖縄班が新設され、軍民混在の地上戦闘下にあった軍人・軍属を把握する作業に着手することになった。当然、沖縄での現地調査を実施する必要性が生じた。しかし、GHQ（連合国軍総司令部）が沖縄渡航を許可したにもかかわらず、沖縄の現地米軍が受け入れを拒否したので、調査ができなくなった。そこで比嘉事務官は、本土で戦後まもなく結成された沖縄人連盟（沖縄県人会の前身）本部や各県支部の協力の下、同年夏頃にかけて各県在住の沖縄出身者からの聴き取りによって軍人・軍属を把握し、死亡確認ができた遺族に戦死公報を伝達したり、霊璽（仏教の位牌に相当）を手交していった。しかし、一九五一年二月以降は沖縄班の調査業務は中断せざるを得なくなった。ところが五二年四月三〇日、「戦傷病者戦没者遺族等援護法」が制定されたので、比嘉事務官の仕事はそれにともなって「未帰還者の調査業務」から「本籍地調査業務」へ移行する。

2　沖縄地元紙が伝える援護法への期待

沖縄で援護法制定の動きが初めて新聞で報じられたのは一九五二年一月だった。このニュースが報じられるや否や、その「沖縄への適用」に取り組んだのが沖縄仏教会である。一九五二年二月一日付『沖縄タイムス』が《日本の遺家族援護費　琉球人にも与えよ／沖縄仏教会が　遺族大会開く》という見出しをつけて三面トップ記事で次のように報じている。このときはまだ、沖縄の遺族会は結成されていなかったため、沖縄仏教会が音頭をとったことがわかる。記事は以下の通りである。〔旧漢字は新漢字に直し、分かち書き箇所には句読点を挿入。以下同〕

沖縄仏教会では二月十日午後二時から那覇劇場で琉球遺族大会を開くことになった。

これはさきに日本政府が戦争犠牲者対策費として二百三十一億六千七百万円を計上したのに対し、今次大戦では最も甚大な被害をうけた琉球の住民にもひとしくこの援護の手がのべられるべきだと、同会では大会で陳情文を決議、この趣旨を日本政府へ訴えることになった。

当日は遺族会を結成。更に中央政府(注2)に対しても琉球自体としての遺族援護施設〔建設〕の陳情を行うことになり、大会終了後代表者が〔琉球臨時〕中央政府を訪問、陳情文を提出する。なお、同会では昨三十一日婦連で開催中の市町村長協議会にもこの趣旨を話し、全員の賛同を得ており、各市町村から二名の代表者を出して陳情文に署名することになった。

なお来島中の高嶺明達氏もこの運動に賛意を表し日本でもこれに呼応して在日同胞が結束して当たるべく約した。

〔名幸芳章(なこうほうしょう)氏談〕ブラジル移民や恩給問題と同様この運動は当然行われるべきで、殊に最大犠牲をはらったわれわれ琉球住民にとってこの要求は当然だと思う。中央政府の泉(いずみ)〔有平〕副主席ともこの事については懇談して、賛同を得たし高嶺氏もこれは沖縄が戦場となり、全住民が犠牲者の立場にあるから全琉援護という大きな観点からこの運動を展開すべきとの激励をうけた。この小さな島で十万の住民を失った沖縄がたとえ二十九度線（注3）で限られようとこの恩恵から洩れるということはどうしても考えられない、是非全住民が結束してこの運動に参加してもらいたいと念願している。

この紙面は大会予告記事だが、援護法の沖縄への適用に向けて、遠からず「琉球全体（当時は奄美群島も含まれている）」が大きな運動を展開することが予想される内容である。しかも、本土在住沖縄出身者もその運動に係わることも約束されている。ちなみに、高嶺明達（一八九八～一九六六年）は戦後、復帰前の沖縄と日本政府のパイプ役を果たした財界人で、名幸芳章は護国寺の住職で遺骨収集運動や対馬丸の慰霊塔建立に奔走するなど社会的活動を積極的に行った仏教徒である。

援護法の沖縄への適用とそれが遺族会の結成を促したことを伝えるこの記事も歴史的紙面だといえよう。「琉球人」という呼称は、当時まだ日本に復帰を果たしていない奄美の人たちが念頭にあったからだろう。そして同紙同日付一面には、《遺家族援護　日本に期待》という見出しの社説が掲載されている。戦後沖縄の住民がおかれてきた状況を、紙面を通して日本人に訴える内容のこの社説は、当時の県民感情を代弁していると思えるので、抜粋して紹介する。

呪わしい戦争の犠牲を埋め合わすことは如何なる巧ち〔＝巧緻〕な対策をもつてしても絶対に不可能なことである。殊に戦災の最も甚だしかつたわが沖縄は、それだけに致命的な損害を蒙つて心的に物的に、救い難い虚脱状態に陥り打ちのめされて、ひと頃はどうして生きていいのやら戸惑いしたものである。沖縄全住民が洩れなく戦争犠牲者だつたが故に、終戦直後はそのうめき声が沖縄の天地に充満し、さながら地獄絵図の様相を描いて居た。然し米軍当局の温い援護と住民自らの起上りが奏功して終戦七年を経た今日、漸くにして戦争の傷痕が梢々薄らぎ衣食住の安定化に伴うて心的虚脱状態を払拭し、沖縄建設の段階にたどりついて居る。とはいえ戦災の祟りは末長く尾を引きそうである。戦災の完全駆逐迄にはこれから幾久しい年月を重ねばならぬし、沖縄全住民の戦争犠牲を救うには勿論住民自身に依る努力も最大に要請されなくてはならぬが、米、日両国の扶助ないし援護が向後も強大に続けられないと到底望みがたいことである。（中略）

　近い将来に援護の完全を期待されて居るが当然沖縄の遺家族に対しても日本政府の援護が及ぶべきである。日本の遺家族に較べても、戦場化された沖縄の遺家族が最大の犠牲を払つたということは今更説く必要もあるまい。沖縄の遺家族援護費が日本のそれを上廻つたとしても、異存を挟む訳はさらさら無い筈である。遺家族の現下の窮状を訴え、中央政府ならびに日本政府に対して、援護の措置を求めるための遺族大会が近く当地に於ても沖縄仏教会主催で開催するというが、全住民の声援を期待し、遺家族を心から励ますことにしたいものである。

この社説では、戦後間もない時期は、多くの戦場からの生存者が毎夜悪夢にうなされるという戦争後遺症で悩まされていた状態だったことや今後もそれが尾を引くであろうことが記者の目で指摘されている。そして、「遺家族援護費」という表現ながら、戦場化された沖縄住民の被害は、日本本土とは異なることが強調されている。軍人・軍属だけを対象にした発想なら、沖縄が日木の援護費を上まわるという表現にはならない。したがって、この『沖縄タイムス』社説は、全住民の被害補償を求めているといえよう。

また、遺族会が結成されていない時期は、沖縄仏教会が遺家族の窮状打破の牽引車だったこともわかる。

一九五二年二月一一日の『琉球新報』三面トップ記事では、ついに「琉球遺家族会」が結成された模様が伝えられた。同紙は《軍人遺家族の援護叫び／六年生も壇上で雄々しい誓い／全琉遺族会きのう結成》という見出しで、沖縄仏教会主催の「全琉遺家族会結成大会は十日午後二時から那覇劇場で臨時中央政府泉副主席、平良（たいら）〔辰雄（たつお）〕群島知事等を来ヒンに父や子等を今次戦争で失った遺族約五百名出席の上開会された」と報じた。琉球遺家族会の結成に伴い、役員が選出され、吉田茂首相や比嘉秀平臨時中央政府主席宛ての陳情文が採択された。日本政府への陳情要旨は以下のとおりである。

今次戦争で最大の戦災をうけた沖縄も終戦七年、逐次米国政府の庇護のもとに復興の途につきつゝある。戦時中日本軍は住民に玉砕の決意を促し、護郷隊、防衛隊、勤皇隊などを組織せしめて戦線にかり出し、学生一般ともに犠牲者も多数に上った。この人々も当然軍人、軍属と同様に遺族の援護に特別なるせん議で考慮して貰いたくこゝに全琉遺家族会の発会式を期に一文を草して陳情する。

琉球遺家族会

初めての琉球遺家族会大会では大前提として、軍人・軍属が対象の援護法を沖縄の一般住民にも適用してもらうために、まず最初は軍人同様に戦場に狩り出された人びとをその対象に含めるよう求めた。

琉球遺家族会が結成されてまもない二月一二日、日本政府は援護法の要綱を閣議決定した。『琉球新報』がそれを一面トップで報じており、沖縄の遺家族も期待をより一層高めていった。

『琉球新報』によれば、一月二六日の閣議で次年度予算に二三一億円の遺家族援護法執行の予算を計上し、与党とも調整した結果、「遺家族援護法案（仮称）」を国会に提出することにしたという。沖縄の遺家族も目にしたその内容は「一、遺族年金として妻一万円のほか六十才以上の父母、祖父母および十七才未満の子、孫にたいし一人にそれぞれ五千円ずつを支給する。一、遺族年金の総額は予算に計上した二百三十一億円のワク内にとどめる。一、弔慰金は遺霊一柱につき一律五万円の公債を支給し総額は八百八十億円とする」と報じられている。

翌月訪れた厚生省の役人たちに沖縄住民の期待が集まった。五二年三月二五日付『琉球新報』には、《遺骨調査団囲み　日本の援護法案を聴く》という見出しで以下の記事が載っている。

群府（注4）ではこの程来島した日本政府派遣の遺骨調査団美山〔要蔵〕、森下〔陸一〕、松本〔秀満〕の三氏を囲んで二十四日会議室で「戦傷病者遺家族等援護法」について懇談した。現在日本では同案を国会の審議にかけており本年四月一日から実施されるようでありその対象者及び内容について森下氏から次のような説明があった。

▽対象者

①軍人、傷軍人、判任高等文官　②軍属、嘱託、雇員、傭員（よういん）　③未復員者（以下、略）

［森下談］沖縄出身者も日本や沖縄に居住するに拘わらず権利は設定されるが日琉間の為替の問題で直ちに支給することは出来ないと思う。

森下事務官による群島政府へのこの説明によって、沖縄側は援護法が適用される確信を抱いたはずである。ちなみに「傷軍人」とは傷痍軍人、「判任高等文官」とは旧日本軍で庶務・会計・事務などに携わった文官のなかの上級者、「嘱託」「雇員」「傭員」とは軍属の職務名である。

調査団の沖縄訪問の機会を捉えて同年四月八日、二月の結成大会に引き続いて第二回全琉遺族大会が開催された。そこには当然、戦没者遺骨収骨調査団の厚生省復員局の美山課長、森下事務官、松木事務官らが出席していた。参集した一〇〇〇人の遺族を前に厚生省事務官は、沖縄にも援護法を適用しなければならないと説明し、大会ではその実現に向けて、「琉球の遺家族にも援護法を適用されたい」という要請決議を採択した。そして創設まもない琉球立法院に、琉球遺家族会は一九五二年四月一八日付で陳情書を提出した（注5）。

四月三〇日に国会で援護法が制定された直後の五月二日、琉球立法院では「戦傷病者、戦没者遺族等援護法の琉球に対する適用要請」（決議第二七号）と「戦傷病者、戦没者遺族等援護法を琉球に対し、適用される交渉方依頼」（決議第二八号）が全会一致で採択された。決議第二七号（「戦傷病者、戦没者遺族等援護法の琉球に対する適用要請」）の内容は以下のとおりである。国会での激しい論議とは異なって、沖縄では保守（親・米軍）・革新（反・米軍）政党を含めて援護法に対する異論はなんら出なかったことを留意しておきたい〔旧漢字は新漢字にした〕。

> 「戦傷病者、戦没者、遺家族等援護法案」が今期の国会に上程され、戦傷病者戦没者及び遺家族等援護の万全を期せられるに至りましたことは、琉球百万住民と致しましても誠に御同慶の至りに堪えないところであります。今次大戦終局の激戦地として壊滅的打撃を受けた琉球におきましては、終戦七年を経過致しました現在でも尚、戦災の辛苦は、孤児、寡婦、傷病者等の生活に極めて深刻なものある現況であります。勿論、住民側と致しましても、琉球列島米国民政府当局の援助の下に真剣にこれが援護の方策を実施して参つたのでありますが、遺憾ながら広汎な対象に対し貧困な財政をもつてこれが援護の完璧を期することは、極めて困難なことであります。以上の実状に鑑みまして琉球に在るこれら要援護者の援護は、輝かしい日本の完全独立を期して近く施行されまする「戦傷病者、戦没者、遺家族等援護法」の適用による物心両面の援護によつてのみ、

その完〔ぺ〕きを期し得るものと確信するものであります。対日講和条約第三条によって琉球は尚日本の一部であると信じて居ります。琉球全住民の意思を代表し茲に琉球立法院は同法律の琉球への適用方に関し格別のご配慮を懇願いたす次第であります。

右、全員一致の決議により陳情いたします。

陳情「決議第二七号」の宛て先は内閣総理大臣吉田茂と厚生大臣、引揚援護庁官、衆参院議長であった。日本復帰論者の平良辰雄議員が審議の段階で、「我々は日本国民である」という文言を挿入すべきと強く主張した。それには誰も異論を挟まなかったが、なぜか決議文には反映されていない。

また、陳情「決議第二八号」(「戦傷病者、戦没者遺族等援護法を琉球に対し、適用される交渉方依頼」)では、審議の段階で「日本政府に対し交渉方御尽力下さるよう懇願致す次第であります」という文言の挿入が討議され、その結果、この追加文を含めて全会一致で決議された。この交渉方の宛て先は米軍、すなわち民政副長官ロバート・S・ビートラーであった。このビートラーこそ、「反共主義者」で悪名を馳せ、瀬長亀次郎を投獄するために「人民党弾圧事件」を起こした人物だった。この陳情文の審議段階でも、「我々は日本国民である」という文言を入れるかどうかという発議者の提案に対して、瀬長亀次郎議員が「これこそ入れるべきですよ。〔対日講和条約〕第三条がある以上はっきりビートラー長官（ママ）に認識して貰うためにもこれこそ入れるべきですよ」と発言して、他の議員の賛同を得た。審議過程を記録した「立法院議事録」を読む限りでは、議員のあいだでは援護法の本質を議論する余裕はなく、一九七二年「日本復帰」後に日本共産党に合流した人民党でさえ援護法の適用しか念頭にはなかったことが窺える（注6）。

以上のように、沖縄県遺族連合会や沖縄県生活福祉部援護課の記念誌の記録を照合していくと、援護法制定の情報は一九五二年二月一〇日の琉球遺家族会結成以前から伝わっていて、同年四月三〇日の援護法制定前後には、日本政府・米民政府（米軍）・琉球政府・琉球遺家族会のあいだで沖縄への援護法適用実現に向けた動きが活発化していたのがわかる。また、恩給・援護業務推進のためにGHQも積極的だったというのは意外な感がある。GHQが積極的だったのは、米国が日本国の一部だった沖縄や鹿児島県奄美大島を分断して占領支配していたことに起因する。米軍は、戦前からの恩給受給業務などを継承・実施している日本政府との関係を途絶した結果、いずれ住民の不満が高まってくることを十分に予想していたし、そうした不満に対処する必要性を感じていたのであろう。

日本政府と沖縄との関係は、援護法制定直後に行われた戦没者の追悼行事を通して深まっていった。一九五二年五月二日、日本政府主催の「全国戦没者追悼式」が新宿御苑で、天皇・

皇后はじめ皇族参列のもとに開催された。ここには琉球政府代表として泉有平副主席、遺族代表として島袋全発琉球遺家族会会長、住民代表として山城篤男元沖縄群島政府副知事も招待された。一行は四月三〇日に沖縄を出発し、東京に五月一四日まで滞在した。

同行者の名簿には、後の金城和信沖縄遺族連合会会長の名前は記録されていないが、比嘉新英厚生省事務官の寄稿文（手記）には、まさにその頃に金城氏と対面したと記されている。金城和信氏は一八九八（明治三一）年生まれの教育者、社会事業家で戦前は小学校校長などを歴任し、戦後は摩文仁の真和志村長に任命され、遺骨の収集を行い、魂魄の塔、ひめゆりの塔、健児の塔建立に貢献、一九五四年には沖縄戦没学徒援護会を設立した人物である（一九七八年死去）。比嘉事務官は、沖縄班の経緯を説明して、今後取るべき対策について提言した。そしてその手記のなかで、「［金城氏は］「いまいましいあの戦争が終わってから今日まで、日本本土に沖縄班の看板があったとは全然知らなかった、この看板をみて私は自信が持てた」と一言いい残して立ち去った。この金城氏との出会いは沖縄班にとっても大きな意義があった」（注7）と述懐している。こうして沖縄出身者同士による琉球遺家族会と日本政府援護局の接点が生まれ、援護局内部で急速に沖縄対策推進の気運が高まったという。さらに、沖縄出身者として沖縄戦の実相を直接聴き取ってきた担当者として、軍人・軍属対象の援護法では住民の犠牲に対処しきれないので、法律の枠内で住民に「戦闘参加者」という身分を付与する方向性が必要だと暗示する指摘もしている。

三回にわたり沖縄戦戦没者の調査業務を現地に滞在（期間平均一カ月）して行なった。三年間のこの仕事をして感じたことは、県民の犠牲が余りに多く、その調査を実施するのに、法の適用対象を旧来の観念のみで律することは大変困難であることが現地に来て初めてわかったことである。特に私が県出身者である故に、人知れず苦労したことはいまだに忘れられない。しかし昭和三十三〔一九五八〕年、今帰仁（なきじん）村での調査が終わってその帰り、名護で那覇行きバスを待っていたら、ご遺族とおぼしいご婦人から「おかげ様で扶助料を頂きどうやら人並の生活をすることができました。ほんとうに有難うございました」といわれたとき、私は始めてこの仕事をしてよかった、と素直にそう思った。（注8）

ここでいう扶助料というのは、「ご婦人」の戦死した肉親が軍人だったことを意味している。

二、「南連」と遺族会の事務所開設

注目すべきは、一九五二年四月一日にGHQが沖縄と奄美に「日本政府南方連絡事務所」を設置するよう、日本政府に要請したことだ(注9)。それをうけて七月一日には総理府南方連絡事務局が設置され、現地付属機関として「那覇日本政府南方連絡事務所」(以下、「南連」)が設置された(注10)。初代の南連援護係には、援護法の法案作成に携わった斉藤元之事務官が赴任して、一二月には市町村職員に援護事務講習を実施している。

初代援護担当の斉藤事務官は比嘉事務官同様、沖縄県遺族連合会の三〇周年記念誌『還らぬ人とともに』に手記を寄稿している。同誌で斉藤事務官は「南連」設置の経緯を記述している。それによると「米国側から「日本政府と琉球諸島における米国管理当局との間に相互的利害関係のある種々の事項(例えば年金恩給の支払、戦没者遺骨の処理)について適切な連絡を図るための連絡事務所の設置」を要請してきた」(注11)という。設置の目的は、沖縄の日本復帰を考慮に入れ、援護恩給と請求事務は本土と同様、琉球政府と市町村が担当し、支払い事務は郵便局が請け負うということであった。

南連設置法は、「昭和二七年六月一七日　衆議院会議録第五五号　南方連絡事務局設置法案外一件の官報(号外)」に掲載されている。それによると、南方連絡事務局として総理府の

付属機関を、北緯二九度以南の南西諸島（琉球諸島及び大東諸島を含む）などに設置するとしている。連絡事務局では、

一、本邦と南方地域との間の渡航に関すること。

二、南方地域に滞在する日本国民の保護に関する事務を行うこと。

三、本邦と南方地域にわたる身分関係事項その他の事実について公の証明に関する文書を作成すること。

四、本邦と南方地域との間において解決を要する事項を調査し、連絡し、斡旋し、及び処理すること。

五、本邦と南方地域との間の貿易、文化の交流その他南方地域に関する事務に関し、関係行政機関の事務の総合調整及び推進を図ること。

などと規定されていた。

これら事務のなかで援護法に関する直接的な仕事は、「三と四」にあげられているものである。しかし、援護法の適用とセットといっても過言ではない「靖国神社参拝」が、一九五三（昭和二八）年一〇月から開始されているので「二」も援護法関係業務の一部に含めて良いであろう。

斉藤事務官が実際に沖縄へ着任したのは、一九五二年一〇月四日であった。そのときでさ

え当時の琉球政府予算の一割に相当する毎年一億五〇〇〇万B円が、援護恩給金として支払われることになっていたという。琉球政府援護課、琉球遺家族会、南連の三者が緊密に連絡を取りつつ、援護担当者が斉藤事務官の主導の下に各市町村を飛び回って業務手続きの道をならしていった。斉藤事務官は、遺族への沖縄への援護法の適用開始を目の当たりにしてその夜は一睡もできないほど感動したという。当時の援護法は、純然たる軍人・軍属を対象としたものだった。

琉球遺家族会は援護法事務のために設置されたといってもよい南連事務所と連動する形で一九五二(昭和二七)年一一月一六日、年内三回目の琉球遺家族大会を開催し、名称を「琉球遺族連合会」に改称して事務局を設置した。この大会では各市町村にも遺族会を結成することも決議された。翌一二月には那覇市に琉球遺族連合会の事務所が開設され、五三年年明け早々からは各地区単位で遺族集会が開催されていった。全琉的(全島的)に遺族会結成の機運が醸成されるなかで、四月から各市町村で一斉に遺族会が結成され、援護業務に備えた(注12)。

一九五三年三月二六日、日本政府は「北緯二九度以南の南西諸島遺族」への援護法の適用を公表し、第一回の遺族年金弔慰金の裁定通知書と障害年金証書の公布が琉球政府主席室で行われた。斉藤事務官はのちにこう回想している。

昭和二十八年九月二日、那覇高等学校校庭で挙行された第二回全琉戦没者追悼式に厚生大臣の代理として出席の引揚援護庁次長田辺繁雄さんが、第一回の遺族年金証書を持参され、式後、比嘉主席（故人）から遺族に伝達された。戦後八年を経てようやく日本政府の弔慰が、戦没者の御家族に伝えられた喜びと、この日を夢みて日夜ご努力を願った関係者への感謝の気持ちで、その夜は一睡もできなかった(注13)。

組織を整えた沖縄の遺族は「北緯二九度以南の南西諸島遺族」への援護法の適用公表を、日本政府に対する陳情活動の成果とうけとめたであろう(注14)。

琉球遺族連合会は一九五四年七月三一日に「沖縄遺族連合会」と改称して財団法人の認可を受けた。以後「日本復帰」まで、この名称のもとに遺家族の生活向上を基本にした活動を本格化させていった（七二年の「復帰」にともない、「沖縄県遺族連合会」となり現在にいたる）。

一方、日本政府は独立後の一九五三年八月一日、占領期にＧＨＱによって廃止されていた軍人恩給法を復活させたので、米軍統治下の沖縄に対しても一九五五年三月一六日、公務扶助料の第一回進達が行われ、以後、軍人遺家族への公務扶助料が支給されていった。そして「沖縄戦関係者の死亡公報が続々と発行せられるに至り、漸く遺族は、犬死ではなかったと安堵したのであった」（注15）。つまり沖縄でも、援護法と軍人恩給法の二つの法律が並行して存在することになったのである（注16）。

三、住民への適用拡大へ向けて――遺族会の陳情活動

援護法の住民への適用を求める琉球遺族連合会は、各都道府県遺族会の活動状況を調査するところから本格的な活動をスタートさせた。この調査は、山城善三（やましろぜんぞう）事務局長が一九五三年七月七日から八月二〇日にかけて行ったものだ。そのとき、沖縄戦で日本軍に戦場動員された住民に関する資料を集めるため、旧日本軍関係者からの聴き取り調査も実施している。熊本県で元沖縄連隊区司令部勤務将校に面談したのを皮切りに、長崎県で佐世保地方復員残務処理部所長、鳥取県米子市の八原博通元第三二軍高級参謀、大阪では村上治夫元護郷隊長、東京では神直道（じんなおみち）元航空参謀など、その他政府関係者らにも面談して、沖縄戦に戦場動員された住民の処遇について厚生省と協議するよう要請している。特筆すべきは、原爆被災地である長崎・広島を訪れて、「最大の被害を受けた広島、長崎、沖縄の三者は共同で国家に補償をお願いすべきであろうと痛感した」と述べていることである（注17）。一九五二年の援護法制

定に向けての公聴会で、日本の遺族会の代表が「補償法」にすべきことを強く要求していた。沖縄の遺族会が戦争犠牲者全員に補償を求めることを一九五八年の遺族会の大会で決議している（三八二頁六月一四日参照）。日本、沖縄の遺族会は、本来国家の戦争責任を問う補償を強く求めていたことを忘れてはならない。

1　遺族会本来の沖縄戦認識

援護法の適用拡大にあたって、その申請には戦闘参加者申立書への記述が必要になるが、戦没者の沖縄戦体験を事実とは正反対に記述することになる。そこで、そもそも沖縄の遺族会が「沖縄戦の真実」をどのように認識していたかについて、沖縄県遺族連合会が編集・発行した記念誌（『還らぬ人とともに』）で確認しておきたい。それによると、沖縄戦で沖縄県民は「国土を守り抜こう」と「全県民あげて駐屯軍に協力した」が、米軍上陸後、日本軍の住民に対する対応が大きく変化したと捉えていた。

米軍上陸後、一般住民は防空壕住まいを余儀なくされたので、下士官兵が各壕を廻り、可動者を狩り出し、強制的に作業にあたらせていた。戦局不利となるや、南部に撤退後も、退避中の住民を壕から追出し、その後に兵隊が入るという〝骨肉相食（こつにくあいはむ）〟状況が至るところで出現、そのために、住民の犠牲がふえた。沖縄戦の場合、軍が駐屯し始めたのは昭和十九〔一九四四〕年八月からである。当初駐屯軍は、全島にまたがって、校舎または公共施設あるいは民家を兵舎、宿舎として使用したので、兵と住民の同居状況が至るところでみられた。米軍上陸〔一九四五年三月二六日〕後もまた、住民は軍と行動を共にした。だから沖縄では駐屯の最初から戦争終了までの一年間、狭い島の中で、前線、銃後の区別ない国内戦を強いられたわけである。したがって県民の犠牲者に対しては、当然特別な措置が講ぜられなければならない。また、犠牲者といっても、戦闘参加者と戦闘協力者の区分の仕様がなかったのである(注18)。

この引用文は、本書のテーマにとって重要である。当初、軍民一体の形で沖縄戦に突入したが、「可動者を狩り出し、強制的に作業にあたらせていた」というのは、日本軍が足腰の立つ住民を強制的に弾薬運搬、水汲み、炊事、壕掘りなどに駆り立てたことを指す。また一方、自国軍部隊が、住民を避難壕から砲煙弾雨のなかへ追い出したので犠牲者が出た事実を、血縁者同士が相争う意味の〝骨肉相食む〟という表現で〝住民被害〟の極限状況を表しているところに、とくに注目すべきである。住民にとって沖縄戦は、前門のトラ（迫りくる鬼畜米軍）、後門のオオカミ（投降を絶対許さない日本軍）に挟まれた絶体絶命、すなわち絶望的状況に物理的に追い込まれたという認識が刻まれた戦争であった。引用最終行の「戦闘参加者と戦闘協力者との区分の仕様がなかった」という箇所も、後にいかに積極的に戦闘に協力したかによって戦闘参加者という身分が付与されることになったので看過できない。

当時の新聞や遺族会、琉球政府援護担当職員、日本政府の南連事務官までもが法的身分である「戦闘参加者」に「戦闘協力者」という用語を充てて使用していることに留意しなければならない。今後引用する新聞等の史資料での表記もそうだが、援護課資料の表紙には、「戦闘参加者に関する書類」と、当初から一貫して戦闘参加者という用語が使用されていることも特記しておきたい。戦闘協力者と法的身分としての軍事行動に従事した戦闘参加者という用語区別に対する軽視は援護法研究の視座や沖縄戦認識を左右しかねないからだ。戦闘協力者が戦闘参加者という法的身分を取得できるということは、第七章でみる『援護法Q＆A』に明記されている。

日本政府は、援護法案を審議しているさなかに、沖縄戦の住民被害の実状を沖縄現地で調査していたので、住民への適用は既定の事実として受けとめられていたようだ。日本政府にとっても、住民への「適用拡大」のための法的根拠を見つけることが大きな課題になっていたに違いない。住民への適用拡大にむかう決定的な段階が、次にみていく沖縄遺族連合会代表の国会での参考人発言であった。

2　遺族会代表の国会発言

沖縄への援護法適用の歴史は、さらに三段階に分けられる。

まず第一は、一九五二年四月三〇日に制定された「軍人・軍属等」を対象にした援護法を、米軍政下の「琉球」（奄美諸島も含む）にも適用を要請することであった。それは翌五三年に実現できた。

第二は、日本本土とは異なって地上戦闘の巻き添えにされた沖縄では、「鉄血勤皇隊」や「衛生勤務要員（日本軍の正式呼称）」として戦場動員された女学生や男子中等学校生徒たちを「軍人・軍属」扱いにして、援護法の適用対象に認定させることであった。

第三は、強制・命令により戦場動員された一般住民にも援護法の適用を要望するや、国は「戦闘協力者」であれば軍事行動した「戦闘参加者」として扱うことにした。

これから述べるのは、第二の段階の実現に向けての動きである。米軍に任命された比嘉秀平琉球政府主席が一九五三年一二月、琉球遺族連合会の二代目会長に就任した。それは米軍政下の沖縄にとって、援護法の適用に係わる問題がいかに重要であったかを表している。

一九五四年五月、第四回遺族大会で琉球遺族連合会は、「学徒及び戦争協力戦没者は軍人、軍属同様の処置を取ってもらいたい」と決議した。そして直ちに、琉球政府援護課と調整を図りながら「男子学徒は全員軍人、女子学徒は軍属の身分」であることを認めるよう日本政府に強く要請することになった。それをうけて沖縄戦当時の中等学校長や商業学校長、女子師範学校教諭たちが中心になって五四年一〇月、「沖縄戦戦没学徒援護会」を結成して陳情を開始した。この運動に連動して沖縄の遺族会（沖縄遺族連合会）は日本遺族会〔一九四七年に「日本遺族厚生連盟」として設立され、一九五三年三月一一日に「財団法人日本遺族会」となる〕の協力の下、国会の場で政治的解決を図るべく陳情活動を展開していった。援護法の沖縄への適用にあたって、軍人同様ないしはそれ以上に砲弾が飛び交う戦場を走り回って戦死した中等学校生徒たちを、動員当時の約束通りに軍人として認定させることが第二段階の喫緊の課題であった。日本本土とまったく異なる国内戦場化の状況について、政府や国会議員一般の共通認識を得るにはいくつものハードルを越える必要があった。援護法案作成に係わっていたという経歴によって沖縄へ派遣されていた斉藤元之初代南連事務官は、一九五五（昭和三〇）年三月に、厚生省本省の人事課へ異動を命じられた。

しばらくの間、沖縄の残務整理をすることになった。私を追うように金城和信先生も上京されたので、二人で対策を相談した結果、政治決着以外に方法がなかろうということになった。早速、当時、衆議院海外引揚特別委員長をしておられた山下春江先生〔一九〇一～八五年。日本初の女性国会議員の一人。自由民主党衆院議員・参院議員〕をお訪ねし、ことの詳細を説明したところ、心よく御引受いただき、委員会で取上げるから、戦前の兵役法令、GHQ指令による勅令〔天皇が発した法令・命令〕廃止、沖縄学徒の現況などの関連資料をまとめて出すように指示された。資料の方は私が分担することとし、金城先生は、国会対策を中心に動くこととなり、それぞれ活動を開始した。資料のとりまとめで最も苦労したのは、年少者の徴集を規定した勅令の収集であった。旧陸海軍の法令集は、関係各課で持っていたが、どれを調べても私の求めている勅令は見当たらない。不思議なこともあるものだと思いながら、一箇所だけ調べていない処があることに気づいた。それは旧陸軍省の業務をしている市ヶ谷庁舎である。市ヶ谷庁舎で問題の勅令が見付かったときは、金城さんと手をとり合って喜びあった。一方、金城先生も毎日ビタミン注射をしながら、老体に鞭打っての国会廻りで疲労の色がうかがえたので、少しの間ご子息（和彦氏、現国士舘大学助教授）の家で休養されたらどうかと、お勧めしたが「沖縄の遺族問題が片付かぬうちは死ねないよ」と笑っておられたのが、今でも印象に残っている。およそ一カ月かけてまとめた「沖縄戦戦没学徒関係資料」の印刷も出来上がり、衆議院の山下春江先生にお届けしたときは、これで天命を待つ心境だった（注19）。

関係者のこのような地を這うような根回しの結果、ついに一九五五年六月一七日、金城和信沖縄遺族連合会事務局長の「国会参考人発言」が実現した。一九五二年四月に行われた厚生省事務官の「沖縄戦遺骨収骨状況調査報告」に続いて、こんどは、沖縄の遺族会代表が国会の場で初めて発言したのである。これは画期的な出来事だった。しかし、沖縄戦後史や遺族会の活動にとって歴史に残るこの発言の第一報は、共同通信配信記事によるきわめて簡略な報道だった。一九五五年六月一八日付『琉球新報』は、《沖縄〔満州開拓・義勇隊〕遺族の援護／衆院海外同胞特委　金城和信氏らが訴う》という見出しをつけて、一七日の特別委員会で他の参考人と共に、金城和信事務局長らが参考人として出席したことを報じ、金城事務局長の発言を以下のように紹介した。

沖縄一中、同師範などの学徒で組織した「鉄血勤皇隊」「通信隊」「看護隊」二千九百五十九名のうち、一千四百七十二名が軍服姿で「死ねば靖国神社にまつられる」といいながら戦死した。これらの戦没者は、十七才以上のものが軍属として遺家族援護がうけられることになったが、同じ戦没者のうち、十六（ママ）〔十七〕才未満の五百六十七名

については年少者という理由で軍属の扱いをうけていない。これもぜひ同様に処遇してもらいたい。(共同)

しかし、同日の『沖縄タイムス』では社会面のトップに《「軍人扱いで援護／一七才未満の戦没学徒》という大見出しの下、《高岡委員長らが確約》という小見出しをつけて以下のように、東京支局発の記事を載せている。

十七日午後一時から開かれた衆院海外同胞引揚げ特別委員会に参考人として出席した金城和信氏は十七才未満の戦没学徒を軍人として扱ってもらうよう約二十分にわたって当時のもようをのべ、軍人とかわりないことを強調した。これに対し高岡大輔委員長(民主)は「この問題はあの戦争当時の感激で処理しなければならない」と語り、また会終了後、高岡委員長、中山マサ議員(自由)は、金城氏に対し、「軍人であることにはまちがいない。今後援護法の改正によってぜひともこの問題を解決していきたい」との確約を与えた。

[金城氏談]援護法の改正が今国会で出来るかどうかわからないがとにかく軍人として扱えるとの確約を得たのでこんなうれしいことはない。

（第二類　第一号）

第二十二回国会　衆議院

海外同胞引揚及び遺家族援護に関する調査

昭和三十年六月十七日（金曜日）
午前十一時十八分開議

出席委員
委員長 高岡　大輔君
理事 臼井　荘一君　理事 堀内　一雄君
理事 中山　マサ君　理事 [illegible]　市子君
理事 戸叶　里子君
[illegible]　宗雄君　[illegible]　勝次君
[illegible]　[illegible]君　田村　元君
仲川房次郎君　[illegible]　[illegible]一君
[illegible]　[illegible]君　[illegible]田　秀一君
受田　新吉君

出席政府委員
外務政務次官　園田　直君
外務省参事官　寺岡　洪平君

委員外の出席者
外務事務官（アジア局第二課長）　小川平四郎君
厚生事務官（引揚援護局引揚課長）　坂元貞一郎君
厚生事務官（引揚援護局援護課長）　大崎　康君
厚生事務官　田島　俊康君
参考人（沖縄遺族連合会事務局長）　金城　和信君
参考人（元満州開拓青年義勇隊[illegible]）　近藤　安雄君
参考人（元満州開拓青年義勇隊中隊長）　[illegible]　[illegible]君
参考人（中国人俘虜殉難者慰霊実行委員会[illegible]）　大谷　[illegible]君
参考人（中国人俘虜殉難者慰霊実行委員会事務局長）　赤津　益造君

六月十六日
海外抑留同胞の帰還促進に関する請願（熊本市[illegible]九百四十五番地[illegible]ボーイスカウト連盟三階円治外三十一名）（第二三二三号）
同（大分市府内町大分県留守家族会大分市支部長塩月[illegible]）（第二五六号）
を本委員会に送付された。

本日の会議に付した案件
ソ連地区残留同胞引揚に関する件（日ソ交渉における残留同胞引揚問題）
遺家族援護に関する件（沖縄戦闘参加者及び元満州開拓青年義勇隊の処遇問題）
中共地区残留同胞引揚に関する件（中国人俘虜死没者の遺骨送還問題）

○高岡委員長　これより会議を開きます。
ソ連地区残留同胞引き揚げに関する件について議事を進めます。
この際、日ソ交渉におけるソ連地区残留同胞引き揚げ問題について特に発言を求められておりますので、これを許します。臼井荘一君。
○臼井委員　目下ロンドンにおいて進められております日ソ交渉の問題のうちで、一番当委員会に関係のある、ソ
連における抑留の問題でありま
れについては、昨日の外務委員会
そのほかの案件と合せて、外務大
らお話もあったように聞いておれ
す。外務大臣がきょうはおいでに
ないようでありますから、次官に
概要について私からも少しお伺い
いと思います。
この十四日の交渉において、ソ連
らの回答は、抑留同胞のことにつ
は戦犯の千余名を残して在ソ抑留
は全部釈放済みである、こういう
だったように新聞記事によって承
たしておるのでありますが、この
済みという意味は、ソ連の政府と
は別に抑留していないけれども、
にソ連の中にまだいる者はあるの
こういうふうにも解されるのであ
して、この点においてわれわれの
と非常に隔たりがある、行き違い
るように思うのであります。こと
戦犯というものは、われわれとし
少くとも日ソ間においてはないと
解釈をいたしておりますが、これ
あちらの解釈でありますからいた
方ないとしても、この点について
府の方の情報あるいは通信等によ
して、もう少し詳細に一つお話を
たいと思います。その点をまずお
したい。
○園田政府委員　本日も重大な
で、大臣が出席すべきはずのとこ
参議院の審議と、早急に迫られて
ます余剰農産物の問題でそちらに
しておりますので、代理でお答え

第二類第一号　海外同胞引揚及び遺家族援護に関する調査特別委員会議録第五号　昭和三十年六月十七日

金城和信沖縄遺族連合会事務局長が、沖縄初の国会参考人発言を伝える会議録（1955年6月17日、海外同胞引揚及び遺家族援護に関する調査特別委員会会議録の第五号）。

地元二紙は以上のように伝えているが、これら新聞記事ではうかがい知れない、援護法の適用と靖国神社合祀に関する国会参考人発言の全文を国会会議録で見ていきたい。これは、戦後一〇年目に沖縄の遺族代表が日本政府・国民に沖縄戦の体験をどのように伝えようとしたかを知る貴重な資料であり、今日ではもはや再度聴き取ることはできない。

二二―衆―海外同胞引揚及び遺家族…五号　昭和三〇年〇六月一七日（正式名は、海外同胞引揚及び遺家族援護に関する調査特別委員会議録　第五号）

○**金城参考人**　私は沖縄の遺族連合会事務局を預かっております金城和信でございます。東京に参りましたのは、沖縄の勤皇鉄血隊〔鉄血勤皇隊　以下同じ〕、通信隊の十七才未満の者の処遇についてお願いに参ったわけでございます。それにつきまして、今まで陳情申し上げた事情を申し上げます。さらに、私、この学徒隊の親として一言申し上げたいと思います。私は親でございます。

勤皇鉄血隊、通信隊戦傷病者は、事実に基き（もとづ）すべて軍人として取り扱っていただきたい。日本政府が沖縄の戦没者に対し深い同情を寄せられ、行政が分離されているにもかかわらず他府県と同様に援護法を適用せられることは、まことに感謝にたえません。沖縄戦は人類史上かつて類例のない激戦であり、三十五万の住民中から十五万の犠牲者を出し、血の島として世界に知られ、その惨状は言語に絶しました。それがまた前例のない国内戦であったため、予想もされなかった事態が生じました。十五、六才のうら若い女学生が看護婦として従軍、十五、六才の中学生が通信隊となり、女子青年が急造爆雷を背負って敵戦車に体当りし、国民学校児童が手りゅう弾を握って敵陣に突入する等、現実にあったとは考えられないほどの悲惨事が起ったのであります。それゆえ、援護法は、沖縄戦の実態を十分に調査し、その事実に基いて適用されるべきであります。沖縄男子中等学校四、五年生は鉄血勤皇隊に編成され、沖縄師範学校男子部、第一中学校、工業学校、商業学校、開南中学校は球(たま)〔第三二軍の部隊区分名称の一つ〕部隊に所属し中南部の戦争に参加しました。第二中学校、第三中学校、農林学校の一部は宇土部隊に所属し、水産学校、農林学校の一部は村上隊に所属し、北部に参戦しました。中学校二、三年生は通信兵として志願し、厳格な適性検査を受け、合格者は軍に入隊し、有線、無線、暗号、情報等の特殊教育を受け、最も重要にして危険な任務を負わされました。これら鉄血勤皇隊員、通信隊員は二等兵の階級章を与えられ、兵器、装具、被服その他一切の給与も軍人としての処遇を受けたのであります。いずれの隊も入隊式をおごそかに挙行し、上官より、皇軍の軍規を守り、軍人としての本分を守り、任務を遂行すべしとの訓示を受け、国難に殉じた暁(あかつき)は靖国神社に祭られるとの激励を受けたのであります。純情無垢(むく)な彼ら青少年学徒は、ひたすらに命のままに軍人として行動し、最後まで郷土防衛に奮戦しました。戦死した者は、第二中学校三年生通信隊員石川清松君等のごとく多く一等兵に昇進、あるいはまた師範学校男子部鉄血勤皇隊員久場良雄君等のごとく二階級特進の恩典に浴した者もあります。なお、捕虜となった十七才以下(ママ)〔未満〕の通信隊員が多く一般軍人とともにハワイの捕虜収容所に送られています。これらの学徒がすべて軍人であったことは、ごうも疑いをいれない厳然たる事実であります。

　このたび厚生省と南方連絡事務所と協議の結果、男子学徒は十七才以上は軍人として十七才未満は軍属とすることは、明らかに厳然たる事実を否定したものであり、まことに遺憾にたえません。鉄血勤皇隊員及び通信隊員中戦死した者は千百五十余名、そのうち七割以上が十七才に達しない少年であります。鉄血勤皇隊員がすべて軍人として同一の行動をとったことは申すまでもありません。通信隊員はほとんど全員十七才未満の少年であります。友軍の日の丸機一機も飛ばず、全く制空権を敵に握られ、陸海空相応しての敵の猛撃を浴びながら、十四、五才の少年通信隊員は、砲弾雨飛の中に身を挺し、だぶだぶの軍服をまとい、軍靴をはいて、切断された電線をつなぎ、あるいは伝令となり、危険な任務を負うて活躍しました。通信隊の任務がきわめて重要であり、その遂行には危険を伴い、しかも彼らが年少者であったため、その犠牲は特に多く、通信隊員はほとんど全滅しております。四月十六日、徳丸中尉の率いる第三中学校通信隊は本部（もとぶ）半島において全滅し、六月二十三日、水産学校通信隊員は島尻摩文仁において瀬底正賢君一人を残して全員壮烈な戦死を遂げ、第二中学校通信隊のごときは、わずかに数名を残して百五十名が全滅しております。通信隊は、鉄血勤皇隊とはいささか性格を異にし、一切学校職員の参加も許さず、連絡さえ拒絶し、秘密暗号等の特殊教育を施して、純然たる軍人として軍に編入されました。鉄血勤皇隊員が軍人として資格を持つ以上に、通信隊員は軍人としての資格を具備し、軍人として行動しています。通信隊員が十七才に達しない理由をもってほとんど全員が軍人として取り扱われないことになれば、これは明かに事実にもとり、きわめて不合理であります。もし、十七才という年令を基準にして、十七才以上は軍人とし、十七才以下（ママ）〔未満〕を軍属とするとき、同一学年で同一部隊に属し、同一行動をとり同一場所に戦死した者が、一人は軍人、一人は軍属として取り扱われるという不合理も生じます。かかる取り扱いは、現地軍の実施した事実を否定し、純真な青少年を欺（あざむ）くの結果となります。殉国の至情に燃えて散華したこれら青少年に対し、国家は当然事実に即する措置を講ずべきであると思います。

青少年の英霊を欺くことなく、沖縄戦の実情に即し、事実に基いて、鉄血勤皇隊、通信隊戦傷病死者全員を軍人として取り扱われんことを懇願いたします。

これは、私ども親と、それから生き残りのあの当時の先生と、また生き残りの学友が相集まって、事実はこうであったということを作り上げたものであります。私、親といたしまして、なぜ軍人にお願いしたいかと申しますと、沖縄の特殊事情と申しますが、私たちは不幸にして生きておるという考えまで起るくらいであります。自分の国土を全員をあげて守り切れなかった、私ども実に気のひけるような責任感に打たれております。決して軍人がどうのこうのというようなこともありません。皆さんが沖縄においでになりまして、あの牛島閣下、長参謀閣下の霊に毎日草花が絶えない、香華が絶えないことをごらんになってもわかると思います。法はいろいろあるだろうと思いますけれども、議員様方がほんとうに親の訴えをお聞き取り下さいまして——わずか五百数名でございます。さらに、援護金受け取りにしましても、沖縄の実情は、この年金を受け取るような者は何者かということになりましたときに、これも半数くらいであります。実際に適用される沖縄の遺族は十五万だの何だのとありますけれども、この法によっていろいろと年金なり恩給なりにありつく者は、一家が全滅したりして、恩給法、援護法によるものがたくさんあるわけではございません。だから、あの女子学徒あるいは十七才以上の子供たちが軍属あるいは軍人にしていただいたことに対しても、ほんとうに私たちは手を合せて感謝しておるようなわけであります。なお、御無理とは思いますが、この十五才未満の者のあの事実、私もあの戦で一緒になっておりましたが、あのだぶだぶの洋服をつけ、そしてあの通信隊が、電線が切れますと昼間出て、砲撃のあと、それから飛行機のもとでつないでいる。だれもみな壕に入っておりますけれども、この通信隊は昼間出てつないでおります。また、夕方になりますと、艦砲射撃が幾らかとまったときには、私などのおる壕にもこの少年兵が訪れてきます。訪れてきて、幾らかのお握りを与えますと、自分で食べずに、班長のもとに持っていって、班長に喜ばれたいというあの気持、実際まのあたり私どもは見ております。親としまして、私たちは決してなくなったことにつきまして恨んでもおりません。何もしておりません。私たちはお国にささげたという当然の気持でございます。だが、しかしながら、一緒に行動したところの人たちが、十七才というところを境にして、年が一日でもあるいは一年でも二年でも違ったというただその境界のもとに、同じ列に列することのできないことを、非常に悲しんでおります。だから、何とか皆様方の御同情あるいはお知恵によりまして、立法するなり何なりお願いしたいのであります。

それから、もう一つあります。その当時ちょうど私の子供が東京におりましたので新聞の切り抜きもございますが、これにも出ているように、あの当時の太田〔耕造〕文郎大臣から、沖縄の第一中学校の学徒と師範学校の学徒には表彰状も参っております。私たちは壕の中におりまして万歳を唱えて感激したものでございます。これをつけ加えて申し上げます。

○**高岡委員長**　この際質疑がありますので、これを許可いたします。堀内一雄君。

○**堀内委員**　ただいま金城さんの切切たる当時の事柄のお話を聞いて、ただ感激のほかないのでありますが、ここでちょっとお伺いしたいことは、軍人と軍属との差ということでございます。今、御遺族の立場そのほかから考えまして、軍人でも軍属でも国家的施策としての扶助料というような問題においてはおそらく違いがないだろうと思いますが、ただ、靖国神社へ祭る云々という問題において、ここにいささか違いがあるのではないかと存じます。実はわれわれも今靖国神社の問題について検討中でありまして、かたがたその辺のお考えをお伺いできれば非常にけっこうです。

○**金城参考人**　あの当時の実情はそういうことでございましたが、なぜ軍人として取り扱っていただきたいと申しますかというと、これは精神的の問題であります。遺族年金とかそういうものじゃなくて、精神上の問題でございます。親心としまして、またあの当時一緒だった生き残りの学友たち、先生方としましても、何とか一つ御尽力願いたいと思うわけです。

○**堀内委員**　そうすると、軍人として、十七才以上の人と同じように階級というようなものを御要望になるということでありますか。

○**金城参考人**　どうせ階級というものがつかなければ軍籍には列しないと考えております。またその当時完全に二等兵として取り扱われておるのでございます。さっきも読み上げました通り、あのだぶだぶの服をつけて、そうして軍司令官からも少年兵だとまでも言われておるというふうな状況でございまして、いわゆる国土を守る意味においてほんとうの軍事教育を受け、そして軍隊として扱われたその事実を私は申し上げておるのでございます。

○**堀内委員**　結論は、軍人としての階級ということと、靖国神社に合祀する、その二点でございますね。

○**金城参考人**　そうでございます。

○**高岡委員長**　次に、元満州開拓青年義勇隊の処遇問題について近藤安雄君より伺うことといたします。参考人近藤安雄君。（以下略）

3　金城参考人発言の捉え方

金城参考人の発言は、国内戦場化という特殊事情のなかで、日本本土とは異なって、年端もいかない中等学校生徒たちが、兵士同様の軍人教育をうけ、とくに軍服も支給され、軍人としての階級や給与まであてがわれた二等兵という、当時一般に本土では知られていない事実を説明している。とりわけ、鉄血勤皇隊（早生まれの場合は一三歳から戦場動員されたという証言を得ている）と通信隊員は、年齢の上下の関係なく、激戦のなかでは兵士同様ないしは兵士以上の軍事行動を取ったにもかかわらず一七歳以上は軍人として扱い、一七歳未満は軍属扱いになると、同一学年生の間に身分上の差がでてくるので、支給される遺族年金には変わりがなくても、まったく納得がいかないという沖縄の遺族の一般的心情を訴えることに力点がおかれている。

沖縄の遺族を代表する初めての国会参考人だった金城氏は、一三、四歳で軍人として戦場で一般兵士同様に戦闘に加わった若者に対して、「親としまして、私たちは決してなくなったことにつきまして恨んでもおりません。何もしておりません」と述べている。文字面だけ読むと、後述の援護法公聴会における日本の遺族会代表の佐藤信（まこと）公述人の発言（二九六頁）とまったく対照的である。しかしたとえば、嘉手納米軍飛行場周辺住民のなかには、軍用機爆音を「痛音」という表現を使うほど、長年、激しい爆音に曝されながら「米軍機の音は、なんでもないよ、うるさくないよ、なんでもないよ」と答える人も存在する。つまり、必ずしも本心を率直に吐露した発言ではないと受け止めておかないと、事実認識を誤ってしまう可能性がある。この参考人発言も、子供を戦場で失った戦争後遺症を癒すため無意識に本心とは裏腹の気持ちを表現をしているかもしれないのである。

また沖縄戦において、鉄血勤皇隊や女子学徒看護要員として戦場動員された中等学校生徒たちへの援護法適用に当たっては、「国との雇用関係」を証明する必要があったので、かれらが第三二軍の各部隊に動員されていった事実を裏づける公的書類を揃えなければならなかった。沖縄遺族連合会の事務局長はそれを証明するために、厚生省の担当事務官ともども、並々ならぬ活動をしてきていた。だから国会の場で発言の機会を得たとき、国会議員の心をなんとしても揺さぶり、一七歳未満も軍人扱いさせようと意気込んだともいえるであろう。この発言の文字面だけで「沖縄戦の真実」だと認識すると、沖縄戦における沖縄県民は「日本人の鑑（かがみ）」だったと礼賛し、沖縄戦認識の捏造に奔走しているこんにちの歴史修正主義グループを利する格好の材料になりかねない。もっとも一九五〇代にはすでに、男子中等学校生徒が「鉄血勤皇隊」、女学校生徒は「看護学徒隊」として映画化され、殉国美談として全国に流布されていたのも事実である。

ここで念頭においておかねばならないのは、学校を通じて日本軍に動員された鉄血勤皇隊や女子学徒看護要員の行動と、戦闘のさなかに日本軍の命令・強制によって弾薬運搬や水汲みなどに強制動員された避難中の一般住民の行動を同一視する危険性である。本質的には同じ行動であっても、行動主体を区分して認識する必要がある。語り部として有名な元「ひめゆり学徒」が「わたしたちは軍と行動していたので、避難住民を兵士が壕から追い出したあとに入壕していた。その意味ではわたしたちも住民に対して加害者の立場に立っていたことになるし、また部隊兵士から戦場の中で避難住民から食糧を調達してこいと命じられた」と証言している。したがって、後に軍人・軍属として扱われた男女中等学校生徒と、米軍上陸の戦場の真っただ中で強制・命令によって軍に使役された住民とを区別しておかなければ、沖縄県民全員が「軍民一体化」「総戦闘員化」した「臣民」だったと歴史に記憶されてしまうおそれがある。

「援護法は、沖縄戦の実態を十分に調査し、その事実に基(もと)づいて適用されるべきであります」という金城参考人の国会での発言を受ける形で、日本政府は次章で見ていくように、沖縄戦の実態調査に入った。その結果が「戦闘参加者概況表」をもたらしたのである。

［第五章］戦闘参加者概況表で知る日本政府の沖縄戦認識の捏造

一、戦闘参加者概況表とは

軍人・軍属のための援護法を非戦闘員の住民に適用させる指標になった「戦闘参加者概況表」（以下、「概況表」）を知ることこそ本書のテーマ「日本政府の沖縄戦体験の捏造」の核心である。概況表をみれば、沖縄の遺族会や琉球政府職員を介して日本政府が沖縄各地の住民が体験した沖縄戦の実態を十分に把握したうえで作成したことが容易に理解できる。また概況表の作成過程は、沖縄に派遣された元大本営船舶参謀だった馬淵新治厚生省事務官が防衛研修所戦史室の依頼をうけ作成した『沖縄作戦における沖縄島民の行動に関する史実資料』（陸上自衛隊幹部学校発行、一九六〇年五月。以下「馬淵レポート」）で知ることができる。

概況表には援護法適用の指標として戦争体験の内容を示した二〇のケースが列挙されている（一九一〜一九二頁）。また、各ケースの「概況」は三五一〜三五八頁「注4〜23」をご覧いただきたい。ここでは概況表の本質を最もよく表しているケース⑱「スパイ嫌疑による斬

沖縄作戦における沖縄島民の行動に関する史実資料

陸上自衛隊幹部学校

昭和35年5月

「沖縄作戦に於ける沖縄島民の行動に関する史実資料」の表紙。「陸上自衛隊幹部学校」が使った資料であること、「戦闘参加者概況表」原案作成の根拠のひとつだったこと、日本政府が沖縄戦の実態を熟知していたことなどがわかる。「馬淵レポート」と呼ばれ、沖縄戦研究に欠かせない（沖縄県文化財課史料編集班所蔵）。

本資料の出処について

1　その1、「住民処理の状況」は、引揚援護局勤務の厚生事務官馬淵新治氏（元大本営船舶参謀）が、終戦後援護業務のため、沖縄に出張滞在間、防衛研修所戦史室の依頼によつて調査執筆された資料を複製したものである。

2　その2、「第2次世界大戦と沖縄」（沖縄敗戦記抄）は、沖縄大観（昭28．4．4沖縄朝日新聞社編集、日本通信社発行）に掲載されているものを複製した資料である。

3　以上何れも比較的信憑性があり、かつ相互関連性　のある資料であるので、沖縄作戦における島民の行動に関する研究に資するため両者をまとめて印刷した。

殺」の「概況」を事例に挙げて、日本政府の沖縄戦体験の捏造の一端を説明する。

スパイ嫌疑の斬殺は、「日本軍によって行われたもの」と「米軍によって斬殺されたもの」の二つがある。

一、日本軍によるもの
（イ）投降勧告の行為をなし、又は米軍の指示によって、投降勧告文書を持参して日本軍陣地に来た住民を斬殺したもの。
（ロ）米軍に拉致された住民が一旦釈放（帰宅）を許され部落に帰って来た者を日本軍が其の人名を調べ斬殺したもの。
（ハ）友軍陣地をうろついたためにスパイ嫌疑をうけ斬殺されたもの。
（ニ）かつては米国に居住した事のある者で英語が話せるためにスパイの嫌疑をうけて斬殺されたもの。

二、米軍によるもの
昭和二〇〔一九四五〕年六月一八日、高嶺村真栄里においてバックナー中将が狙撃され戦死したとき附近に避難していた住民は殆ど全部その嫌疑又は報復手段により斬殺されたもの。

スパイ嫌疑で斬殺
戦闘協力者調査ほぼまとまる

沖縄戦

見出しの《スパイ嫌疑で斬殺》は「概況表」の項目に含められた。日本政府としても遺族の心情を無視できなかったためであるが、はたして遺族の「汚名返上」になったかどうか（1957年2月25日付『琉球新報』朝刊）。

概況表⑱の「スパイ嫌疑による斬殺」では上記の内容に該当する場合、日本軍に積極的に戦闘協力した戦闘参加者という身分が付与され、「準軍属」扱いとされて靖国神社に合祀されている。しかしこの事例をみるだけでは、援護法の本質を見極めることはなかなかできない。私はすでに一九七五年、被害住民への聴き取り調査のなかで、「区長や議員らの協力を得て恩給をうけている（遺族年金を受給している意味）」――と語っていた、スパイ容疑で虐殺された住民の遺族の証言を得ており、その内容を公刊（注1）もしてきたにもかかわらず、概況表⑱に関連付けて考えることを思いつかなかった。そのため、遺族年金が受けられるよう役人の指導（捏造）に従って申請した一般の遺族はもとより、沖縄戦の研究者とされる私ですら、援護法がはらむ沖縄戦認識についての理解が不十分だったと言わざるを得ない。

ところが二〇一五年、沖縄の著名な歴史家から突然、「日本軍によってスパイの汚名を着せられて、殺害された住民は名誉回復されているのか」という質問を受けた。このとき、すぐに頭に浮かんだのが概況表⑱「スパイ嫌疑による斬殺」の項目だった。私は即座に、「スパイ嫌疑」で殺害された住民は、戦闘に協力した戦闘参加者として、天皇が「親拝」する靖国神社に合祀され、「立派に名誉回復」されている形になり、と同時に戦後糾弾されるべき日本軍の住民殺害は免罪された形になっていると返答した。私は歴史家の質問を受けて初めて、概況表の持つ本質に気がついたわけである。いまでもその質問をしてくれた歴史家に内心、とても感謝している。

では、いったい何に私は気づいたのか。結論を言えば、概況表には、沖縄戦を体験した住民の証言を日本政府にとって都合のいい沖縄戦認識に「からめ取ってきた構造」、すなわち沖縄戦は「軍民一体の戦闘」だったという認識（沖縄戦認識の再定義）を醸成する仕掛けが内包されているからである。まさに日本政府の沖縄戦体験を捏造している典型事例である。概況表に押印された「秘」印（「秘」が□で囲われた印。一八九頁の図版・左上参照）が日本政府が援護法に刻印した政治的意図を表す証左といえよう。ともかく、沖縄戦認識の再検証を迫る視点を得たことで、私は遅まきながら、概況表の特徴を吟味・分析すれば、政府が援護法を通じて、どのような仕組みと考え方で被害住民を靖国思想(イデオロギー)にからめ取ってきたのか、それが理解できると気づいたわけである。

なお、靖国思想に関する分析・知見については多くの識者による膨大な研究がなされているので詳細はそれらに任せるとして、ここでいう靖国思想とは「国家のために一命を捧げられた人々の霊を慰め、その事績を後世に伝える」(靖国神社が配布する無料のパンフ『靖国神社参拝のしおり』)に表れているように、戦没者を「祭神」として「合祀」する「靖国神社の理念」(軍民一体化・国体護持を醸成する、戦前からつづく皇国史観、国家神道)を指す。日本国憲法における政教分離問題(内閣総理大臣の靖国公式参拝問題など)で常々顕在化するが、民間の一宗教法人でありながら国家と密接な協力関係を戦後も保持するその特殊な存在と、歴史修正主義者が喧伝(けんでん)してやまない靖国思想は、援護法を媒介して沖縄社会に浸透してきた。援護課窓口職員はひたすら「援護年金」を遺家族が受給できることを願っていたのであるが、心ならずも、「沖縄戦の真実」を捏造することに加担することになった。それは結果的に戦争被害者のその死を戦争指導者だったA級戦犯らと同じ靖国神社の祭神として扱うことにもなった。その解明のため、終章で記述している沖縄靖国神社合祀取消裁判で原告側の専門家証人として法廷に立ったのである。靖国神社からすれば、日本国家によって「国家のために一命を捧げられた人々」と認定された人なら、遺族それぞれの意思とは無関係に一方的に祭神（「英霊」）として合祀するのは当たり前な手続きなのだろうが、日本国家が靖国神社と結託して、「新国体護持＝戦争をする国家」の形成に沖縄の人びとを利用し、「沖縄戦の真実」を捏造してきた不条理極まりない歴史を考えると、憲法における思想・信条・信教の自由（憲法一九条・二〇条）に違反する靖国神社合祀は「沖縄戦の真実」を捏造する行為を容認することになるので、到底受け入れられない。沖縄戦は米軍に対し、一貫した「軍民一体の戦闘」だったという構図にして、被害住民に遺族年金などの経済的援助と靖国神社への合祀という精神的「癒し」を付与してきた根源に、この概況表がある――そういっても過言ではない。

本書・終章の「いま沖縄の議会で」の項（三一八頁）で後述するが、豊見城（とみぐすく）市議会が採択した意見書のなかに記された「私たちは沖縄戦において祖国日本・郷土沖縄を命がけで日本人として守り抜いた先人の思いを決して忘れない」という言葉に示された、靖国思想にからめ取られた沖縄戦認識が、概況表には絵にかいたように反映している。なぜ、実相とは真逆の「沖縄戦の真実」「沖縄戦認識」が刻印されたのか――それを赤裸々に明かしているのが後述（二一一頁）の「馬淵レポート」である。

概況表の記載内容の正確さについても述べておきたい。「スパイ嫌疑による斬殺」項目の概況で「一、日本軍によるもの」「二、米軍によるもの」に関する具体例は私も体験者の証言で確認している。とくに「二、」のバックナー中将の狙撃については、諸説あるなかで、松田定雄元キリスト教学院教授からの聴き取りが事実と重なる。一九四五年六月一八日午後一、二時ごろ、壕入り口付近で狙いを定めていた当番兵に、狙撃命令は出ていないのだから撃つなといったら、当番兵は「命令もくそもあるか、エラそうなヤツを撃とう」とひとり呟いて、撃ったら、一人に命中したようで、二人が抱えて、数名の一団があたふたと車で離れていった――という松田教授の証言を得ている。もちろん、そのとき狙撃相手がバックナー中将だとは当時知る由もなく、数時間後に猛攻撃をうけた。しかし奇跡的に生き延び、数年後にその場所を訪れた際、バックナー中将戦死地の碑文を読んだところ日時・場所が記憶と合致するので、あれがバックナー中将だったのかと思い出して震えが止まらなかった、と松田教授は私に語った。概況表に記述のある「狙撃され戦死した」という点は、私の聴き取り証言と一致する（注2）。その一例も加え、概況表の記載内容は十分信頼できる。

二、戦闘参加者概況表の「概況」と特徴

沖縄遺族連合会の金城和信事務局長は一九五五年六月、男女中等学校生徒に援護法を適用する方向で目途をつけるべく国会で発言をしたとき、一般住民の戦場動員についても言及していた。それをうけた形で、厚生省は一般住民の戦場体験を詳細に調査した。

沖縄戦で一般住民のどのような行為を戦闘協力者として認め、戦闘参加者という身分を付与して「準軍属」扱いにするのか、その基準となる要綱の作成が急務であった。そのため一九五六年三月二五日、厚生省引揚援護局援護課長補佐の安福（やすふく）事務官が沖縄を訪れた（注3）。安福事務官は、金城和信事務局長らの案内で「座間味、渡嘉敷〔島〕の自決状況実態調査」（『いそとせ』沖縄県遺族連合会）など、各地を聴き取り調査で巡った。佐敷村では遺族会が急きょ開催され、事務

㊙
戦闘参加者概況表
沖縄県生活福祉部援護課
昭和五十五年七月再版

日本政府が住民の沖縄戦体験の様相をまとめた「戦闘参加者概況表」は、旧厚生省（現厚労省）の沖縄戦認識の公式見解になっている。表紙左下の文字「昭和五十五年七月再版」は表紙ではなく、最終頁に印字してあったものである。六歳未満児への適用拡大に備えていたことを示すために、筆者がここに併載した。

官に戦争体験を赤裸々に報告し、広範囲な処遇を要望した。それに対して事務官は「最善の努力を尽くす」と答えた。そして『沖縄の援護のあゆみ』(沖縄県援護課、一九九六年）によると、一九五七年には、「三月二八日から五月一二日の間、厚生省引揚援護局から坂本班長、比嘉事務官、佐藤課長らが戦闘参加者調査のため来沖し、各地を回り関係者から事情を聴取し検討した結果、戦闘参加の内容を設定すると同時に援護課、各市町村に事務指導を行った」(同書、一二～一三頁）という。そこで厚生省で沖縄戦における戦闘参加者の処遇要綱が決定され、それに準拠して戦闘参加者申立書の提出事務が開始された。この事務作業は、戦闘参加者という認定基準に該当可能な沖縄戦体験者の行動を二〇ケースに分類した「戦闘参加者概況表」の作成ではじめて着手できたのである。すなわち、沖縄の遺族会や琉球政府の援護課職員らから聴き取りしながらまとめた一九五七年作成のこの概況表こそ、日本政府の沖縄戦認識を表出させた具体例であり、なかでも二〇の「分類項目」と「概況」説明は日本政府の沖縄戦体験の公式記録である。しかし、最大の問題は、軍の要請、指示、命令、だと事実に即して作成しているにも関わらず、遺族に戦闘参加者申立書を書かせ、それを審査して認定するにあたっては、いかに積極的に戦闘に協力したかということを判断基準にしているということである。わかりやすい例でいえば、軍に避難壕を追い出されて被弾死しても、戦闘に積極的に協力するために、壕を提供したので死んだと書かねば、戦闘参加者として認定されない。

戦闘参加者概況表に該当するためには、一貫して戦闘に協力したということが必須条件である。いわば、日本政府は、戦闘参加者概況表を手段にして、沖縄戦体験を捏造しているのである。そのことを念頭にいれて、以下を読んでいただきたい。

この二〇のケースにはそれぞれ、区分、概況、期間、地域《協力市町村》という項目が付記されている。先に触れたが、「概況」については三五〇～三五八頁「注4～23」に紹介した。

この二〇のケースとは次のとおりである。

①義勇隊（各村ごとに調製）(注4)
②直接戦闘(注5)
③弾薬、食糧、患者等の輸送(注6)
④陣地構築(注7)
⑤炊事、救護等雑役(注8)
⑥食糧供出(注9)
⑦四散部隊へ協力(注10)
⑧壕の提供(注11)
⑨職域関係（県庁職員報道(注12)）

⑩区（村）長として協力（注13）
⑪海上脱出者の刳舟（くりぶね）輸送（注14）
⑫特殊技術者（注15）
⑬馬糧蒐集（注16）
⑭飛行場破壊（注17）
⑮集団自決（注18）
⑯道案内（注19）
⑰遊撃戦協力（注20）
⑱スパイ嫌疑による斬殺（注21）
⑲漁撈勤務（注22）
⑳勤労奉仕作業（注23）

これらのいずれかのケースに該当すれば、一般住民にも兵士と同様に戦闘参加者という身分が付与される。いずれ

琉球新報

どうなる学童や住民の集団自決

戦斗協力者の範囲

実態調査に復員事務官近く来島

《どうなる学童や住民の集団自決》の見出しは、軍人美化の集団自決の用語を住民にも用いて戦闘参加者扱いすることを示唆している（一九五七年二月二二日付『琉球新報』朝刊）。

も日本軍による説得・強制・命令などによるものだが、そのケース区分は、次の七つに特徴づけられる。

（一）戦闘員同様の「①義勇隊、②直接戦闘、⑰遊撃戦協力」
（二）戦闘員の支援として「③弾薬、食糧、患者等の輸送、⑤炊事、救護等雑役、⑦四散部隊への協力、⑨職域関係（県庁職員報道）、⑩区（村）長として協力」
（三）拒めない軍の要請・命令をうけた「④陣地構築　⑪海上脱出者の刳舟輸送　⑫特殊技術者　⑬馬糧蒐集　⑭飛行場破壊　⑯道案内　⑲漁撈勤務」
（四）拒めば殺す恫喝的強制・命令による「⑥食糧供出、⑧壕の提供」
（五）軍官民の共生共死を指導・指示・強制・命令などによる「⑮集団自決」
（六）日本軍兵士の住民殺害を免罪にして、国を免責し、靖国神社に合祀することにより名誉回復につながる形の「⑱スパイ嫌疑による斬殺」
（七）地上戦突入以前の「⑳勤労奉仕作業」

以上のように七つの特徴に区分したが、実際に遺族が援護法の適用を求めて申請するときに、「沖縄戦の真実」がいかに捏造されるかを、資料に基いて検証する。

三、捏造が前提の戦闘参加者申立書の書式

1 「戦闘記録」の書き写しと「申立書」の代筆

沖縄県遺族連合会編『沖縄の遺族会五十年史』（二〇〇二年）所収の座談会「五十年を顧みて」（二〇〇一年九月一七日）に、遺族が「戦闘参加者申立書」の申請にあたってどのように書いたかについて、関係者の一人である沖縄県遺族連合会の座喜味和則元会長の証言が載っている。それによれば、日本政府は当時、男子学徒の戦没者についてはその年齢を問うことをせず全員を陸軍上等兵とし、女子学徒については軍属という身分を確定させる仕事に携わったものである、と述べたという。この証言のあと、元会長は次のように語っている。

　その次に、「沖縄戦で亡くなった軍人・軍属の死没処理」がありました。沖縄戦で戦没した沖縄本籍の軍人・軍属の数は約二万五千人なんですが、昭和二九〔一九五四〕年の時点で死没処理された戦死公報の受領者は六千八百名。まだ一万八千名が戸籍上は生

きていて、「援護金の請求ができない遺族」が大勢いました。それで「戦死公報をとる」ため各市町村を回り、学徒は「現認書」、軍人・軍属は「申立書」を、遺族から聞いて代筆して書きあげました。しかし、これを援護課から厚生省に出しても、なぜか我々の書類はどんどん突っ返されました。厚生省の沖縄班の坂本力さん、名護出身の比嘉新英事務官のお二人が沖縄に来られて三か月滞在して死没処理を指導してくださいました。

時効なのでお話しますが、厚生省は沖縄から日本に引き揚げた部隊の将校や兵隊から聴取調査や資料の提出をさせ、どこにも無いはずの「日本軍の沖縄戦の戦闘記録」を独自で作成して持っていました。厚生省のその資料記録と提出した「申立書」の内容が合致しないために書類が戻されていたのです。

係りの者が厚生省資料を「保管する」という名目でお二人に置いて帰ってもらい、夜、援護課職員が必死で資料を書き写すのに我々も加勢し（笑）、写したものをガリ版刷りにして各市町村へ送り、それをもとに書類を作らせて死没処理はうまくいきました。

この座談会では、座間味元会長より四か月早く、一九五四年四月から沖縄県遺族連合会の事務に就いていた宮城初枝さんも申請の内情を明かしている（同書、三三八頁）。

当時はコピー機もなく必要な書類は一切書き写し、書き写したら謄写版で印刷、大変な作業でしたね。青年部の人たちと書類を写しに関係官庁に行って「妻特給〔戦没者戦傷病者の妻に対する特別給付金〕の名簿」などを全部書き写しましたよ。申請書も、戦闘と関係がある書き方ならいいのですが「防空壕から自分たちで逃げた」という書き方だとその一行で返される。一人ひとり遺族をよんで教える時間はないし、説明会をして、各自で手書きをしてもらいましたが、代書してもらう人もいました。一寸でも違うとすぐ返されるので、代書の方も気を使ったと思います。

以上は文字に残された申請書の書き方に関する当事者の重要な証言である。ここでいう「代書」とは、読み書きができない住民を援助するために、「代書屋」と言われた司法書士が役場の窓口付近に置かれたテーブルで待機するシステムのことである。自分では書類申請ができない人にとって貴重な存在だったが、沖縄戦体験の捏造は「代書屋」たちが日本政府にかわって担わされていたことにもなる。以下に、古本屋で見つかった当時の「戦闘参加者申立書」の記載要領を掲載する。「沖縄戦の真実」が、援護法適用のために捏造され、形式化されたことがわかる。

2　捏造された記載要領と捏造の指導

●記載要領と記載事例

以下は、戦闘参加者申立書の書式例である〔原典表記では理解ができない部分があるので、分かち書き箇所等への句読点や記号の補記、略記修正などをした。以下同〕。

戦闘参加者申立書の記載要領について

一、死亡者の氏名――（例）甲野乙郎、明治三十年二月五日生

二、除籍時の本籍地（本人死亡当時の本籍のことである）――（例）沖縄県島尻郡豊見城村字豊見城三五〇番地

三、要請又は指示を受けた当時の住所地（部隊の要請又は指示を受けたときの本人の住所である）――（例）沖縄県島尻郡豊見城村字豊見城三五〇番地

四、当時の職業――（例）農業、漁業等を書く

五、要請又は指示を受けた年月日及び伝達状況（本人が戦闘参加者として要請又は指示を受けたところの年月日と、どう云う方法で要請又は指示が伝達されたか）――（例）昭和二十

年三月末日頃、部落内の区長を通して協力するよう伝達があった。

六、要請又は指示の内容又は目的（部隊から要請又は指示の内容はどう云うことであったか、其の目的とすることはどう云うことであったか）——（例）弾薬運搬作業であって豊見城村の豊見城城跡の弾薬倉庫から首里へ運搬する作業であった。

七、行動を共にした部隊名、所在地及び行動を共にした年月日（本人が戦闘参加として行動したときの部隊名で其の部隊は何処にあったか又は何時迄一緒であったか）——（例）山部隊、平野大隊、四月十日頃

八、勤務及び戦闘又は行動の状況（仕事はどう云う仕事であったか、戦闘の状況又は本人が死亡までの行動の状況である）——（例）日没頃から、豊見城城跡の弾薬倉庫から首里市赤田の陣地まで、陣地から壕まで弾薬運搬を終えて又、豊見城村の上田に帰り一日一回この作業を続け一週間程同じ作業が続いた。

九、受傷罹病の状況（戦死した者についてこの欄は不要であるが受傷又は罹病してから或る期間をおいて死亡したときはその状況を記載する）——（例）首里市赤田町の陣地壕まで弾薬運搬を終え帰途、真玉橋附近で米軍の空襲を受け、機銃掃射により右大腿部に受傷した。その後同僚の救援により豊見城村上田在の部隊の医務室で治療を受けた等……

十、死亡の状況（本人死亡の状況を書く）——（例）四月十五日兵隊（氏名が分かれば記載）

に引率されて同僚大城某等と一緒に豊見城城跡より弾薬を首里に運搬の途中で南風原（はえばる）村大名（おおな）附近で艦砲で頭部を受傷し戦死す。

十一、その他参考となる事項

本人の死亡

戦闘参加者申立書への記載で最も肝心な点は、部隊の「要請」「指示」とその内容である。この記載要領に沿って書かれた申立書は、「戦闘参加者についての申立書」という見出しのある申請用紙に記載していく。ここで注目すべきは、日本政府は被害住民の遺家族に肉親の死を「戦闘参加者」だと強いていることだ。

この記載要領に沿った実例を二〇一頁に紹介する。

●日本政府が直接指導した捏造事例

申立書が日本政府（厚生省）に受理されるためには、戦没者がいかに「積極的」に戦闘協力したかを記載しなければならない。以下は、厚生省の審査係が「消極的」な戦闘協力と判断し、琉球政府の担当職員に書き換えを指導した文書例である（傍点は筆者）。

一九六〇年　第十五号第二種十年「戦闘参加者に関する書類」援護課　未〇第二七三七号

（寫）昭和三十四年十月十三日

〔差出人〕厚生省引揚援護局　未帰還調査部第四調査室長

〔宛て先〕琉球政府社会局援護課長殿

戦闘協力により死亡したものの現認証明について

別紙記載の戦闘協力者に対し、遺族より弔慰金の請求をされましたが、戦闘協力内容が消極的に失すると審査課より返却されたので死亡者は、要請（指示）事項のみに終始したのではなく、当時の戦況から判断して現認証明事項欄記載の如きもあったものと推定されるのでその旨、審査課に回答した処、死亡の原因が回答のような積極的戦闘協力によるものであれば現認証明書を添付されたいとのことですが、現認証明欄記載の如き事項は、当時何人（なにびと）かが現認していると思われるがそうであったら然るべく御とりはからい願います。

認定済
未認定

戸照済

戦斗参加者についての申立書

死亡者の氏名 ■

除籍時の本籍 沖縄県 ■

明治43年6月24日生

要請又は指示を受けた当時の住所地	本籍地に同じ
当時の職業	農業
要請又は指示をした部隊名	宇土部隊
部隊の所在地	村内安部
要請又は指示を受けた年月日及び伝達の状況	軍曹（氏名不詳）の要請で口頭で直接伝達された。
年月日	昭和20年3月20日
要請又は指示の内容又は目的	食糧の蒐集、供出等、その他に連絡員等に充当するため。
行動を共にした部隊名、所在地及び行動を共にした年月日	宇土部隊　久志村安部　昭和20年4月20日
勤務及び戦斗又は行動の状況	米軍が本島上陸して以来中部方面から来た米兵、米軍は久志村字安部部落内にも駐屯していました。その当時■は安部区長を勤めていて、住民の避難所を巡視本部、特に地方面から兵隊との連絡をしながら住民の保護に当って居た。その頃から食糧が欠乏し、私達二人は食糧を求めるため、昭和20年
受傷り病の状況	5月10日午前10時頃から部落内へ下りて芋、野菜調味料等を探し求め帰る途中、私と■はまるで五、六〇米前方で先を競いながら小走りに走っていました。私が山へ登り始めて二、三分後銃声が今来たばかりの二〇〇米後の方で
受傷り病の場所	
受傷り病の年月日	昭和　年　月　日
死亡の状況	
死亡の場所	久志村字安部番地不詳
死亡の年月日	昭和20年5月10日
その他参考となる事項	鳴り響いた。私は一時立ち止まっていたが、又一生懸命山を登って行った。避難小屋へつくとそこにとも子■武吉が来ないことが分ると直ぐに■同伴で現場へ駈けつけると山の入口にさしかかろうとするところの土手側に倒れていた。素早く抱き起したが返事もなく

右の通り相違ないことを申し立てます。呼吸は絶えていた。傷口を調べて見ると胸部と左大腿部の貫通

「戦闘参加者についての申立書」の一事例。援護法適用申請時に、戦闘協力者が「戦闘参加者」となる記述をして提出する仕組みになっていることに注目したい。軍の「要請」（強制、命令などの軍関与）は必須要件だった。

公開されたこの文書中で指摘されている「現認証明欄記載の如き事項」には、氏名は伏せられているが身分などの記載事項は「沖縄県書記」のように表記されている。また、部隊による「要請又は指示を受けた事項」では、「壕生活の指導並に難（ママ）〔難民と思われる〕誘導のため摩文仁村に派遣された」という事由に対して、「死亡事由」には「昭和二〇・六・一七午前八時頃摩文仁村摩文仁で難民誘導の任務遂行中砲弾の破片により胸部に受傷戦死」と記述されている。それに対して、「現認証明事項〔死亡事由〕」欄では、「上記の理由では積極的戦闘協力とは認め難いとの審査課の意見であるが、積極的戦闘協力の事実はないか?。例えば軍命により弾薬運搬又は食糧の輸送の指導、若しくは陣地構築の指導の如きものである」と、書き換えを指導している。

地方課長兼知事官房主事に対しても、「公務執行中に殉職した」という事由に対して、「公務執行中殉〔殉死と思われる〕というが、公務の内容は何か、軍の命令により何か積極的戦闘協力をしたのか」、また地方警視〔地方警察の官位〕に対しても「本土への情報連絡のため敵弾をくぐり沖縄島尻郡佐敷村植木原〔親慶原（おやけばる）と思われる〕に進んだ際、敵弾により重傷自決」という死亡事由に対して、「軍の命令により情報連絡のため昭和二〇・六・七島尻郡植木原に到った際、敵弾により重傷を被り自決す」と、捏造を指導している。

●琉球政府援護課元職員の証言――捏造の現場

二〇〇八年三月に国と靖国神社を相手どって提訴した沖縄靖国神社合祀取消裁判の原告側資料として、私と松井裕子氏（沖縄靖国神社合祀取消裁判支援の会事務局長）は二〇一一年五月四日・五月一五日の両日、金城見好（きんじょうみよし）元琉球政府援護課職員に聴き取り調査を行った。

金城氏は一九五六年一月一日から一九六三年三月三一日まで琉球政府社会局援護課の援護係として援護業務を担当した。琉球政府援護課には、調査・援護・恩給・庶務・給与（戦傷病者担当）という五つの係があり、職員六、七〇名という大所帯だった。調査係の役目は死亡公報の発行なので、沖縄出身の元軍人だけが担当していた。また、援護業務に係わる費用はすべて日本政府の予算から出ていた。

以下は、インタビューを文字起こし、聞き手の責任で趣旨を変えずに補足部分もある「聞き書き」である。

◎厚生省の指導の下に

私は、「琉球政府援護職員」として正式に一九五六年一月一日付で辞令をもらいました。

私の最初の仕事は、大学まで進学したという実績を買われ、係長が手書きで原稿にした援護法の条例解説文を謄写版で印刷する法令解説書の作成でした。毎日毎日、援護法の内容を各市町村の援護課に伝えていくのが私の仕事でしたので、条文の中身は上司よりも頭に入ってしまいました。来間援護課長が私を気に入ってくれたので、課長と二人でその解説書をもって各地を回りました。宮古、八重山も含めて全島の各市町村を米軍払下げの公用車でくまなく説明して回ったのです。

援護法の申請に関する指導マニュアルは、日本政府厚生省の指導の下で作成しました。島尻（沖縄南部）・中頭（沖縄中部）、国頭（沖縄北部）の三ブロックは、毎月一回、援護担当者を集めて、援護業務研修会を実施しました。また、年に一回は那覇の会館で、各市町村の援護担当職員を二、三〇〇名も集めて研修大会を開いておりました。

◎郡覇南方連絡事務所

那覇南方連絡事務所は、援護業務が中心で、援護担当者は多いときには十数名もいました。援護担当の馬淵事務官は、琉球政府援護課への指導を兼ねて緒方事務官と一緒に日頃からよく顔を出してくれました。私は、馬淵さんが元大本営船舶参謀だったと聞いていたので、どれほどいかめしい、威厳のある人かと思っていたんですが、敗戦ということで意気消沈している様子がうかがえ、参謀だったという割には元軍人らしいそぶりも見せず、一般の人と同様、とても優しい人でした。よく出張で厚生省へ出向きましたが、そこで会った局長や課長、班長さんらは、大本営の参謀だった馬淵さんとはどんな方かと大変注目されていて、よく質問されたものです。金城和信沖縄遺族連合会長さんもよく援護課を訪れ、課長さんと話しておりました。日本政府総理府の援護係の吉川さんが沖縄を訪れると、金城会長さんが接待しておりました。

◎戦闘参加者申立書の真偽

援護業務を進めるに当たって、一九五七年に厚生省が作成した「戦闘参加者概況表」を使いました。戦闘参加の要件となる二〇項目のどれかに当てはまるよう遺族住民に申請書を提出させるために、職員総出で取り組んだのです。

軍人・軍属対象の援護法を一般住民に適用するに当たって、軍の要請があったかどうかがポイントです。軍人・軍属については戦死公報を発行する調査係が戦死者の部隊名・戦況・戦死地などを元に詳細に書くんですが、それ以外の人に援護法を適用する場合は「戦闘参加者」となりますので、（近親者が戦死したのは）軍人から言われたことに従っただけという遺族申請者の話を信頼して、軍から要請で戦闘に参加したことにして処理しました。

全市町村から、申請書の処理は現行の人員ではすぐには無理だという連絡があり、政府援護課に応援を頼み、約二、三〇名の職員を各地に割り当てていきました。私は、南風原村と東風平村を担当しました。各部落を回って遺族の皆さんに直接面談し、戦闘参加者概況表の項目のどれに当てはまるのか、その調査のために聴き取りをするのです。軍の要請をうけて戦闘に協力した——そうした戦闘参加者としての体験を遺族の皆さんから聴いて「申立書」を書かないといけなかったんです。おばあちゃんとかに面談していろいろ戦場での体験を聴くのですが、二〇項目に当てはまるのは一つもありません。

とくに摩文仁では、厚生省がいう「壕の提供」というケースが多かったんです。オバァたちのなかには、友軍のみなさんに自分からすすんで「壕を使ってください」と言ったことは一度もない、「出て行け！」と言われたんで出たんであって、「自分から出て行ったのではない！　壕を提供したのではない」と、かなり怒って、調査員に楯突いたオバァもずいぶんといましたよ。

こんなことでは、申立書の書きようがないし、戦闘参加者にするには厚生省作成のマニュアルに当てはまるようにするにはオバァたちの証言とはまるで反対のことを書かないといけないので、壕の提供になるように書いてあげたんです。部隊名がわからなくても、それを抜きにしても、概要だけの調査で軍から「言われた」と書けば、戦闘参加者として通りました。

中立書申請のマニュアルは、厚生省の指導のもとで書いたものです。現認証明書も付けないといけないと言われました。

二〇の項目に当てはまる体験者はなかなかいないもんだから、もう、みんな捏造ですよ。そうでもしなくては、戦闘参加者にできない。申請書に、友軍に壕から追い出されたと書こうものなら、一発でダメですからね。ほんとは戦闘に協力したわけではなく追放されたようなものだから、《困ったな、これでは申請書が書けない。壕を追い出されたのも軍に協力になるのかな》と職員で統一していくようにしました。中立書を書くポイントをよく知らない職員が書いた書類は、厚生省の審査課で却下されたり、保留になったりしたものもありました。筆跡で誰が書いたものかがわかるので、「あんたが書いたものはまた通らなかったよ」と言いあったもんです。

とにかく、市町村の担当だけでは間に合わないので、私たちが聴き取りに出かけたんです。まともに聞こうものなら、協力なんてとんでもない、軍の命令で壕から追い出されたんだと、とても怒り出すんです。壕追い出しがとても多くて、壕から「出ていけ」と言われたという内容ばかりでした。友軍に「やさしく言われた」という遺族がいたので「ほんとにやさしかったんですか」と問い直したら、戦場の兵士はみな殺気だっていたようで、やはり「出ていけと言われた」と言い直すんです。

実は私は、対馬丸船団の貨物船に乗って南風原から熊本へ疎開したのですが、撃沈されなかったので生き残ったんです。ほんとは撃沈された対馬丸に乗船する予定だったのに、南風原組が遅刻して、別の船に乗せられたんです。持参した三個の柳行李は対馬丸に載せておいたので、着の身着のままで鹿児島へ上陸しました。疎開生活ではとても苦しい目に遭いました。

しかし、戦争で生き残った私が戦争で亡くなった人たちの遺族のための援護業務に就いたことに、生き残った者の宿命みたいなものを仕事をしながら絶えず感じていました。なんとしてでもこの遺族のみなさんの生活を助けてあげたい、そんな気持ちがどんどん強くなり、ウソでもいいから、どうせ日本政府のお金だし援護金がもらえるようにしようと思いたったんです。ですから面談した話とはまったく逆に、戦闘に協力したと、ウソの申立書を書いていきました。そして書いた中身を見せないようにして、押印だけはしてもらいました。当時のお年寄りは文字も書けない、読むこともままならない方々も多かったので、ご本人としては話したとおりのことを書いてくれたんだと思っていたはずです。私が戦闘に協力したように書いた内容を知ったら、たぶん怒られたはずです。ですから、ご本人としては、被害に基づいて補償されたと考えたとしてもご無理はありません。そのような申立書を一日に二〇件ほど、毎日のように部落を回って作成していました。

戦闘参加者申立書の申請は一九五九年三月三一日までで時効になるということだったので、各市町村の援護課に発破をかけに行く仕事もやりながら、一人でも多くの申立書を提出させようと、てんてこ舞いの状態でした。

私たちが直接、各市町村へ出向き、遺族に面談して申請を行うので、戦闘参加者申立書のほとんどは琉球政府援護課担当が書いたものです。本人が直接記載したものは僅か（わず）しかありません。

援護法は一九五二年四月三〇日に制定されたので、申請期限は七年間で終了するという政府からの通達があり、前記三月三一日を延長して一九五九年四月二九日までという期限がつけられました。

しかし、実際には同年四月二九日までに申請をしたということにして、現在まで「時効の中断」という形で受け付けは継続しています。

◎援護法とセットの靖国神社への合祀

援護法で準軍属に認定されると靖国神社に合祀されますが、靖国神社から通知される合祀に関する業務も援護課がやっていました。靖国神社から白い封筒〔合祀者遺家族に送る封筒〕も付けて合祀者名簿が送られてきました。援護課はその合祀通知状を遺族へ渡すようにと、各市町村に発送しました。戦闘参加者の認定は、当初は一四歳以上、次に七歳以上、そしてゼロ歳児までという具合に、年齢は次第に下がっていきました。

慶良間は戦闘地域ということで、「集団自決」で死んだ場合、ゼロ歳児でも認定当初から戦闘参加者とされていました。ゼロ歳児がなんで戦闘参加者になるのか、とっても疑問に思いましたが、行政が分離されている日本政府の予算から出ているお金だし、沖縄戦でずいぶんとひどい目に遭っていますから、もらえるものはもらっておけ、という気持ちでした。

ところが、ある役場では、年配の担当者が通知状を山積みのまま放置して遺族に渡してないのです。なぜ、渡さないのかと尋ねると、これは遺族に渡すものではないでしょう。あとで捨てようと思っている、という答えが返ってきました。住所氏名が書いてあるからきちんと遺族に配付するようにと指導しました。（赤ちゃんまで靖国神社に合祀されていることに）何か疑問を抱いている様子で、援護課の指導に反発しているような感じでした。

次に、金城証言の内容を補完するため、証言に登場する馬淵新治事務官のレポートを紹介しよう。

●「戦闘参加者の処遇要綱」作成段階の馬淵レポート

「引揚援護局勤務の厚生事務官馬淵新治氏（元大本営船舶参謀）が、終戦後援護業務のため、沖縄に出張滞在間、防衛庁研修所戦史室の依頼によって調査執筆された資料を複製したものである」と記された戦闘参加者概況表の作成に関するレポートが残されている。『沖縄作戦における沖縄島民の行動に関する史実資料』（陸上自衛隊幹部学校発行、一九六〇年五月。以下「馬淵レポート」）だ。このレポートは自衛隊幹部学校のテキストに使われたと思われるが、その内容は、日本政府が沖縄戦の実相をどのように把握していたか、そして非戦闘員を戦闘参加者扱いにしようとした過程を知る貴重な資料となっている。その核心部分をみていく（傍線部分は筆者）。

第四節　作戦準備間並に作戦間における住民との摩擦

（前略）二、軍の行き過ぎ行為が住民を刺戟することは国内戦においては避けられ得ないものである。戦況我に有利な場合は、まだしも、戦況一度不利となつて軍の統制が徹底しなくなると益々この種遺憾な行き過ぎ行為が各地で行われた。例えば心ない将兵の一部が勝手に住民の壕に立ち入り、必要もないのに軍の作戦遂行上の至上命令である、立ち退かないものは非国民、通敵者として厳罰に処する等の言辞を敢えてして、住民を威嚇強制のうえ壕からの立ち退きを命じて己の身の安全を図つたもの、ただでさえ貧弱極まりない住民の個人の非常用糧食を徴発と称して掠奪するもの、住民の壕に一身の保身から無断進入した兵士の一団が無心に泣き叫ぶ赤児に対して殺害させたもの、罪のない住民をあらぬ誤解、又は誤つた威信保持のために「スパイ」視して射殺する等の蛮行を敢えてし、これが精鋭無比の皇軍のなれの果てかと思わせる程の事例を残している。例え敗れても身も花もある態度を終始してこそ初めて真の武人であり、かかる一部の不心得者共が本土防衛の第一線で華々しくも国に殉じた多数英霊を冒涜したことは返えす返えすも残念に堪えない。〔「馬淵レポート」一八〜一九頁〕

……戦闘が不利となり、島尻地区に軍の主力が後退するに至るや、非戦闘員である住民安住の壕を軍の必要に基づいて、強制収用して、壕外に放逐し、無辜の老幼婦女子を死地に投じて多数の犠牲者を生ぜしめている。かかる「ケース」も当然軍の戦闘に協力したものと見るべきであり、……。〔四二頁〕

馬淵事務官は、住民を壕から立ち退かせたり、スパイ視して殺害したりした日本軍の行為を怒り心頭に発し、「皇軍のなれの果て」とまで非難しながら、「かかるケースも当然軍の戦闘に協力したものと見るべき」とすることにした。こうした行為は、戦争参加者概況表（一五四～一五六頁）の次に該当する。

（四）強制・命令による「⑥食糧供出、⑧壕の提供」
（五）指導・指示・強制・命令などによる「⑮集団自決」
（六）国家・軍を免責・免罪にし、被害住民の名誉回復につながる形の「⑱スパイ嫌疑による斬殺」

馬淵事務官には、住民からの聴き取りによって個人的にはなんとか被害住民を経済的に救済したいという強い思いがあり、その表れとして「かかるケースも当然軍の戦闘に協力したものと見るべき」という表現にせざるを得なかったのではないか。しかしこのレポートに示される厚生事務官の沖縄戦認識は結果的に、国家の意思として「皇軍のなれの果て」の行為を免罪し、国家の戦争責任を免責にすることに繋（つな）がってしまう。

中立書による戦闘参加者はそのほとんどは「壕の提供」である。金城見好証言でも明らかなように、この馬淵レポートに沿うような形で沖縄戦認識の捏造が行われていたと考えられる。援護法適用を非戦闘員の老幼婦女子にまで拡大しようとすると、「日本軍の壕追い出し」は、「日本軍への壕の提供」というように行為主体が正反対となる記述に琉球政府も日本政府の意に沿って捏造せざるを得なかった。

二〇一六年三月一六日、沖縄戦で被害を受けた民間人遺族ら七九人が国に謝罪と賠償を求めた「沖縄戦被害国家賠償訴訟」の判決が言い渡されたが、三月一七日の『琉球新報』一面トップは《沖縄戦　国の賠償認めず／民間被害、訴え棄却／那覇地裁　大戦時、「法規定なし」／原告、控訴の方針》という見出しをつけて裁判結果を報じた。軍人・軍属等のための援護法で民間人の被害賠償を求めると、行為主体が事実とはまったく正反対の「沖縄戦の真実」を捏造せざるをえなくなることが、この裁判結果からも導きだせる。翌一七日の『沖縄タイムス』に、中山武敏全国空襲連共同代表（弁護士）は「沖縄民間戦争被害者に対する特別補償法制定の取り組みが急務である」というコメントを寄せた。

一九五二年三月から四月にかけて援護法制定に向けた公聴会や国会論議で、遺族会代表や政権政党以外の各政党が「国との雇用関係にある者」を対象とする「援護法」（日本政府は戦後、戦争犠牲者の援護制度を同時期に復活した軍人恩給法とその補助法ともいえる援護法を一体化する基本的な枠組みのなかで運用を図ってきた）ではなく、戦争犠牲者全体を社会保障で救済するイメージを含意する「補償法」を制定するよう強く主張していたが、いわゆる戦争法が成立し、戦争に加担する可能性が現実性を帯びた現在、現行の戦争犠牲者の援護制度の枠組み自体を見直さなければならない時代に突入したともいえよう。

中山武敏弁護士（弁護団長）が担当した「東京大空襲訴訟」（一九四五年三月の東京大空襲で被災した民間人や遺族ら七七人が、国が補償などの救済をせずに被害を放置したのは違憲だとして損害補償と謝罪を求めた訴訟。二〇一三年五月八日、最高裁は原告側の上告を退ける決定をして、原告側の全面敗訴が確定）は、日本政府のこの枠組み（国家無答責、戦争犠牲者受忍論）の変更を迫る裁判であり、「沖縄民間戦争被害者に対する特別補償法制定の取り組みが急務である」というコメントに秘められた意味は大きい。

＊　＊　＊

【補記】きがかりなこと二点――資料をとおして

援護法に関心をお持ちのかたがたの間でも共有されていない事柄について、二点、改めて記しておきたい。

一つは、「補償」という用語に関する政府・権力の側の考えかたについてである。

二つは、軍人・軍属が対象の援護法を、被害住民である非戦闘員の老幼婦女子（戦争時の非戦闘員を表す用語）へ適用拡大するにあたって作成した「戦闘参加者概況表」を日本政府同様、琉球政府も主導したのだという言説についてである。

1 「補償」という言葉について

援護法によって遺族に支払われた援護年金は、国が戦争被害者に補償した「補償金」だと遺族・メディア・弁護士・研究者の間で受け止める傾向が見受けられる。しかし、日本政府は、補償という言葉を戦争に係わること、とくに援護法に関しては使わない。日本政府が戦争被害に対して、「補償」という用語の使用をいかに回避しようとするのか、その姿勢は一貫している。

二〇〇九年一月一四日、糸満市で道路掘削作業中、沖縄戦時の不発弾爆発事故が発生し、作業員二人が重軽傷を負った。それに対して、沖縄県知事、県議会などが日本政府の責任として、被害者への完全補償を求めた。しかし、空襲など戦争被害全体へ補償問題が波及することを懼(おそ)れる日本政府は、不発弾事故に対しても国の責任を認めず、「補償」の要求を退け、被害者へ「見舞金」を支払うことに固執し、いち早く、「見舞金基金」を創設した。そして、同年五月一二日の閣議で、被害者へ七五〇万円の「見舞金」を支払うことを決めた。その金額も「自然災害による人的被害に対する見舞金」に準じたという（二〇〇九年二月九日、二月一〇日付『琉球新報』）。

一九五二年四月、援護法の制定前、公聴会や国会論議において政府以外のすべての人たちが「援護法」ではなく「補償法」にすべきことを異口同音で政府に迫っていた。とくに日本遺族会の前身「日本遺族厚生連盟」の代表などの強い要求を受け、一九五二（昭和二七）年四月三日の援護法案審議の厚生委員会で、政府与党自由党の修正意見として、「国家補償の精神に基づいて」という文言を挿入したのが、遺族年金を「補償金」と誤解させている、と断言できる。衆議院で自由党代表の高橋（等）委員が次のように発言している（第十三回国会衆議院厚生委員会会議録第二十号（昭和二十七年四月三日）一頁）。

その修正のおもなる点をまず申し上げますと、政府の提案理由の説明にもありますように、本法、国家補償の精神に基いて援護を行うものとするということであります。戦争行為を強制せられまして、そうして犠牲を受けました人々に対しましては、国家は補償をなす責任があるのであります。従いまして、本法の目的、すなわち第一條に、国家補償の精神に基き援護をなすことを目的とすると「国家補償の精神に基き」ということを加えまして、本案の目的をはっきりさせたいと考えます。
　これが第一の修正点であります。

上記引用者の下線部分では、援護法が強制による戦争行為の犠牲者に、政府が責任を取るために国家補償をする、と読める言葉を述べつつ、「国家補償の精神に基き」という言葉と、「国家は補償をなす」を含めると、この短い引用で四回も使用している。その後の援護法の適用にあたって、「遺族年金」「見舞金」「弔慰金」「遺族給与金」などという言葉を使用しており、遺族が強く求めていた「補償」という言葉は、絶対に使わないにもかかわらず、あたかも遺族・国民に「国家補償」しているように思わせるが如く誘導していることが、この発言でも明らかである。

この結果、政府与党のいう「援護」を、遺族・国民が「補償」と受け止めてしまう誤解は、援護法が沖縄の一般住民にも適用が拡大されていくなかで、如実に示されていった。

しかし、沖縄県遺族連合会編『還らぬ人とともに』(同書、九五〜九七頁)によると、「全戦争犠牲者の補償要求運動起こる」という見出しで一九六〇年六月一八日、戦闘参加者の処理業務を直接扱っている厚生省引揚援護局援護課担当事務官が沖縄を訪れた機会に、「未処理解決促進遺族大会」を開催している。そこで、「全戦争犠牲者に対する援護補償要求」とい

連合赤軍　遺族への手紙

遠山幸子・江刺昭子 編　四六判並製 311 頁
2500 円＋税
24 年 8 月刊　ISBN 978-4-7554-0348-4

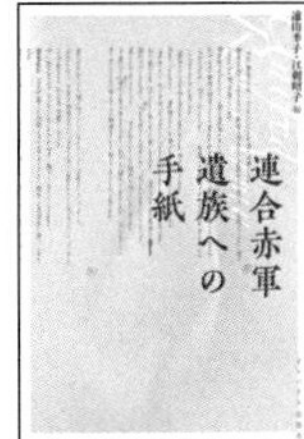

半世紀を経て発見された歴史的書簡集。娘を殺された母の激しい怒りに直面し被告たちは事件を見つめ直し、遺族たちに向き合う。永田洋子、森恒夫、植垣康博、吉野雅邦ら連合赤軍事件の多くの被告たちからの事件直後の肉声。

私だったかもしれない
ある赤軍派女性兵士の 25 年

江刺昭子 著　四六判並製 313 頁　2000 円＋税
22 年 5 月刊　ISBN 978-4-7554-0319-4

1972 年１月、極寒の山岳ベースで総括死させられた遠山美枝子。彼女はなぜ非業の死を遂げなければならなかったのか。当時の赤軍派メンバーや、重信房子らを取材し、これまでの遠山美枝子像を書き換える。【好評２刷】

亡命市民の日本風景

山端伸英 著　四六判並製 320 頁 2800 円＋税
24 年 3 月刊　ISBN 978-4-7554-0346-0

メキシコに暮らす著者が、国境の深みから現代日本の社会と思想を照射する。第１章　平和主義の再構築へ／第２章　日本のイメージ／第３章　国籍について／第４章　大学解体のあと／第５章　時間と空間の交差の中で／第６章　闇の音

カマル
森を歩き、言葉が紡いだ物語

新里孝和 著　四六判上製 342 頁　1800 円＋税
24 年 10 月刊　ISBN 978-4-7554-0350-7

カマルはアラビヤ語で月を表す。かつて人々は、陰暦を用いて自然の中で生きてきた。この作品は、少女「カマル」を主人公にして、人びとのくらし繋がる自然や、森や生きとし生けるものの生や死の様を魂（まぶい）の容（かたち）に著した物語。著者は、沖縄の森林研究第一人者。

インパクト出版会

新刊案内 2024 晩秋

113-0033　東京都文京区本郷 2-5-11 服部ビル 2F
☎ 03-3818-7576　FAX03-3818-8676
E-mail : impact @ jca.apc.org
HP　https://impact-shuppankai.com/
郵便振替 00110-9-83148

2024 年 11 月 10 日号

全国書店・大学生協書籍部・ウェブ書店よりご注文できます

「いくさ世」の非戦論
ウクライナ×パレスチナ×沖縄が交差する世界

佐藤幸男［編］　Ａ５判並製　３５１頁　２５００円＋税

戦争をしない、させない。人を殺さない、武器をとらない。戦争に対峙する精神を再考し、歴史の苦悶を「現在」の閉塞状況に接続させながら、植民地主義暴力を衝く思想を！　板垣雄三／佐藤幸男／小倉利丸／豊下楢彦／親川裕子／星野英一／松島泰勝／上地聡子／野口真広／小松寛／石珠熙

24年10月刊　ISBN 978-4-7554-0352-1

袴田さん再審判決・死刑廃止へ
年報・死刑廃止２０２４

年報・死刑廃止編集委員会［編］　Ａ５判並製　２３５頁　２３００円＋税

９月26日、静岡地裁で袴田事件再審判決公判があり、袴田巌さんは完全無罪判決を勝ち取った。無実を叫びながら48年獄に囚われ精神を病み、２０１４年に再審開始決定が出て釈放されたが検察の抗告で裁判が始まったのは昨年秋だ。袴田さんは88歳。酷すぎるこの国の再審法と死刑制度を考える。

24年10月刊　ISBN 978-4-7554-0353-8

追悼・田中美津

かけがえのない、大したことのない私

田中美津 著　24年5月増刷出来【好評4刷】
四六判並製 356頁　1800円＋税
ISBN 978-4-7554-0158-9

名著『いのちの女たちへ』を超える田中美津の肉声ここに！田中美津を知ると元気と勇気がわいてくる。解説・鈴城雅文

［目次］1章・火を必要とする者は、手で掴む／2章・身心快楽の道を行く／3章・花も嵐も踏み越えて／4章・馬にニンジン、人には慰め／5章・〈リブという革命〉がひらいたもの／6章・啓蒙より共感、怒りより笑い　ミューズカル〈おんなの解放〉

土地の力が生んだ珠玉の作品集

大城貞俊未発表作品集

23年10-11月刊　各2000円＋税

第一巻　遠い空

四六判並製 416頁　ISBN 978-4-7554-0337-8
遠い空／二つの祖国／カラス（鳥）／やちひめ／十六日／北京にて
解説・小嶋洋輔

第二巻　逆愛

四六判並製 404頁　ISBN 978-4-7554-0338-5
逆愛／オサムちゃんとトカトントン／ラブレター／樹の声／石焼き芋売りの声／父の置き土産
解説・柳井貴士

第三巻　私に似た人

四六判並製 442頁　ISBN 978-4-7554-0339-2
私に似た人／夢のかけら／ベンチ／幸せになってはいけない／歯を抜く／東平安名岬／砂男
解説・鈴木智之

第四巻　にんげんだから

四六判並製 416頁　ISBN 978-4-7554-0340-8
第Ⅰ部　朗読劇　にんげんだから／いのち—沖縄戦七十七年　第Ⅱ部　戯曲　山のサバニ／じんじん〜椎の川から／でいご村から／海の太陽／一条の光を求めて／フィティングルーム／とびら
解説・田場裕規

明日は生きてないかもしれない……という自由

田中美津 著　四六判並製 243頁
1800円＋税　19年11月刊
ISBN 978-4-7554-0293-7

「田中美津は〈人を自由にする力〉を放射している」（竹信三恵子）。【好評2刷】

越えられなかった海峡

女性飛行士・朴敬元（パクキョンウォン）**の生涯**

加納実紀代 著 池川玲子 解説
四六判並製 326頁 3000円＋税
23年6月刊　ISBN 978-4-7554-0334-7

1933年8月伊豆半島で墜死した朝鮮人女性飛行士・朴敬元。民族・女性差別の中で自由を求め、自己実現を希求した朴敬元に想いを重ね、綿密な調査の元に彼女の生涯を描き切る。解説・池川玲子、加納実紀代年譜

Basic沖縄戦　沈黙に向き合う

石原昌家 著　B5判変形並製 248頁
2800円＋税
23年8月刊　ISBN 978-4-7554-0331-6

沖縄戦の次世代への継承をテーマにした「琉球新報」連載に大幅加筆。ガマの暗闇体験、平和の礎、沖縄県平和祈念資料館、教科書問題、歴史修正主義などについて第一線の沖縄戦研究者が解き明かす書。【好評2刷】

広島　爆心都市からあいだの都市へ

「ジェンダー×植民地主義交差点としてのヒロシマ」連続講座論考集

高雄きくえ 編　A5判上製 429頁　3000円＋税
22年11月刊　ISBN 978-4-7554-0326-2

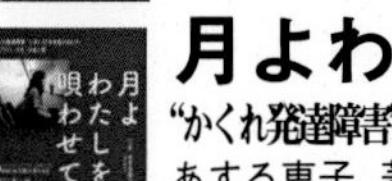

月よわたしを唄わせて

"かくれ発達障害"と共に37年を駆け抜けた「うたうたい のえ」の生と死

あする恵子　著　A5判並製 583頁　3500円＋税
22年11月刊　ISBN 978-4-7554-0325-5

新装改訂版　沖縄戦場の記憶と「慰安所」

洪 玧伸 ほんゆんしん 著　A5判上製 503頁　3800円＋税
22年10月刊　ISBN 978-4-7554-0323-1

土地の記憶に対峙する文学の力
又吉栄喜をどう読むか

大城貞俊 著　四六判並製 307 頁 2300 円＋税
23 年 11 月刊　ISBN 978-4-7554-0341-5

又吉栄喜の描く作品世界は、沖縄の混沌とした状況を描きながらも希望を手放さず、再生する命を愛おしむ。広い心の振幅を持ち、比喩とユーモア、寓喩と諧謔をも随所に織り交ぜながら展開する。

琉球をめぐる十九世紀国際関係史
ペリー来航・米琉コンパクト、琉球処分・分島改約交渉

山城智史 著　A5 判上製 351 頁 3000 円＋税
24 年 2 月刊　ISBN 978-4-7554-0344-6

一八五四年にペリーが琉球と締結した compact の締結までの交渉過程を明らかにし、米国からみた琉球＝「Lew Chew」の姿を実証的に解明。日本・清朝・米国の三ヶ国が抱える条約交渉が琉球処分と連動し、琉球の運命を翻弄する。

3・11 後を生き抜く力声を持て
増補新版

神田香織 著　四六判上製 311 頁 2000 円＋税
23 年 11 月刊　ISBN 978-4-7554-0342-2

世の中はあきれ果てることばかり。でも、あきれ果ててもあきらめない。つぶやきを声に、声を行動に移しましょう。訴えは明るく楽しくしつっこく。神田香織が指南します。増補『はだしのゲン』削除にもの申す」

摂食障害とアルコール依存症を孤独・自傷から見る

鶴見俊輔と上野博正のこだまする精神医療

大河原昌夫 著　四六判並製 378 頁 2300 円＋税
23 年 11 月刊　ISBN 978-4-7554-0343-9

摂食障害と薬物・アルコール依存は家族と社会の葛藤をどのように写しているのか。恩師と仰いだ二人の哲学者、精神科医の語りを反芻しながら臨床風景を語る。

サハラの水　正田昭作品集

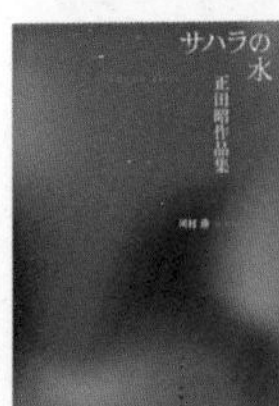

正田昭 著・川村湊 編 A5 判上製 299 頁
3000 円＋税 23 年 8 月刊
ISBN 978-4-7554-0335-4

「死刑囚の表現展」の原点！代表作「サハラの水」と全小説、執行直前の日記「夜の記録」を収載。長らく絶版だった代表作の復刊。推薦＝青木理「独房と砂漠。生と死。両極を往還して紡がれる本作は、安易な先入観を覆す孤高の文学である」。

昭和のフィルムカメラ盛衰記

菅原博 著・こうの史代 カバー絵
B5 判並製 123 頁　2500 円＋税
24 年 3 月刊　ISBN 978-4-7554-0347-7

安いけれどすぐに故障するという日本のカメラの悪評を、精度向上とアフターサービスで克服し、カメラ大国を作り上げた先人たちの努力の一端とフィルムカメラの発展過程を描く。

レッドデータカメラズ

昭和のフィルムカメラ盛衰記

春日十八郎 著 こうの史代 カバー絵
B5 判並製 143 頁　2500 円＋税
22 年 7 月刊　ISBN 978-4-7554-0322-4

デジタルカメラに押されて絶滅危惧種となったフィルムカメラ。3500 台のカメラを収集した著者がタロン、サモカ、岡田光学精機、ローヤル、ビューティ、コーワ（カロ）など今は亡きカメラ会社の全機種をカラーで紹介する。

ペルーから日本へのデカセギ 30年史
Peruanos en Japón, pasado y presente

ハイメ・タカシ・タカハシ、 エドゥアルド・アサト、樋口直人 、小波津ホセ、オチャンテ・村井・ロサ・メルセデス、稲葉奈々子、オチャンテ・カルロス 著
A5 判並製 352 頁 3200 円＋税
24 年 2 月刊　ISBN 978-4-7554-0345-3

80 年代日本のバブル期に労働者として呼び寄せられた日系ペルー人。30 年が経過し、栃木、東海 3 県、静岡、沖縄など各地に根づいたペルーコミュニティの中から生まれた初のペルー移民史。スペイン語版も収録。

うタイトルで、決議を行っている。その中に、「満一四歳未満及び満七五歳以上の地上戦闘における死没者」「昭和一九年一〇月一〇日以後昭和二〇年四月一日以前における戦争犠牲者」などを要求項目としてあげている。

つまり、一九六〇年時点で、沖縄遺族連合会は、年齢の区別なく、しかも、米軍による一九四四年の「十・十空襲」から四五年四月一日の沖縄本島上陸前までの空襲などの被害者すべてに対する補償を要求しているのである。ここでとくに注目すべきは、これまで沖縄の一般住民が援護法の適用をうける際には、「国と雇用類似の関係」で戦闘参加者の身分を取得し、準軍属扱いされてきた次元を超越して、「沖縄戦の真実」に即して、日本政府へ被害補償を求める、本来の考え方が内包されていることである。

つまり、沖縄遺族連合会は、東京大空襲の被害者の訴えと同じように空襲等の被害の補償要求を行っていたのである。それはまさに、援護法に対して、一九五二年三月の公聴会で日本の遺族会代表が要求していた「補償法」という認識に通底しているともいえる。さもなくば、これらの「犠牲者の補償については今日までなんら講じられていないという事実は甚だ遺憾とするところである。われわれはもはや黙視出来得ない人道問題として、茲に未処理解決促進遺族大会を開催し、かれら戦争のための死没者の補償措置を早急に講ずるよう要求する」という強い主張ができるはずがないからである。

東京大空襲の被害賠償訴訟から遡ること四七年前、すなわち戦後一五年目に、援護法を足がかりに沖縄遺族連合会が日本政府に対して行った要求は、沸騰点にまで達していたのだ。

2　あくまで国主導だった戦闘参加者という身分付与

援護法が非戦闘員の住民に適用拡大されていった事実が全国的に知られるにつれて、沖縄戦体験の捏造が日本政府だけでなく、沖縄からの要請によって行われた部分もあるという言説が強まっている。実をいえば、テレビ報道を観て、それに対する耐えがたい憤りが、旧著出版の直接的契機になった。

その点について、本書を注意深く読んでいただいた読者には蛇足になると思うが、改めて確認しておきたい。

まず、戦闘参加者概況表のそれぞれの項目の概況の内容のすべてについて、沖縄の遺族会や琉球政府の職員から日本政府厚生省役人が聴き取りした内容であることは当然である。つまり、戦闘参加者概況表の作成は、琉球政府側による情報にもとづいたものであることは論をまたない。要は、受理するか否かを審査する日本政府厚生省の審査課に受理されるように戦闘参加の申立書を、各市町村窓口、琉球政府援護課が日本政府厚生省へ送付していた、ということを改めて確認しておきたい。

最も確認しておかなければならないのは、琉球政府や遺家族にとって、すべての戦争被害者に適用を拡大してほしいという「被害補償」を求める気持ちが根底にあったことである。したがって、その適用範囲を拡大してほしいというのが琉球政府・遺家族の共通の願いだった。このことについては、次の新聞記事が最もよく伝えていると思える。『沖縄タイムス』（一九五七年二月一四日付夕刊）は、《援護課／戦闘協力者は四万［人］か／適用範囲、拡大したい》という見出しをつけて報じた。

日本政府の援護法によって旧軍人軍属以外の一般人で戦闘に協力して死亡したものに対して三万円（日本円）の弔慰金が支給されることになっているので、社会局援護課では各市町村に遺族からの申し立てをさせて、その調査を行っている。戦争協力者の範囲についてはは今のところまだはっきりした線はなく、三月上旬頃、厚生省から調査員が来島して現地調査をし、検討することになっている。

戦闘協力者を規定した法律は現在戦傷病者、戦没者遺族等援護法の三十四条に、旧国家総動員法（旧南洋諸島に於ける国家総動員に関する件と旧関東国家総動員法を含む）により徴用されたもの、または軍の要請に基いて戦闘に参加したものとあるだけで、具体的なはっきりした線は出されていない。援護課では厚生省の調査員とは別個にある程度の線をだし、厚生省に決めて貰うが、出来るだけ範囲を広げていきたいといっている。例えば軍のすすめで自決したものなども当然戦争協力者とみて救いたいといっており、この線では大体四万名の戦闘協力者がいるとみているが、この弔慰金は〔戦死〕公報の発行を待たずに請求できるので該当者はその半分の二万名とみても二億B円が入ることになる。

［来間援護課長の話］どの程度支給されるか厚生省の線が出ないと分からないが、こちらとしては出来る限り範囲を広げていきたい。

戦争の実態を知る琉球政府・遺家族が、日本政府厚生省役人にそれを伝えることによって、厚生省の判断を待つという構図は、このような新聞報道によって住民の共通認識になっていたはずだ。

戦闘参加者という身分は日本政府が付与するのだということを明記しておかないと、二〇ケースの項目については琉球政府と「調整」したなどという日本政府の見解をもって、あたかも日本政府と琉球政府が対等の立場にあったかのような誤解が生じかねない。被害住民に援護法を適用していくことが被害者ではなく軍人と同様な立場に立たせることにつながっている事実に着目しなければならない。

沖縄県生活福祉部援護課『沖縄援護のあゆみ――沖縄戦終結五〇周年記念』（沖縄県生活福祉部援護課発行）の一三頁には、「戦闘参加についての申立書」の申請の流れが以下のようにまとめられている。その②にある「沖縄の市町村の審査」というのは、私自身、近所の遺家族の依頼で申立書申請を手伝った経験でいうと、それは日本政府厚生省の意向に沿うものかを判断するということだった。「沖縄体験の真実」に基づいた私が代書した申請書は、当然却下された。そして④でもって、日本政府が戦闘参加者という身分を付与している点を改めて確認しておきたい。

①遺族から「戦斗参加申立書」を市町村役場に提出する。

②市町村は申立書を審査して、戸籍照合のうえ義勇隊、直接戦斗、弾薬、食糧、患者等の輸送、陣地構築、炊事等雑役、食糧供出、壕の提供等を書き入れ、これに戦斗参加概況書を添付し、連名簿を四部作成して援護課に送付する。

③援護ではこれを審査して事実認証の上、厚生省未帰還調査部、海軍は佐世保地方復員部に進達する。

④厚生省未帰還調査部、又は佐世保地方復員部ではこれを審査の上、連名簿に該当、非

該当の印を押して、援護課に返信する。
⑤援護課では諸帳簿を整理して、連名簿を市町村に送付する。
⑥市町村からこれによって、該当遺族に通知して弔慰金の請求手続きをさせる。

この手続きを経て、当初は三万円（日円）の弔慰金が支給されていたが、一九五九（昭和三四）年からは遺族給与金（戦闘参加者）、障害年金が支給されるようになった。

以上の引用では、琉球政府が靖国神社合祀の作業に相当な事務作業を強いられていた事実については、まったく触れられていない。担当部署が異なるからあえて取り上げないことにしていると思われる。

本書では、国主導で行われてきた靖国神社合祀が憲法上、大問題であろうことは知っていても、私は専門外なので真正面から取り扱うことはしていない。

［第六章］援護法と靖国神社合祀——報道と資料

ふたたび靖国合祀か

「沖縄戦の真実」を記録・解明し、沖縄社会での沖縄戦認識の共有を図るためのフィールドワークが一九七〇年代前後からさまざまな分野で始まり、研究者が離島・山村・農漁村の家々を訪問して、古老や現役の生活者を対象とする聴き取り調査を実施するようになった。私もその一人である。調査のなかで印象に残っているのは、訪問先（インフォーマント）の家の欄間などに靖国神社の写真と昭和天皇・皇后の写真が額縁入りで飾られていたことだ。当時はとりたてて意識することもなく、ごく自然な家庭風景とみなしていた。研究仲間のあいだでも、額縁入りの天皇・皇后と靖国神社の写真はどこの集落を巡ってもよく見かける光景だとしてそれ以上、日常会話の域を越える話題にはならなかった。それら写真がどのような経緯で掲げられるようになったのか、誰も詮索しようとはしなかったのである。

ここで前章までの記述を少し振り返ってみたい。援護法と靖国神社合祀に関する研究は一九九五年八月、沖縄県公文書館が開館して、そこに所蔵されている琉球政府文書やその関連資料に接することができるようになり、扉が開かれた。そして十数年後、二〇〇八年三月一九日、五名の原告による日本政府と靖国神社を被告とする沖縄靖国神社合祀取消裁判を迎える。これまでの研究の深化とともに、この合祀取消裁判の過程でその準備段階から係わり、原告側の専門家証人として法廷に立つよう依頼された私自身にとっても、この裁判が、援護法の適用拡大のために被害住民が靖国神社に合祀されていったプロセスに関する知識と沖縄戦認識を深める結果をもたらした。

安倍自公政権が二〇一五年九月一九日に強行採決した戦争法（安保関連法制）は二〇一六年三月二九日に施行された。この日から、もしも戦後世代初の戦死者がでたら、援護法と連動した手順で靖国神社が戦死者を祭神として祀るかもしれないという問題が現実性を帯びてきた、実際、靖国神社合祀は国民の多くが知らないうちに行われているし、沖縄では、援護法の適用対象を六歳未満児にまで拡大した一九八〇年代以降も合祀は続行されているようなので、その意味でも、援護法と靖国神社合祀の密接な関係を理解しておく必要がある。

本章では援護法と連動した合祀のプロセスを資料に基づいて明らかにする。

一、沖縄の遺族会による靖国神社初参拝——一九五三年

——米軍政下の靖国神社崇拝

一九四五（昭和二〇）年一〇月二四日、ＧＨＱ（連合軍総司令部）は「恩給及び手当に関する覚書」を発表した。それをうけて日本政府は翌四六年二月一日、勅令第六八号を公布し、その時点で旧軍人恩給法が廃止され、戦没者遺族に対する公務扶助料の支払いがストップした。日本の戦争死没者遺族はそのため、戦後の食糧不足やインフレなどによる経済的困窮の波を一気にかぶった。そうした状況に対処するために、遺族は一九四六年の年明けから「戦争犠牲者遺族同盟」結成の準備を進め、六月九日に東京の京橋公会堂で結成大会を開いた。そして直ちに政府関係各機関への陳情活動を開始した。これが援護法制定へ向けた遺族の運動の第一歩である。しかし同時に、大会に参加した遺族の一部は、「靖国神社へトラック分乗行進も行った。その頃、これとは別に靖国神社嘱託、大谷藤之助氏が各地方を巡歴、地方の遺族に組織結成を勧奨したこともあった」（注１）。

一九四七年五月九～一〇日、戦争犠牲者遺族同盟の第二回会議が開催された。会議では、「戦没者の死を意義あらしめよ」とか「戦没者遺族に補償の方途を講じる」ことが強く求められ、各都道府県でそれ以後、戦没者遺族の全国組織結成の機運が広がった。さらに同年七月一三

日にも、遺族会結成準備会が全国三三都道府県の遺族代表を集めて開催され、皇居に参上して天皇・皇后や皇太子に「拝謁」している。

沖縄県遺族連合会編『還らぬ人とともに』によると、以上のように、戦没者遺族の生活補償を求める運動は出発時点から靖国神社と深く係わっていた。

戦後、米軍圧政下の沖縄では、米軍政を「異民族支配」と表現していた。その支配脱却の旗印は「母国復帰」「祖国復帰」であり、住民には日本への強い憧れがあった。しかし、なかには陰で、旧日本兵を「ジャパニー」と呼んで反発を隠さない人もいた。住民一般にはこうした感情が交錯していたのが実情と思われる。

日の丸掲揚が米軍によって禁止されていた時代に突然、ある建物に日の丸が毎日掲揚されることになった。ある建物とは、日本政府出先機関の「那覇日本政府南方連絡事務所」である。日本の影響を排し、米軍基地を自由かつ無制限に使用したい米国は沖縄住民を「非日本人」として扱う占領政策をとってきた（注2）。その一方で、米国は旧日本軍人への恩給法に代わる援護法の沖縄への適用には理解を示し、既述のとおり一九五三年に援護業務が開始された。日の丸が掲揚された建物は、その援護業務を第一の目的とした日本政府の出先事務所だった。

同年八月三一日、第一回遺族年金・弔慰金・障害年金証書が、日本政府の引揚援護庁次長

から琉球政府比嘉秀平主席に手渡された（注3）。初代行政主席比嘉秀平は民選ではなく米軍に任命された主席である。それから一か月余経った一〇月一四日、戦後初めて「靖国神社参拝団」（以下、「参拝団」）が沖縄から出発した。本土―沖縄間の自由往来は米軍によって厳しくチェックされていた時代だったが、沖縄の戦争遺家族の靖国神社参拝は認められたのである。以後沖縄から毎年、春季例大祭と秋季例大祭の靖国参拝が挙行された。

日本が独立してから三年以上経った一九五五年六月、沖縄の遺族代表が初めて国会で参考人として発言した。靖国神社に男女中等学校生徒犠牲者の合祀を要請した五五年以降は、さらに夏季にも参拝団が組織された。参拝団のメンバーは、沖縄遺族連合会（一九五四年七月三一日改称）が遺家族の中から選抜した。その渡航費用は、日本政府厚生省からの補助金と参加者の自費負担でまかなわれた。日本政府からの補助金はすべて、琉球政府を迂回して直接支給された。琉球政府は「諸団体に対する補助金交付に関する書類」を一九五三年度分から永久保存していたので（現在は沖縄県公文書館が所蔵）、いまでもその詳細を知ることができる。

ところで、沖縄の遺族会は参拝団の渡航にあたって、次のように行動した。一九五三年七月七日から八月二〇日まで琉球遺族連合会の山城善三事務局長が沖縄への援護法適用申請のために上京した折に、靖国神社を訪問して参拝団関連の打ち合わせをするとともに、八月六日に昇殿参拝したという。それが沖縄の遺族会の靖国神社初参拝と言われている。

以上のように、援護法が沖縄に適用されると、戦前同様、靖国神社参拝が復活した。そして一九六〇年代に入ると、参拝団参加者は一挙に一〇〇名を超えた。それは、沖縄戦犠牲者としての老幼婦女子に戦闘参加者という身分が付与されて靖国神社に合祀され、遺族給与金

靖国神社参拝者数

回	年月	人員	回	年月	人員
1	1953年 10月	14	40	1967年 10月	76
2	54年 4月	21	41	68年 4月	120
3	10月	55	42	8月	31
4	55年 4月	42	43	10月	58
5	10月	56	44	69年 4月	121
6	56年 4月	47	45	8月	33
7	10月	48	46	10月	62
8	57年 4月	56	47	70年 4月	148
9	7月	64	48	8月	114
10	10月	47	49	10月	45
11	58年 4月	63	50	71年 4月	88
12	7月	88	51	8月	35
13	10月	43	52	10月	38
14	59年 4月	96	53	72年 4月	79
15	7月	60	54	8月	45
16	10月	53	55	10月	61
17	60年 4月	102	56	73年 4月	70
18	7月	101	57	8月	103
19	10月	94	58	10月	44
20	61年 4月	127	59	74年 4月	85
21	8月	71	60	8月	112
22	10月	91	61	10月	44
23	62年 4月	160	62	75年 4月	73
24	8月	57	63	8月	25
25	10月	94	64	10月	38
26	63年 4月	151	65	76年 4月	87
27	8月	88	66	8月	55
28	10月	77	67	10月	38
29	64年 4月	131	68	77年 4月	103
30	8月	57	69	8月	103
31	10月	50	70	10月	54
32	65年 4月	105	71	78年 4月	106
33	8月	56	72	8月	25
34	10月	104	73	10月	41
35	66年 4月	125	74	79年 4月	198
36	8月	42	75	8月	65
37	10月	77	76	10月	73
38	67年 4月	124	77	80年 4月	149
39	8月	57	78	10月	46

〔原典は元号表記だが引用者が西暦にした〕

などの遺族年金の受給者が増大したからである。

次に、一九五三年の第一回参拝団渡航から一九八〇年までの参加者数等をみると、参拝団渡航が沖縄の遺族会の主要な恒例行事の一つとなっていたことがわかる。前記の「靖国神社参拝者数」の表は、沖縄県遺族連合会が発刊した『沖縄の遺族会五十年史』に掲載されているものである（注4）。

二、沖縄地元紙にみる靖国神社参拝と合祀・その1――一九五七年前後

――米軍への抵抗と靖国神社合祀を志向

沖縄では一九五六年から五七年にかけて、戦後初めて島ぐるみで住民が米軍の圧政に対する抵抗運動を起こした。それは「島ぐるみ土地闘争」として拡大し、沖縄中が熱気に包まれた。この「島ぐるみ闘争」のなかから登場して、米軍への抵抗のシンボル的存在となったのが瀬長亀次郎那覇市長だった。米軍は瀬長市長に対してむき出しの力で非民主的な圧力をかけた。瀬長市長が米軍の占領行政を真っ向から批判する沖縄人民党のリーダーだったからである。米軍の政策に対して民衆は瀬長那覇市政を支えるため、一九五八年にかけて「民連ブ

ーム」と称される民主主義擁護運動を展開し、米軍に抵抗した。

一方、日本政府と靖国神社は一九五七年から五八年にかけて、沖縄出身の軍人・軍属をはじめ、老幼婦女子を相ついで合祀していった。一般住民の靖国神社合祀は、援護法の適用拡大とセットで実施されたのである。これにより「皇軍」、すなわち天皇の軍隊に直殺害されたり死に追い込まれた住民が実態とはまったく逆に、天皇のため、国のために犠牲となった「殉国死者」として讃えられることになった。

島ぐるみで米軍に抵抗する一方で、戦後一二、三年目を経た沖縄住民は、天皇・皇后の写真を大切にし、靖国神社に合祀され祭神として讃えられることにあまり疑問を持っていなかったようだ。なぜなら、民主主義国家になった戦後日本にあっても依然として米軍統治下にあった沖縄では、反米感情とともに、戦前の天皇制国家たる帝国日本に親和的感情が完全には払拭されていなかったのではないかと思われるからだ。

本節および次節では、新聞紙面をとおして、靖国神社参拝と合祀に関する社会状況の一端をみる。当時の沖縄の有力紙といえば現在同様、『沖縄タイムス』と『琉球新報』二紙。その紙面と行間から浮かび上がる当時の時代状況にタイムスリップしてみたい。

一九五七年一月一日付『沖縄タイムス』一五面に当時の社会的風潮をよく表す紙面が掲載された。標題は「初笑い兵隊みたて」。大相撲の東西に分けた星取表を模して東西を陸軍・

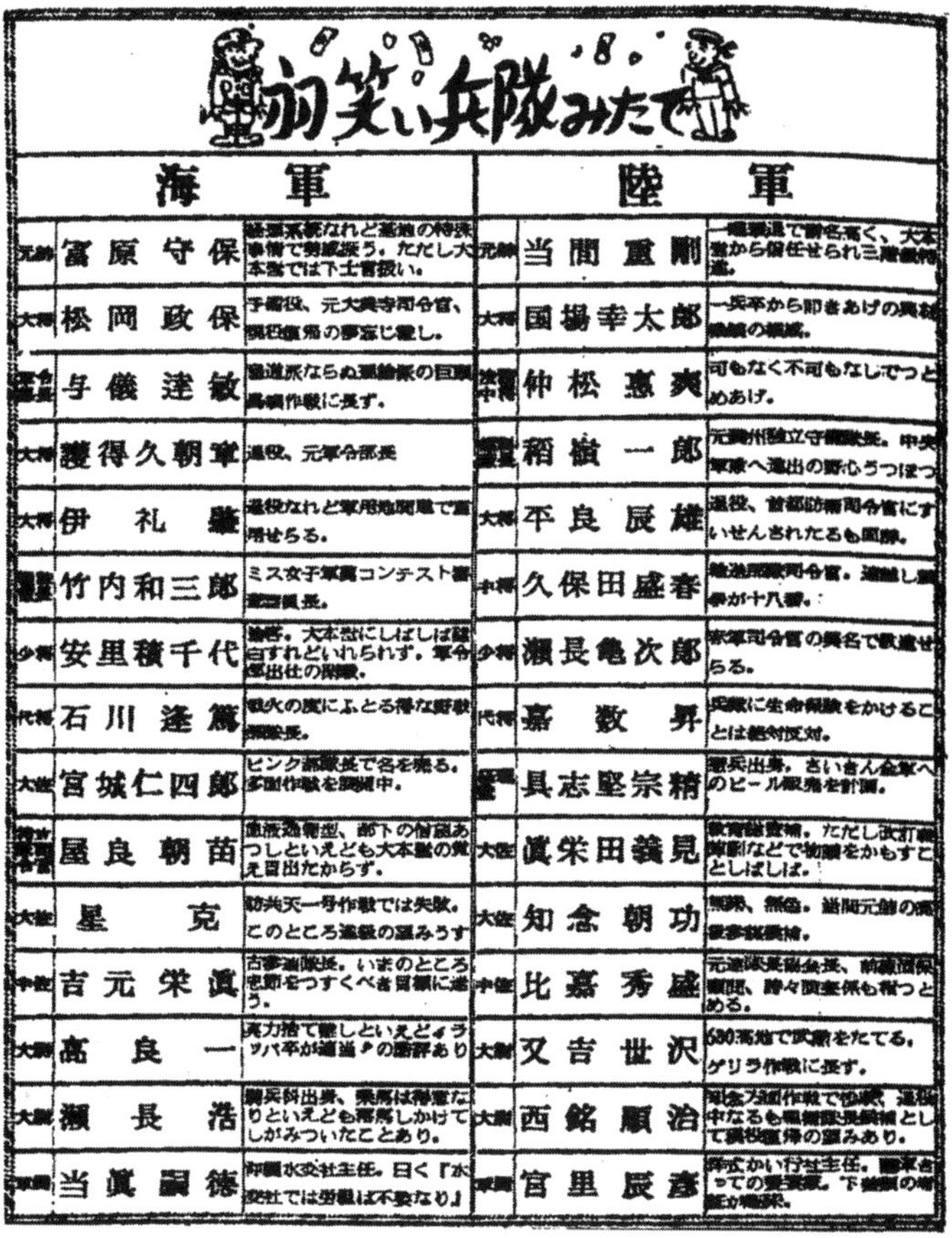

初笑い兵隊みたて

海軍			陸軍		
元帥	富原守保	経理系統なれど基地の特殊事情で勢威振う。ただし大本営では下士官扱い。	元帥	当間重剛	一種選挙で評名高く、大本営から信任せられ三階級特進。
大将	松岡政保	予備役、元大興寺司令官、現役復帰の夢忘じ難し。	大将	国場幸太郎	一兵卒から叩きあげの異数の[illegible]。
[illegible]	与儀達敏	主流派ならぬ[illegible]派の巨頭、[illegible]作戦に長ず。	[illegible]	仲松恵爽	可もなく不可もなしでつとめあげ。
大将	護得久朝章	退役、元軍令部長	[illegible]	稲嶺一郎	元満州独立守備隊長。中央軍隊へ進出の野心うつぼつ
大将	伊礼肇	退役なれど軍用地関連で重用せらる。	大将	平良辰雄	退役、首都防衛司令官にすいせんされたるも固辞。
[illegible]	竹内和三郎	ミス女子軍属コンテスト審査委員長。	中将	久保田盛春	[illegible]司令官。[illegible]が十八年。
少将	安里積千代	論客。大本営にしばしば建白すれどいれられず。軍令部出仕の[illegible]。	少将	瀬長亀次郎	米軍司令官の[illegible]で[illegible]せらる。
代将	石川逢篤	戦火の度にふとる得な野戦[illegible]隊長。	代将	嘉数昇	兵隊に生命保険をかけることは絶対反対。
大佐	宮城仁四郎	ピンク部隊長で名を売る。多面作戦を展開中。	[illegible]	具志堅宗精	憲兵出身。さいきん全軍へのビール配給を計画。
[illegible]	屋良朝苗	[illegible]型、部下の信頼あつしといえども大本営の覚え目出たからず。	大佐	眞栄田義見	教育総監補。ただし[illegible]劇などで物議をかもすことしばしば。
大佐	星克	防共天一号作戦では失敗。このところ進級の望みうす	大佐	知念朝功	無派、無色。当間元帥の[illegible]参謀補佐。
中佐	吉元栄眞	古参[illegible]隊長。いまのところ忠節をつすくべき目標に迷う。	中佐	比嘉秀盛	元[illegible]会長、前[illegible]、[illegible]もつとめる。
大尉	高良一	実力捨て難しといえどイラツバ卒が適当との評あり	大尉	又吉世沢	630高地で武勲をたてる。ゲリラ作戦に長ず。
大尉	瀬長浩	騎兵科出身、乗馬は得意なりといえども落馬しかけてしがみついたことあり。	大尉	西銘順治	[illegible]作戦で[illegible]、退役中なるも[illegible]として現役復帰の望みあり。
[illegible]	当眞嗣徳	沖縄水交社主任。曰く『水交社では階級は不要なり』	[illegible]	宮里辰彦	株式かい行社主任。[illegible]っての[illegible]。[illegible]

戦後12年目の1957年1月1日付『沖縄タイムス』（元旦号）に掲載された「初笑い兵隊みたて」。依然として戦時中の「空気」が沖縄社会から払拭されていなかったことが垣間見える。

海軍にわけ、沖縄の政財界における保守革新のオピニオンリーダーをそれぞれ横綱・大関のように元帥、大将、中将、少将、大佐、中佐、大尉、軍属などで表し、人物評を加えた風刺画だ。米軍の弾圧の矢面に立っていた瀬長亀次郎那覇市長は「陸軍少将」で「赤軍司令官の異名で敬遠せらる」との説明がある。沖縄教職員会長で島ぐるみ土地闘争のリーダーでもあった屋良朝苗氏は「海軍特攻隊司令官」で「血液過剰型、部下の信望あつしといえども大本営の覚え目出たからず」とある。

こうした記者による人物評はまさに当時の庶民感覚の表れであろう。大本営とは、ここでは米軍を意味する。戦後一二年近く経過していたものの、新聞記者はもとより一般読者にも、いまだ戦時中の軍事色が色濃く残っていたともいえる。したがって、以下にみる靖国神社関連の記事も、読者には違和感なく読めたようだ。

この「初笑い兵隊みたて」から三か月後の靖国神社例大祭の記事は、靖国神社に関する知識を社会常識として子どもたちに優しく教えていこうという啓蒙的な内容である。一九五七年四月二一日付『琉球新報』夕刊四面の「こども」欄は、ほぼ全面的に靖国神社特集だった。靖国神社というのはいかなる存在かを読者にわかりやすく説いている。いわば、それが当時の靖国神社に関する沖縄住民の共通認識を知るという意味でも貴重な戦後史料である〔旧漢字は新漢字にした〕。

きょう二十一日から四日間東京の靖国神社（やすくにじんじゃ）では春の例大祭（れいたいさい）がいとなまれますが、沖縄からも毎年、春と秋の二回の例大祭に六十名ずつ上京して、靖国神社を参拝し、国家のために殉（じゅん）じてなくなった父や子や孫と社頭の対面をします。靖国神社とは国家のためにつくし命を捧げた人たちをおまつりしてある国民の神社です。靖国神社例大祭にちなんで靖国神社についてべんきょうしてみましょう。

以上のリードのあとに、《靖国神社春の例大祭／沖縄関係将兵は二万七千四百二柱》という大見出しにつづいて、写真二葉とともに子ども向けの解説記事が掲載されている。

靖国神社にまつられている沖縄関係の軍人、軍属は昭和十六年から今年の二月までに二万七千四百二柱になっています。社会局援護課（えんごか）の話によりますと沖縄戦で戦死した軍人軍属をはじめ、沖縄出身将兵は四万五千人といわれ、その約半分が靖国神社にまつられているワケです。しかし正規の軍人や軍属のほかに沖縄戦では一般住民の防衛隊や学徒隊、看護隊などの一般住民の戦闘協力者（せんとうきょうりょくしゃ――軍の命令で戦争のために働いた人たち）で戦死した人たちがまだ四万人余り（推定）もおり、そのうちの学徒隊（健児の塔やひめゆりの塔）の一部は靖国神社へまつられましたが、残りの人たちは一人一人調べた上で、軍の命令で戦闘に協力したことがわかれば靖国神社にまつられることでしょう。靖国神社にまつられた遺族たちは毎年社会局の補助（ほじょ）を受けて春と秋に約六十名ずつ参拝にいきますが、そのうち約半分は補助金を受け、残りの人たちは自分でお金を出してでも靖国神社の前で戦死した父や子や兄や弟とあいにいきたいと申し出てくる人たちが毎年ふえてくるそうです。靖国神社の参拝は一般の参拝者と特別に許しを得て昇殿（しょうでん―拝殿に上がること）参拝をするのとありますが、あす二十一日は昇殿参拝の日です。昨年、靖国神社で春と秋の二大祭とお正月などに昇殿参拝を許されたのは三十二万名以上だったそうです。他府県代表の昇殿参拝は毎大祭に二人か三人くらいだそうですが、沖縄の靖国の遺族は全員昇殿参拝を許されています。今年の参拝者の遺族団五十八名はさる十三日あさ泊（とまり）港から那覇丸で出発しましたが、この五十八名の遺族団の中には亡くなったお父さんに逢いにいく靖国の遺児十二名も加わっております。遺児に那覇市の金城広子さん、久場つよし君、糸満町の上原その子さん、高嶺村の上原美智子さん、東風平（こちんだ）村の永安信さん、玉城村の大城秀雄君、大里村の与那嶺弘君、南風原村の中村洋子さん、コザ市の新崎初子さん、恩納（おんな）村の渡栄子さん、大宜味（おおぎみ）村の大嶺高子さんたちです。遺児の中には生れてはじめて靖国神社社頭の対面をするものもおります。また中には十三年振りに涙の対面をするお父さんやお母さんもいて毎年の例大祭のたびごとに靖国は、遺族の感激の場面が見れるものです。〔ルビを付記。以下同〕

前述につづいてさらに、中見出し《祭（まつ）られる英霊（えいれい）百四十万余柱（よばしら）明治以来国家のために死んだ人たち」》があり、その下に靖国神社の成り立ちや役割等について子ども向けにさらにやさしい解説文が載っている。

靖国神社は東京都麹町区富士見町（九段上）にあり、明治維新（めいじいしん）前後から国家のために尽して命を失った勤王の志士や、日清（今の中国）日露（今のソ連）日独（ドイツ）戦争や済南（さいなん＝中国の市の名）事変や満州、上海事変から太平洋戦争に至るまでの人たち百四十万余柱（はしら）を合し（ごうし）した神社です。この神社にまつられている人たちは軍人ばかりでなく、日本の国民で命を国家のために捧げた人たちの英霊をおまつりして国家の守り神として国民があがめ奉（たてまつ）っている国民のお社（やしろ）です。明治元年（西暦一八六八年―八十九年前）六月ペルリが日本に来島する前後からあと、国のために死んだ志士の英霊をまつる招魂祭（しょうこんさい）を江戸（今の宮城）大広間で、また同年七月には京都東山の河東練兵場で営（いとな）まれましたが、明治二年、明治天皇は現在地に東京招魂社を造営（ぞうえい）して、天皇さまのご名代（みょうだい＝代理）を立ててご参拝になりました。それ以来靖国神社は国家の守り神として国民が参拝するようになり、政府でも毎年春（四月）と秋（十月）に例大祭を営むようになりました。戦前までは国家の費用で靖国神社のすべてのおまつりをしていましたが、今では国の費用ではなく、神社の手で毎年春と秋の二回今まで通りの例大祭が営まれています。靖国神社には戦前昭和十二年までに十二万余柱の英霊がまつられ、太平洋戦争がはじまった昭和十六年から〔敗戦後の〕昭和三十二年四月までに百三十万余柱がまつられています。今度の戦争で戦病死をした将兵は約二百万人といわれていますが、靖国神社では毎年春と秋の二回の大祭で二十万柱を合祭し、昭和三十四年春の大祭までに四十万柱の英霊をまつる計画だといいますから、靖国神社にまつられる国家のために命を失った国民は二百万柱近くなるわけですね。

『琉球新報』では、子ども向けの記事のあとに、記者が同行取材した春季例大祭の記事が載った。一九五七年四月二十三日付『琉球新報』夕刊三面には《靖国大祭／嗚咽（おえつ）の中に涙の対面／トップ切って昇殿／沖縄遺族団》の見出しが躍り、当時の模様が感情たっぷりに再現されている。

［東京総局発］靖国神社の例大祭は、二十一日二十二万五千四百柱の霊璽（れいじ）奉安祭（親しい霊の合祭）にひきつづき、二十二日の当日祭は、そぼ降る雨の中、朝九時天皇陛下のお使い、酒井忠雄氏がおまいり、遺族団の昇殿がはじまった。沖縄遺族団五十八名は、午前十時半、奉賛（ほうさん）会各県二名ずつの遺族代表の昇殿にひきつづき、各県遺族の先頭をきつて昇殿、涙の参拝を行った。拝殿で二礼二拍のカシワ手もいつしか胸中にきわまる感激にうちふるえ、こうべをたれてたたずむ殿中は、嗚咽（おえつ）がみなぎるばかり、この光景に神社側は遠来の遺族に心ゆくばかりの対面をとげさせようと、降殿も促さず、しばし、咽（ママ）の鳴殿中となった。靖国神社筑波（つくば）宮司は、沖縄遺族団に湯茶を接待、海を越えてきた傷心をなぐさめ、靖国会館前で記念撮影、昼食ののち、午後一時から宮城（きゅうじょう）参観にむかった。一行は、二十三日午前十時天皇陛下のご参拝を迎えたのち、午後九時東京発大阪行〝銀河〟で関西にむかった。なお、今度の遺族団にたいしては、さきに沖縄の戦跡をおとずれた戦跡巡拝遺族団から金一封、東京遺族団から記念品などが贈られた。また、南方同ほう援護会からは吉田嗣延事務局長、千葉一正業務課長が出席、記念の花びんが贈られ、座談会

が開かれた。

この記事から一年後の春季例大祭に参列した人物の日記が二〇一六年、沖縄県公文書館で公開された。その日記には、新聞記者の表現とまったく同じ部分があるので、照合して読むと興味深い。その人物とは、島ぐるみ土地闘争のリーダー的存在のひとりだった屋良朝苗沖縄教職員会長である。屋良氏は当時、沖縄靖国神社奉賛会の理事でもあり、一〇年後には日本・沖縄を二分するほどの選挙戦となった主席公選で、最初で最後の革新主席となった。そして、「日本復帰」後には初代沖縄県知事になった沖縄革新の顔そのものであった。この屋良朝苗日記には、「一九五八年三月廿一日（金）晴　春分の日。十時頃　昭子　朝樹が来て一所に出かける。靖国神社参拝」とあり、それから一か月後の日記は、その前年の記者の描写と酷似している。〔□は判読不可――筆者。分かち書きは原文ママ。以下同〕

四月廿二日（火）晴　七時□□　靖国神社大祭に遺族団と共に列席す　八時九段に行った時には既に皆出席　神社に行って控え間で一所になる。
十時前から大祭執行　遺族はおえつしていた　昇殿参拝を許され沖縄だけは何から何まで特別待遇　本殿で参拝もする。いたって庶民的だ　変わったことはない　神社も概して質素だ。北白川さんが代表参拝　式後小泉信三氏の挨拶□□　例祭記念の盃や菓子接待いただく。宮司を中心に写真をとり　なお宮司より茶菓の接待あり。接待を受けた室屋は天皇皇后の休まれる室屋なるか　宮司の意ある所をくんでもらいたいと挨拶して居た。後で岩重事務総長から挨拶があった。（後略）

屋良日記の三月二一日は、沖縄教職員会の活動として上京した折に靖国神社を参拝したようだが、それから一か月後の四月二二日は、沖縄靖国神社奉賛会の理事として参拝団に加わっていたということであろう。「沖縄は何から何まで特別待遇」という記述にも注目しておきたい。

四月二三日付『琉球新報』は前日の靖国参拝記事との関連で、東京の沖縄戦跡巡拝団が《〝沖縄の恩が忘れられぬ〟沖縄遺族団に愛の奉仕》という見出しで、「いたわり、信頼、慕い合う誠実な遺族たちの心の交り」と、熱い交流が行われた記事も載せている。

また、一九五七年八月八日付『沖縄タイムス』夕刊四面に四月二三日付『琉球新報』の記事を彷彿させる写真が掲載された。そこには、《靖国参拝の遺族団》という見出しで、「写真画報＝東京＝」として写真五葉が載っている。一枚目の写真キャプションは「遺族団一行は二十九日に昇殿参拝、参拝後、とくに陛下の御休憩所となっている部屋に案内され、そこで宮司から茶菓の接待もうけた。写真は九段下の宿舎から参拝へ向かうところ、向こうに見えるのが〝一の鳥居〟」とある。春季例大祭と同様、夏に訪れる沖縄からの「靖国参拝の遺族団」に対しても、神社が特別待遇をしていたことを伝えていた。

三、沖縄地元紙にみる靖国神社参拝と合祀・その2――一九五八年
――靖国神社合祀下の平和志向と皇国史観

一九五八年は、靖国神社と沖縄との関係にとって画期的ともいえる特別な年になった。きっかけは全国行脚して靖国神社への合祀を働きかけている北白川祥子(きたしらかわさちこ)靖国神社奉賛会長の沖縄訪問だった。まず、年明け早々の五八年一月七日付『琉球新報』三面には《全琉戦没者慰霊祭／日本代表の顔ぶれ決る》の見出しにつづいて、大々的に行われることになった「全琉戦没者慰霊祭」の内容が以下のように載っている〔北白川祥子（一九一六～二〇一五年）は、戦後の一九四七年に皇籍離脱となるが、北白川宮家を支えた人物で、皇太后宮女官長として香淳皇后に長く仕えた〕。

> 琉球政府と日本政府（那覇日本政府南方連絡事務所）の共催による「全琉戦没者慰霊祭」が、来る二十五日識名〔＝現・那覇市識名霊園付近〕の中央納骨堂で行われるが、この慰霊祭に日本政府代表、衆参両議院代表、日本遺族連合会代表の四名がそれぞれ列席する。全琉戦没者慰霊祭は二十五日午前十時から中央納骨堂で米日琉各界代表のもとにいとなまれるが、この慰霊祭は沖縄での全戦没者の遺骨収集終了と、中央納骨堂の完成をかねた日、琉両政府の共催で催される十三年忌最後の慰霊祭だけに意義あるものとし注目されている。〔後略〕

この記事につづいて、《北白川さんも来島／沖縄遺族連合会の招へいで》という中見出しで顔写真とともに靖国神社側の顔ぶれを以下のように伝えた。

> また、沖縄遺族連合会（金城和信氏）ではこの全琉戦没者慰霊祭に、全琉遺族の要望として靖国神社奉賛会長北白川祥子さんをはじめとする靖国神社代表四氏を正式に招くことになった。北白川さんは靖国神社宮司筑波藤麿、靖国神社奉賛会事務局長岩重隆治、宮司随行畑井敬三、奉賛会長随行水戸部孚の四氏とともに空路来島するが、慰霊祭参列後約一週間にわたって中南北部の各地の戦跡を巡拝する。

記事は、随行者名まで載せるほどこの靖国神社側一行に注目している。また、『沖縄タイムス』も同年一月二五日付夕刊の文化欄で「北白川宮家の思い出」という寄稿文を載せており、琉球政府、沖縄の遺族会だけでなく、地元新聞社としても靖国神社側の参列を歓迎していた様子が窺える。また、一月一一日付『琉球新報』では、《ひめゆり部隊など四千柱が靖国に合祀》という見出しをかかげ、次のように合祀の過程まで詳しく報じた。

〔東京総局発〕来る春の靖国神社例祭には大戦中、沖縄で戦死した沖縄出身軍人および学徒隊の英霊約四千人が合し〔合祀〕されることになった。その名簿は厚生省未帰還調査部沖縄班から今月末日までに靖国神社奉賛会へ提出されるが、今度の合しには姫百合部隊や学徒隊戦没者の殆どがふくまれている。なお来る二十五日那覇で行われる琉球戦没者十三年法要祭には靖国神社遺族奉賛会長北白川祥子さんや筑波靖国神社宮司が現地の希望に応え出席するはずである。

この記事によって、靖国神社への合祀予定者名簿はまず、日本政府が援護法の適用を認定したあと琉球政府から日本政府出先機関の南連事務所を経て厚生省へ送られ、そこから靖国神社へ提出されたということがわかる。さらに、沖縄戦戦没者一三年法要祭に靖国神社からも出席者が来琉することと、その出席は、沖縄側の要望に応えるものだと報じた。

全琉戦没者慰霊祭の当日である一月二五日付『沖縄タイムス』夕刊は、式典記事につづいて、《北白川さんら来島》の見出しをつけて以下の記事を載せた。

> 全琉戦没者追悼式に参列するため二十五日午前零時十分空路来島した靖国神社奉賛会長北白川祥子さん、同神社宮司筑波藤麿氏、北白川家の水戸部まこと氏、奉賛会事務総長岩重隆治氏、同常務理事畑井敬三氏らは、琉球ホテルで旅装をといた。一行は、二十五日あさ十時から追悼式に参列、正午には波の上〔＝波上宮（なみのうえぐう）。現在は那覇市の史跡・名勝文化財に指定されている神社〕を参拝、五時半から料亭左馬（さま）〔三〇〇年近い歴史をもつ料亭〕での歓迎会にのぞんだ。
>
> ［北白川祥子さんの話］初めて沖縄の土地を踏み、戦没者の法要に参列できたことは、感慨深いものがあります。ことに私は遺族の一人として全国八百万遺族の方々のために大戦で戦没した二百二十万の英霊を合祀する大事業をしておりまして、全国各地を行脚（あんぎゃ）しています。こんど来島しました機会に戦跡を弔い、遺族の方々にもお目にかかってお慰（なぐさ）めしたいと思っています。

また、同日付『琉球新報』夕刊にも、全琉戦没者追悼式の記事につづいて、北白川奉賛会長の談話が紹介された。そこには「この度琉球政府のお招きで戦没者の十三回忌に参列することができ、長年の念願が叶い感慨しています」とあり、遺族会の招聘(しょうへい)という報道とは異なって琉球政府の招聘だと記されている。しかしここで注意しなければならないのは、靖国思想に「からめ取っていく」相手側から「要望・要請された」という形式を水面下で仕組んでいくのが日本国家の常套手段だからだ。靖国神社一行の今回の追悼式への参列も当然、そのような仕掛けが巧妙に整えられていたはずだから、新聞の字面(じづら)だけで行為主体を速断しないほうが賢明である。

戦没者の靖国神社合祀を積極的に推進する人物が沖縄の地を踏んだあと、靖国神社例大祭の報道が沖縄地元紙の一面トップ記事となり、それに沖縄の被害住民の合祀が全国のトップを切ったという報道がつづく。また、政府と靖国神社との関係の深さが記事からははっきりとみてとれる。いずれにせよ、これらの談話の持つ意味は靖国神社合祀問題を検証するうえでは決して小さくない。

さらに地元紙は、北白川奉賛会長一行の行程を紹介している。同年一月二七日付『沖縄タイムス』三面では《戦跡とゆかりの地へ／北白川さんら一行巡拝》と、次のように奉賛会長の動向を報じた。

なお北白川さんは、戦跡巡拝の途中、佐敷村役所に建立されている能久親王御寄港之碑にも参拝した。能久親王は、北白川さんの祖父に当るわけだが、この寄港之碑は、能久親王が明治二十八年に台湾征討の途中馬天に寄港したのを記念として建てられたもの。また明治三十四年には能久親王の富子妃殿下が、台湾からの途次立寄ったこともあり、北白川家にとって沖縄唯一のゆかりの地である。この日佐敷村役所では、津波村長を始め二十数名の有志が北白川さんを出迎え、寄港碑についていろいろ説明していた。

［北白川さんの話］先代のゆかりの地に参ることができ、こんな嬉しいことはありません。村の方々が寄港碑を戦火からも立派に守り記念式典などもやっておられることに感謝申し上げます。

この記事では、帝国日本の台湾植民地化に深く関与した皇族の記念碑を沖縄が守っていることや、その皇族の子孫が寄港碑を訪れることによって、沖縄との係わりの深さが改めて示された。同時に、沖縄住民の靖国神社への親近感を深める効果ももたらしたに違いない。ところで、北白川靖国神社奉賛会長が「全国八百万遺族の方々のために大戦で戦没した二百二十万の英霊を合祀する大事業をしておりまして、全国各地を行脚しています」という談話を発表した、五八年一月二五日付『沖縄タイムス』夕刊の社会面は、沖縄が抱える問題を四つ列挙している。

まず、一面トップは、①「島ぐるみ土地闘争」の発端になった米軍用地の地代「一括払い」強行をめぐって「地主会」が猛反発しているという内容である。「一括払い」は事実上の土地買い上げであり米軍占領の永久化につながるとして、住民はその阻止を訴えていた。②米軍が中距離弾道ミサイル基地の建設を計画していると、米軍による基地強化推進の動きを報じている。一方、③沖縄戦犠牲者の一三回忌慰霊祭が靖国神社側も招聘して大々的に挙行されたことを伝え、北白川会長の合祀に関する談話も掲載している。④今日ではほとんど知られていないが、「島ぐるみ土地闘争」のさなかに沖縄で自衛隊員を募集する動きが報じられていた。当日の新聞にはそれに反対する意見広告が掲載された。この広告は当時の大きな世論や社会意識を知るための重要な史料ともいえるので全文を紹介しておきたい。

自衛隊募集に反対

去る十二月末突如として問題化した自衛隊〔=自衛隊員。以下同〕募集の件について、われわれ沖縄青年連合会三万五千人会員並びに八万青年は、次の理由を挙げて絶対に反対するものである。

一、自衛隊は名称はどうであろうともまがいのない軍隊である。この事は国会に於いて憲法を改悪してまで軍備を合法化しようとしている事からも明らかである。

二、最近本土に於いては自衛隊希望者が募集人員にも達せず　その為に沖縄に目をつけたという事は、われわれに対する侮辱である。

三、自衛隊は文官であり　青年教育の為にも必要であるという事に対しては絶対に承服できない。過去に於いて青年が単に国家目的の為の手段として利用された為に、今日悲惨な戦争の過酷な十字架を背負わされているのであり、青年教育はあくまでも　自主性を尊重し民主的に行うべきである。

四、沖縄の場合就職難でもある今日、青年の失業対策からしても必要であるとの論は、あまりにも単純であり、失業対策の問題は当然政府の責任に於いてなされるべきであって、併（しか）もそれはあくまでも平和と生産に結びついたものでなければならず、産業開発青年隊の運動や移民の促進等、根本的な対策の樹立を要求する。

五、世界平和に対するわれわれの考え方は力の均衡による平和ではなしに、立場の相違や考え方の差を越えて　あらゆる民族の共存を尊重することであり、国連軍縮委員会に於いて目下真剣に検討されていることも、段階的な軍縮でなければならず、究極に於いて一切の軍備を廃止することであり、このことのみが原水爆の脅威より人類の滅亡を救い、永遠の平和と繁栄を達成する只一つの残された道である。

六、今次大戦により近代戦争の悲劇を身を以って体験し、二十万英霊の魂を受け継ぎ「もう二度と絶対に戦争は繰り返さない」と固く誓ったわれわれ沖縄県民は、全人類の先頭に立って世界平和を絶叫する立場あり、再軍備に結びつき、戦争につながる自衛隊募集には絶対に反対し、全勢力〔＝全沖縄住民〕を挙げて粉砕する事を声明する。

一九五八年一月十八日　沖縄青年連合会理事会

二〇二二年現在、この意見広告をだした沖縄青年たちは八〇歳半ばを超えた年齢に達しているはずであろう。いまや各市町村では、自衛隊員募集業務を国から委任されているどころか、積極的に自衛隊配備を誘致している離島首長も現れた。かれらがこの意見広告を読み返したとき、どのような思いを抱くだろうか。

意見広告を読むと、「日本復帰」後の沖縄が、どれほど軍事化日本にからめ取られているかがわかる。とくに「五」は沖縄の伝統的ともいえる、あらゆる戦争を拒絶する崇高な平和思想を表したものである。「六」では戦争につながる自衛隊員募集に絶対反対しつつ、「二十万英霊」という表現を使っている。これは、一五年戦争がまだ総括しきれていないこの時代の限界が表れたものと受け止めていいだろう。このように新聞紙面だけをみても、一九五〇年後半の沖縄に、さまざまな時代の潮流が渦巻いていたことがわかる。

こうした報道から三か月後の一九五八年四月二二日付『琉球新報』夕刊の一面トップは、《靖国神社春の例大祭／きょうから四日間開く／〝ひめゆり部隊〟など十二万七千を合祭》

靖国神社春の例大祭
きょうから四日間開く
〝ひめゆり部隊〟など十二万七千を合祭

靖国神社の春季例大祭を一面トップ見出しで伝える1958年4月22日付『琉球新報』夕刊。当時の遺家族が靖国神社への合祀に、いかに強い関心を持っていたか、ということをうかがわせる記事である。なお、ひめゆり部隊というのは女子学徒看護要員のことで、日本軍は「衛生勤務要員」と称していた。

という大見出しをつけて、次のような記事を載せた。

〔東京二十一日発共同〕靖国神社の春の例大祭は二十二日から四日間行われるが、これに先だち二十一日午後八時から新たに祭られる十二万七千百六十二柱の「合し祭」が行われた。この日祭られた人は全部こんどの大戦の犠牲者で「ひめゆり部隊」の女学生二十一柱をはじめ、女性の合祭者五百八十三柱が含まれている。このほか戦争末期の南洋諸島の戦いで倒れた旧南洋庁の先生、職員三十四柱や、沖縄、山口県で犠牲になった学徒動員の男女学生十一柱も合祭された。これで同神社の全合祭者は百九十三万五千柱になった。なお、例大祭第一日の二十二日は午前九時から天皇陛下のお使いが参拝する「当日祭」が行われる。

このトップ記事は共同通信の配信だが、この記事に連動する形で、『琉球新報』の記者によるコラムが掲載されている。以下は、当時の多くの人たちにとって、靖国神社についての〝常識〟だったと思われるので、得難い史料の一つとして全文掲載する〔引用文中の傍点は筆者〕。

話の卵

きょうは靖国神社春の例大祭である。靖国神社合祀には今年の合し者十二万七千百六十二柱を合せて百九十三万五千余柱の護国の英霊がまつられている。今年はひめゆり部隊の乙女たち二十一柱をはじめ、沖縄、山口両県の学徒十一柱、女性ばかりが五百八十三柱も新たにまつられたと共同電は報じている。ひめゆり部隊の乙女たちが合祭されたのは五二年からである。靖国神社の合祭者は終戦までは軍が定めた合祭規定にもとづき、軍当局が合祭者を定めていたが、戦後は軍がなくなったので靖国神社が調査部を設け、そこで資格審査を行って合祭するようになっているが、しかし合祭基準は戦前通りで、軍人、軍属で戦地勤務が原因となって死んだ者となっている。ひめゆり部隊の乙女たちは軍人でも軍属でもなかったが、戦場化した沖縄で軍に協力中戦死したものであり、後になって軍属として認められたので合祭されたわけで、これはその前年の一中健児隊や師範の鉄血勤皇隊が軍人に認められたことに次ぐ特別なとりはからいであり、これでみ国に殉じた幾多の乙女たちの英霊も護国の神としてまつられたのであった。靖国神社は日本国民でいやしくも国のために死をもってこれに殉じた幾多の英霊をまつり、護国の神として天皇みづから参拝し春秋の例大祭には勅使を参向させ、国をあげて護国の英霊をまつった最も国民の参拝を受けている神社である。明治元年江戸城内に嘉永以降の英魂をまつって以来、明治三年六月現在地に神社を建立してから八十九年になるワケだ。今年は沖縄で戦死した将兵のかえらぬ遺骨の代りに戦場の霊石を遺族に贈り、せめてもの遺族のなぐさめにしようという運動が、郵便友の会が中心になって展開されたことは、遺族にとっても心にかかっていた肉身の遺骨は沖縄の各地の塔に合祭されているので、霊石は十分に遺族を慰めるに役立ったであろう。今次大戦でみ国の為に殉じた幾多の英霊の多くは靖国神社に神鎮(かみしずま)って国の護り神になっているが、まだまだその資格問題で残された英霊があり一日も早くこれらの戦争の犠牲者が同神社に合祭され、戦争につながるいまわしい想い出を平和な祈りに変えると共に靖国のみ霊の安かれと祈るものである(蚊)

こうして日本政府が援護法を利用して米軍政下の沖縄住民を巧みに靖国思想にからめ取っていく構造は、一九五八年の段階で完成していたといえる。それを象徴する記事が二つある。一つは、同年七月二一日付『琉球新報』社会面記事で、「靖国化された沖縄」を象徴する内容である。共同通信の配信記事ではなく、地元紙独自の記事であることに注目したい。この記事では「戦闘協力者」という用語を使用しているが、この用語は既述のとおり、非戦闘員の一般住民を指す。軍人同様に援護法を適用する場合には「戦闘参加者」という用語で法的身分を表すが、日本政府はできるだけ、琉球政府職員をはじめマスコミ・一般住民に「戦闘への参加」という状態を意識させないように工夫していた形跡がある。なぜなら、避難壕を追い出されたために弾に当たって死んだ住民が、援護法では戦闘参加者として扱われていることを、できるだけ遺族に隠そうとしたからである。

以下の記事を読むにあたって、このことは念頭に置いておかなければならない。《戦闘協力者も靖国にまつる／全国のトップ切り合祭／沖縄から県職員もふくめ八千柱》という見出しで、こう書かれている（引用文中の傍点は筆者）。

これまで軍人しか祭らなかった靖国神社では、今年から戦闘協力者も合祭することになり、全国のトップを切って沖縄戦闘協力者七千三百四十六柱の合祭手続を完了。さらに今秋までに一万五千柱が合祭されるという朗報が、このほど厚生省沖縄班から社会局援護課あてにあった。厚生省沖縄班からの連絡によると、このほか旧沖縄県庁職員六百余件を加えると全国のトップを切って八千柱が合祭されることになる。今後の合祭予定人員は戦協〔戦闘協力者〕のほか軍人および有給軍属七千人分沖縄班で準備完了したので、今月末までに靖国神社へとどける。従って今秋の合祭人員は旧沖縄県庁職員の手続きが間に合えば、合計一万五千柱となる。

この記事で最も注目すべきは「朗報」という表現である。日本軍に殺害されたり、死に追い込まれたりした住民はこの記事では、戦闘協力者としてまとめられているが実際は戦闘参加者という法的身分で準軍属に認定され、祭神として靖国神社に合祀された。これを朗報と捉えているのは、それが当時の沖縄社会の〝常識〟だったからであろう。

次に注目すべきは、一九五八年九月二二日付『琉球新報』夕刊の《靖国神社／秋に七千名合祀／沖縄が全国のトップ切る》という見出しをつけた記事である。

沖縄の戦闘協力者が靖国神社に合祀されるかどうかは、遺族はもちろん全住民の大きな関心事であったが、けさ厚生省の比嘉事務官から社会局の仲地援護課長に届いた手紙によると、来る十月十七日に行われる靖国神社の秋の例祭に沖縄の戦闘協力者七千三百四十六名が全国のトップを切って合祭されるということである。靖国神社では沖縄の戦闘協力者の合祭については大変な熱の入れ方で、神社としては沖縄の一般住民がどのように戦闘に協力、戦死して行ったかを後世の人々に知らしめるために、特に各協力者個人毎の行動内容や本人の職業、要請部隊名簿など個人の記録まで記入する方針だという。戦闘協力者の合祭は沖縄が全国のトップを切るが、これを機会に靖国神社は、いままでの軍人軍属の神社としてでなく、国家のためにつくした人なら誰でも合祭される神社というように国民の考え方を変えていく方針だといわれる。なお、社会局に届いた沖縄関係の合祭者は海軍関係軍人軍属五百二十二名、陸軍関係軍人軍属七千二百三十五名、戦闘参加者七千三百四十四名、県庁関係職員百八十三名＝計一万五千二百八十三〔合計数は一五二八四名となるが、原文のママ引用――筆者〕となっている。社会局では、戦闘協力者合祭の報を機に一段と戦闘協力者の調査事務を推進するが、現在まで厚生省に進達した件数は二万三千三百六十四件、このうち確定したのが一万一千二百四十七件で、この分は目下弔慰金の請求手続中である。援護課では来る十二月までには約三万三千名とみられている戦闘協力者全員の調査票作製を終える予定である。

「軍人軍属の神社としてでなく、国家のためにつくした人なら誰でも合祭される神社というように国民の考え方を変えていく方針」という一文は、事実だとすれば、靖国神社研究者ではない私でも啞然とさせられる内容である。この記事の元になった情報は、靖国神社と直接接触した厚生省事務官から琉球政府援護課に手紙でもたらされた。記者が手紙の内容を仲地課長から直接聴いて書いたと推測できる。この手紙を、沖縄と靖国神社の関係を示す単なる証とみてはならない。沖縄戦の被害住民は、自分が体験した事実を歪曲・捏造されたうえに合祀されることによって、靖国神社が日本政府と結託して従来の合祀方針を変更する分岐点に利用されたのだ。つまり、沖縄戦の被害住民は自ら声を挙げられない死後にこのような重大な局面に立たされたことになる。北白川靖国神社奉賛会長の沖縄訪問が合祀方針変更の契機になったことは、一連の経過をみれば明らかであろう。

次の新聞記事は、戦前につらなる靖国化されたもうひとつの沖縄戦後史が完結したと思われる内容である。一九五〇年代最後の年、五九年四月二七日付『琉球新報』朝刊は第五面に《戦後初の大祭／護国神社／遺族二千名が集り厳かに》という見山しをつけて報道された〔記事では沖縄護国神社とあるが、正式名称は「沖縄県護国神社」〕。

秋に七千名合祀
靖國神社
沖縄が全国のトップ切る
戦闘協力者

靖国神社合祀が当然視され、しかも新聞がそれを「朗報」と伝える（本文参照。1958年7月21日付『琉球新報』）ほど、沖縄社会の遺家族には「誉の家」意識が残存していたのだろうか。上記は、1958年9月22日付『琉球新報』の記事の一部。

沖縄戦没者慰霊奉賛会（会長安里積千代）では、二十六日午後二時から那覇市奥武山公園内沖縄護国神社の春季〔例〕大祭をとり行った。この日は雨天にも関わらず約二千名の遺族達が集り、□□、□□。祝詞奉上、玉串奉典、□□などの儀式は長嶺牛清氏らの手によってとどこおりなく終了。次に安里会長のあいさつ、来賓からは大田〔政作〕副主席、高杉〔幹二〕南連所長、兼次〔佐一〕那覇市長、大山〔朝常〕市町村会長、比嘉良行氏（特別賛助者代表）らからそれぞれあいさつがあり、遺族代表としては山城篤男氏があいさつし儀式は三時ごろ終了した。なお本土の靖国神社春季大祭は四月二十一日から二十五日まで行われており、沖縄護国神社の大祭は二十五日に鎮座祭を行い二十六日の大祭は戦後初めての行事となっている。またこの日は伊江村長、並びに同村議会議長、石垣市長、大浜町長、宮古地方庁長本部町長、屋部村長らから祝電が届いた。〔□は判読不可〕」。

沖縄県護国神社のホームページには、この新聞記事で報じられた祭儀につづいて、「また同年の秋季大祭には靖国神社から御霊代を奉移し、靖国神社池田権宮司外四名の神職奉仕のもと、厳粛盛大な祭典が斎行された」と書かれている。アジア・太平洋戦争開戦前年に国指定となった護国神社は、沖縄戦で灰燼に帰していたため、その再建は沖縄の遺族会が結成された当初から懸案事項となっていた。一九五七年一〇月一六日に靖国神社奉賛会沖縄地方本部が設立されたとき、護国神社の再建が第一の目標になった。当時はまさに、戦後初めて米軍に対する組織的抵抗運動となった島ぐるみ土地闘争の真っただ中だった。だからこそ、いまでは理解しにくいが、運動の中心人物が積極的に護国神社再建に関与していたことだ。安里積千代奉賛会本部長は沖縄社会大衆党のリーダーであり、土地闘争でも住民を代表する一人と目されていた。また屋良朝苗奉賛会理事は沖縄教職員会会長で、教職員はもとより住民の信望もあつく、土地闘争においても住民の精神的支柱のひとりであった。

これら一連の新聞報道に見られる靖国神社参拝と合祀の動きは、「米軍に対する民衆の抵抗を主軸とした沖縄戦後史」とは異質の、「戦前に連なる皇国史観的沖縄戦後史」が、戦後沖縄社会に内包されていたことを示している。私自身、小中高校時代を通して沖縄地元紙をよく読んできたつもりだったが、援護法関係の琉球政府文書に目を通してはじめて、援護法と靖国神社合祀に関する新聞記事に気がついた。それらの記事内容は驚きの連続だった。しかし、次にみるように、琉球政府の資料で靖国神社と米軍統治下の沖縄との関係をみていくと、両者が援護法を通じていかに密接な関係を築いていたのか、その一端を知ることができる。

四、琉球政府文書でみる援護法と靖国神社合祀

1　靖国神社と護国神社

沖縄の遺族会と靖国神社との関係は一九五三年度の「諸団体に対する補助金交付に関する書類」（第二号第一種永久）に記録が残っている。この書類は、琉球政府社会局援護課と琉球遺族連合会の関係を示す最初の資料と思われる。

同文書によれば、行政主席比嘉秀平が一九五三年六月一六日、一九五三年度における補助金として「二五万円也」（B円軍票のことで、当時一ドル＝三六〇日円＝一二〇B円）を島袋全発琉球遺族連合会会長宛てに給付したと記録されている。遺族連合会が提出した「事業計画書」をみると、「その五、将来計画」のなかの「三、靖国神社参拝」というその項目中に「五、十月の年二回大祭に琉球の遺族並びに遺児を参拝せしめると共に之に要する経費の補助をなす」とある。また、それと関連して、「五、護国神社の再建」という項目があり、「国家の為戦死した忠勇なる士の御霊を御まつりしてあった護国神社も敗戦に依り忘却され御祭神の誠心を敬仰する事が出来ないのは実に残念の極であり生き残った琉球民の誠意の欠如ある吾々

は自ら戦没者の霊を慰め御神体を御祭りするため奥武山に残存する県護国神社並に社務所の復旧再建をなす」と記されている。

前述で触れたが、さかのぼって同年一月一七日、琉球遺族連合会の琉球政府への補助金申請における事業計画のひとつに⑧項として「護国神社再興」があげられている。その後、一九五七年一〇月に沖縄市町村会の支援によって「靖国神社奉賛会沖縄地方本部」が発足し、那覇市内の法人や個人から募金を募って、五九年に護国神社仮社殿が建立された。社殿の完成によって靖国神社奉賛会沖縄地方本部は解散して「沖縄戦没者慰霊奉賛会」に名称を変更した。五九年一一月一三日には、靖国神社から御霊代が奉安され、遷座報告祭が執行された。そして、護国神社秋季慰霊祭の祭典奉仕のために靖国神社池田良夫権宮司が来沖した。これは、護国神社が実質的には靖国神社の地方分社だとみなされていることを裏付けていた。

護国神社の祭神は、戦前から祀られている日清・日露の戦没者をはじめ、沖縄戦で犠牲になった県内外出身の軍人・軍属や一般住民である。現在、春秋年二回の慰霊祭をはじめ、六月二三日の「慰霊の日」には戦没者慰霊祭などの諸祭儀が行われており、遺族への慰藉の場として全県的な崇敬の対象となっているという(注5)。

2　遺族会の靖国参拝と政府の援助

沖縄の遺族会が、とくに靖国神社との係わる活動のなかで、琉球政府がどのような援助をしていたのか、その一端を示す資料についてみる。

一九五八年度　第二号第二種「補助金に関する書類」援護課
沖縄遺族連合会　一九五八年度事業計画

一、遺族靖国神社参拝

靖国参拝遺族の宿泊旅行拝観等に関し諸団体と密接な連携を保ち自費参拝遺族には旅費を補助すると共に世話人を派遣し支障なき様万全を期する。本年度は特に自費参拝希望遺族が多く学校夏季休暇を利用して自費参拝遺族団（遺児、婦人）を組織して靖国参拝を兼ね各地職業補導所の運営視察、婦人部、遺児部との懇談会、主要産業施設の参観等を実施す。

一九五八年度　戦傷病者戦没者遺族等援護事業成績報告書（財団法人沖縄遺族連合会）

（三）政府主催の春秋二回の靖国神社参拝遺族の上京に際しては政府と協力してその実施に当たり世話人を一人宛付添（つきそ）わせて道中の一切の面倒を見させると共に自費参拝者三五名に対し金壱千円〔B円軍票。日本円で三〇〇〇円〕宛の補助をなした。亦（また）本会主催にて夏季学校休暇を利用して遺児主体に夏季靖国神社参拝者を募集、四三名を引率参拝せしめた。四三名に対し金壱千円を補助した。

（五）靖国神社参拝希望遺族

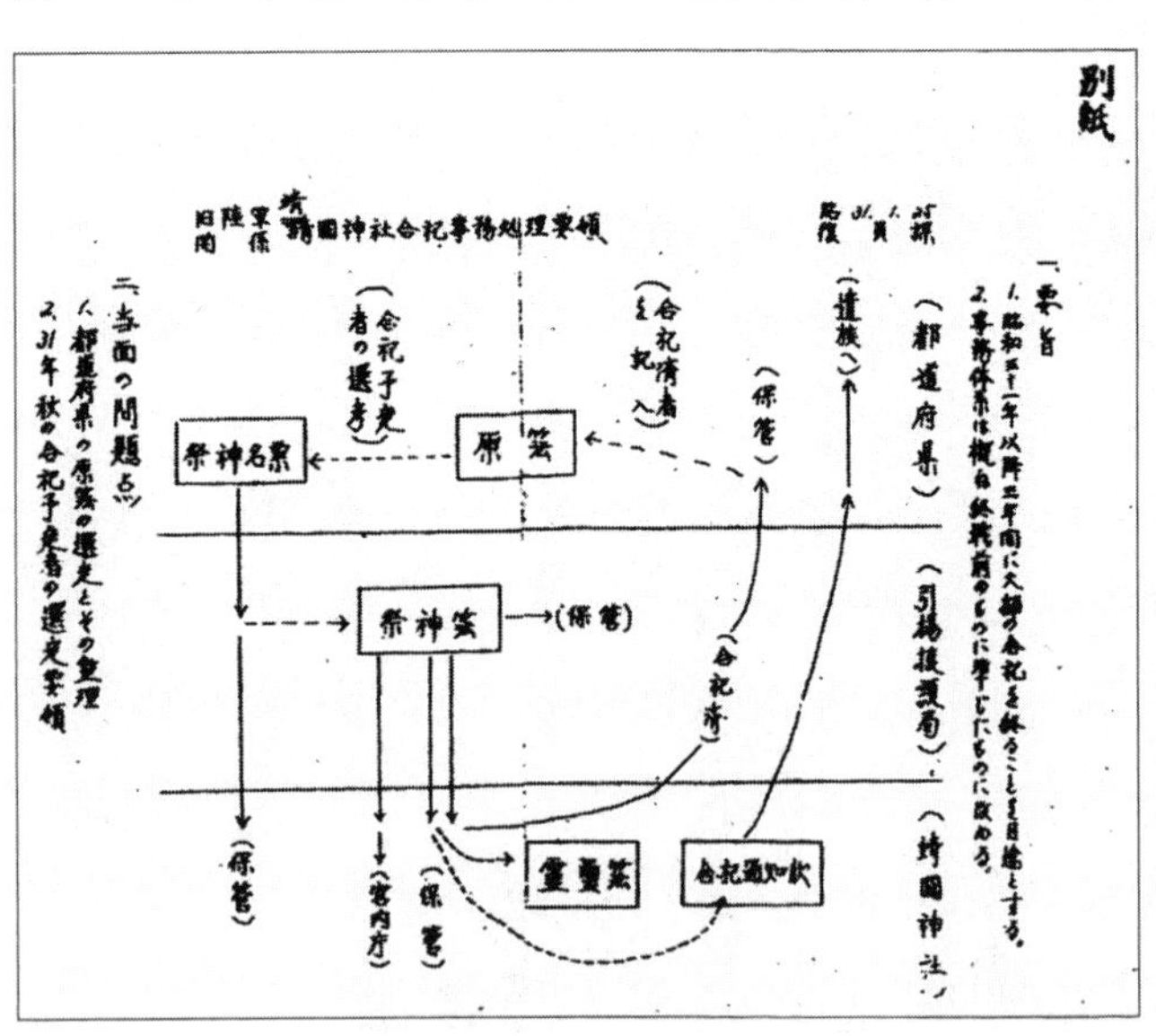

「旧陸軍関係靖国神社合祀事務処理要領」（1956 年 1 月 25 日）。合祀へ至る手続きにおいて、国（引揚援護局）と都道府県、靖国神社の関係を示した図である。矢印（→）で、祭神簿が宮内庁へ移送されることが示されている（『新編　靖国神社問題資料集』国会図書館）。

が年々増加してまいり、靖国の妻子、父母、兄弟として其の生命をと〔賭〕した偉業に答えるべく遺児の教育に、家運の再興に平和な郷土建設のために更に一層努力しようと言う涙ぐましい現象が見られてきた。〔(一)、(二)、(四)は省略した〕

このような遺族の活動に対して、たとえば一九五九年一〇月一日起案の琉球政府社会局援護課の資料には、「靖国神社参拝旅費給付金の支出について」という表題の記述があり、靖国神社参拝の旅費として一人当たり五八弗三三仙也、合計は一八八〇弗四〇仙也を支給したと記されている。つまり、琉球政府の援助がなければ遺族の靖国神社参拝は実質的に不可能だった。

3　「合祀に関する検討資料」で知る靖国神社合祀

二〇〇七年三月、国立国会図書館から『新編　靖国神社問題資料集』が刊行された。「調査及び立法考査局」が編集した一一九四頁に及ぶ膨大な資料集成である。このなかに一九六〇年代の沖縄の靖国神社合祀に関する資料があるので、琉球政府の行政文書では見つけきれなかった史実について若干触れていきたい。

国と靖国神社側が合祀の基準を緩めて、より多くの戦没者をその対象とする方針を立てていたことについては、新聞紙面の検討をとおして既述したとおりである。一九五八年九月二二日付『琉球新報』（夕刊）の報道（二五六頁）から九年後の一九六七（昭和四二）年に、厚生省官僚と靖国神社側との会議で合祀に関する検討が行われた。会議録には、国と靖国神社がいかに一体となって合祀を行っていたかが如実に示されている。

［三〇六］合祀に関する検討資料

検討会

日　時　昭和四二〔一九六七〕年五月八日　自午后一時三〇分　至同七時三〇分

場　所　靖国神社洗心亭

出席者　厚生省援護局　西村調査課長、石田課長補佐、山野係長、中島事務官

同　　　村岡業務第二課長、阿部課長補佐、高城事務官

神社側　池田権宮司、木曽禰宜（ねぎ）

（西村、村岡両課長は午后五時より出席）

合祀に関する検討資料

資料作製　靖国神社調査部

この五月八日の会議で話し合われた沖縄関係記録だけを抜き出して紹介する。

No.1、審議保留のもの

2、沖縄の消極的戦闘協力者　保留

見舞金が支給されている（六一八〇名）

沖縄の場合は三つに区分される。

A、――　積極的戦闘協力者

B、――　消極的戦闘協力者

C、――　一般戦災死没者

六月二〇日の会議により合祀することに決定（注6）

同じメンバー、同じ場所で同じような会議が六月二〇日にも開催された。そこにも沖縄関係記録があるので、その部分だけ抜き出して紹介する。

〔三〇七〕合祀事務に関する打合事項につき（報告）（昭和四二年六月二二日）

昭和四二年六月二〇日起案六月二二日決議

一、議題

3、沖縄の消極的戦闘協力者合祀の件

一、説明

3、沖縄の消極的戦闘協力者とは満六才未満の者又は六十五才以上のものである。国から見舞金が支給されてゐる。取扱ひは総理府特別連絡事務局である。

一、右六項目について検討の結果基本的には国が処遇を講じたのであるから合祀することに異議はない。

一、事務取扱ひ方法については

1、合祀予定基本線として厚生省より関係各省に連絡を計り資料を神社に提出できる如く検討実施する。

……

沖縄消極的戦闘協力者　特別連絡事務局
……
対馬丸付添教職員　｝文部省人事課
｝厚生省から連絡をする。

2、昭和四二年八月末日迄に見舞金支給裁定決済のものの名票を神社に提出する。
　爾後のものは昭和四三年度合祀とすること。

一、合祀完了のための事務的方途を講ずる為には援護局ブロック事務担当者会合等があればその時期を利用して、神社側よりも出向して説明を行う等積極的に協力方要請致し度いので、本省側としても右を考慮に入れてこれが実現方についての方途を考究して欲しい旨申入れ、援護局側も諒承す。

以上（注7）

前述のとおり、国立国会図書館の『新編　靖国神社問題資料集』によると、厚生省と靖国神社側は「消極的戦闘協力者」を、「六歳未満・六五歳以上」の一般住民を指すと規定した。

一方、一九五九年の琉球政府文書「戦闘協力により死亡したものの現認証明について」のなかで使用されている「消極的戦闘協力」は、軍事行動として積極的に行動したか消極的だったかを問う内容だった。同じ言葉でもまったく異なる定義で使用されていることに留意しなければならない。

この国会図書館の資料で注目しなければならないのは、厚生省と靖国神社側がそれまで消極的戦闘協力者として合祀を保留していた戦没者に対する合祀の基準を緩めて、より多くの戦没者の合祀を進めていこうとしている点である。一方、国は沖縄靖国神社合祀取消裁判においてつねに「靖国神社に対する援護法適用対象者等の氏名などの情報提供」は、「一般的な行政サービス」として照会に応じただけであるとの見解を表明してきた。しかし前述の資料が示すとおり、国が神社側に対しても積極的に主導していることが明らかになっている。

4　国と琉球政府の靖国神社合祀への協力関係

●琉球政府から厚生省への依頼文書

沖縄県公文書館には、琉球政府文書として社会局援護課の「戦闘参加者に関する書類」や「靖国神社に関する書類」のほかに、「〜年霊璽(れいじ)奉安」「靖國神社合祀豫定(よてい)者名簿」「靖國神社合祀者名簿」が保存されている。

一般住民が援護法によって戦闘参加者という身分を付与されると、自動的に靖国神社に合祀される。公文書館にはこうした事実関係を示す資料も保存されている。そのなかから行政と靖国神社との一体化を表す資料として、琉球政府から日本政府厚生省への依頼文書などをみていきたい。

社援第七五五五号　一九六一年三月三〇日
〔差出人〕社会局援護課長
〔宛て先〕未帰還調査部第四調査室　沖縄班長

戦闘参加者中立書の再審査について（依頼）

　左記の者に係る戦闘参加者中立書は昭和三十四〔一九五九〕年一月八日付けで該当予定者として認められ、既に靖国神社

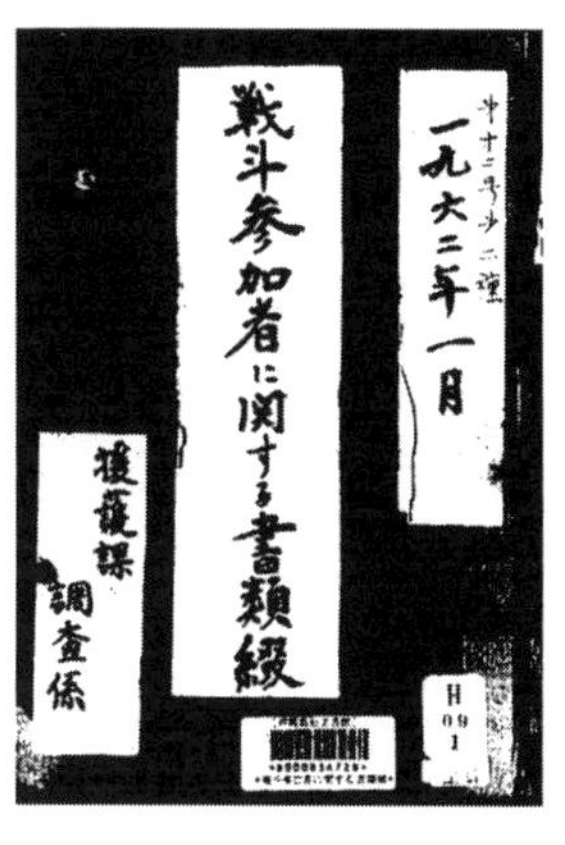

「戦斗参加者に関する書類綴」の表紙。「戦斗参加者」というのは、一般住民を意味する。

「靖国神社合祀者名簿」の表紙。「戦斗参加者」という身分で合祀されているのがわかる。

にも合祀されている者でありますが、死亡場所について申立人から異議の申し出がありましたので御援護課において再調査したところ別紙添付の申立書が正しいことが判明しましたので御手数ながら再審査のうえ当否について御回報願いたく依頼します。

記

那覇市若狭町一の六十六の一

（三四四九九）××××〔原典には氏名明示。以下同〕

仝

（三四四九八）××××

この文書でも、戦闘参加者と認定されれば自動的に靖国神社に合祀されていたことがわかる。

●琉球政府と靖国神社の祭祀を通じた協力関係

琉球政府東京事務所から琉球政府厚生局長宛ての一九六三年七月一一日付「至急電報」がある。それは「恒例の靖国神社の御霊祭りは七月十三日から十六日までの四日間行われる。十一日は靖国側から大田〔＝大田政作〕主席の〇方につき申し入れあり、本日中に取扱いについて指示乞う、経費二千円は当方諸支出金から支出してよいか」という内容で、それに対する、琉球政府厚生局長から琉球政府東京事務所長宛ての返答は以下の通り。

至急「献灯するようお手配を乞う」琉球政府厚生局長

献灯とは、神仏の灯明を奉納することである。神社側の要請に対し、琉球政府が応じたものだ。

また、日本政府と琉球政府が靖国神社の祭りに深く係わっていたことを示す資料として、琉球政府が日本政府に提出した資料が保存されている。

琉東第八〇五号　一九六三年十一月二八日
〔宛て先〕内務局長気付　厚生局長殿
〔差出人〕琉球政府東京事務所長（印）

靖国神社供物料について

このことについて、靖国神社から別紙写のとおり依頼があったので、御検討願いたくおしらせします。

（手書きメモ）
本件については一九六五年度予算の概算要求に援護処理費の慰霊祭費として四〇弗計上してある。

〔別紙の靖国神社からの依頼状。〇は判読不可〕
謹啓　時下益々御健安のことと御喜び申しあげます。靖国神社につきましては平素格別の御高配を賜り誠に有難く厚く御礼申し上げます。又かねて皆様方の御力添により……〔中略〕当神社には尚英霊の完全合祀　昭和四十四〔一九六九〕年に行はれる創立百年祭行事に関する諸準備、国家護持等の諸問題が多く残されており今後益々皆様方の御力添を賜度存じ居ります。扨て去る五月の全国援護担当課長会議の〇当神社の〇〇等について御説明を申し上げ各位の御了承を頂いておることとは存じますが就中春秋例大祭に於ける知事玉串料奉奠の件並にみたま祭献灯の件については特に御高配御願し申し上げましたところ今夏のみたま祭は全知事各位より漏なく御献灯を頂き千余に及ぶ崇敬者各位の献灯の中にも一段の光彩を加へ本祭典に一層の意義を添え得ましたことは御高配の賜と深く感謝申し上げております　然るに春秋例大祭の玉串料については別紙の通りいまだ二十余県の御奉奠を頂いておるのみであります

御承知の通り当神社の例大祭には必ず勅使の御差遣へ、○○、幣串料の御奉奠を始め内閣総理大臣、衆参両院議長其他よりも真榊、玉串料の御奉納を頂いておりますが、これについてはさらに全国知事各位より漏なく是非共御奉奠を賜わり厳粛な国民的祭典に一層の意義を添えたいと念願致しております　申すまでも無く本祭典には全国の御遺族崇敬者の方方多数の参列、参拝のことでもありますので御奉納の意義を一層深からしめる為今後は供物又は真榊の形式にして一台又一基（五千円程度）の御奉奠を賜るよう御依頼申し上げ度考慮中でございます　就ては春秋両祭典には予め其の都度御依頼の書状を差上げることにも致したく存じます故御含置賜度存じます

右甚だ不躾な御願いではございますが何卒事情御賢察賜り、予算御完結かとも拝察いたしこのたび予め御願い申し上げ置く次第でございます故何卒呉々もよろしく御高配頂き度重ねて御願い申し上げます　時節柄御自愛を切に御祈り申し上げますと共に取り敢えず書中を以って御願い申し上げます

昭和三十八年十一月十四日

靖国神社権宮司　池田良八

琉球政府東京事務所長

久手堅憲睦殿

追(おっ)て本件の取扱について御意見などを御聞かせ頂だければ幸いに存じます

一九六三年に靖国神社が全国都道府県に送ったこの依頼状の内容に、靖国神社と琉球政府の深い関係が明瞭に示されている。例大祭には総理大臣や衆参両院議長をはじめ、天皇の意思を伝える使者（勅使）が派遣されて幣串(へいぐし)料などを供えているのだから、全国各県知事は献灯だけでなく、今後は供物か真榊を奉奠するよう予算を計上してもらいたいと依頼している。詳細はわからないがしかし、とくに玉串料については「別紙の通り」と記して各県名をあげているようだ。琉球政府以外の都道府県知事に対しても、靖国神社が直接圧力をかけたり供物を強要していると批判されかねない内容になっている。

●靖国神社からの出品依頼

国が琉球政府を含めた都道府県に靖国神社への遺品出品の依頼まで行っている資料も存在する。

一九六一年　第五号第三種　五年「靖国神社に関する書類（補備訂正）」厚生局援護課
昭和三十六年六月二十七日
各都道府県主管課　御中　　厚生省援護局援護課

戦争裁判関係死没者の遺書等を靖国神社宝物遺品館に陳列するため出品のあっせんについて（依頼）

靖国神社においては、旧遊就館（ゆうしゅうかん）の一部を復活し、「宝物遺品館」として本年〔一九六一年〕春季例大祭から将来に向って一般の観覧に供しております。これについて、同神社側から、戦争裁判の関係で死亡した者の遺書等も陳列するため、出品のあっせんを依頼されたので、貴県（都、道、府）下に居住する当該遺族にこの旨をお伝えいただき、おおむね別添出品要領により、出品のあっせんをお願いします。なお、出品希望者は、予め同神社側と連絡のうえ出品物の発送時期等について打合せられるように同神社側が希望しておりますので、申し添えます。おって、出品の希望者がある場合出品の方法については、県等を通じるか、または直接同神社あて送付する等適宜にお願いします。

（通知先）各都道府県　（写）靖国神社

靖国神社境内に設置され、皇国史観に基づく展示館と批判される遊就館の展示物には、国が琉球政府を含む各都道府県に出品依頼を斡旋して出品された遺品がいまも含まれていることがこの史料であきらかである。戦死者の遺影など沖縄のものも展示されているが、このような国の依頼に応じて出品されたのであろう。

●「合祀通知状」で知る密接な関係

沖縄県公文書館所蔵の「一九六一年　第五号第三種五年　靖国神社に関する書類（補備訂正）厚生局援護」の資料綴りには、国と琉球政府および各市町村のあいだで取り交わされた靖国神社合祀関連資料が数多く含まれている。琉球政府社会局援護課と各市町村援護係は、住民に対する援護法の適用が増えるにつれて、それが靖国神社への合祀とセットになっていたため、合祀に関する事務手続きに忙殺された。

また、靖国神社は沖縄社会できわめて大きな位置を占めていた。こうした事実を客観的に理解する資料として、事務手続きの表題を抜き書きしてみた。

一九六一年度　第五号第三種五年
靖国神社に関する書類（補備訂正）社会局援護課

頁	収発番号	件名	備考
1	社援第一七九号	昭和三十四年十月合祀通知状の追送について	市町村あて
9	社援第二一五号	合祀通知状の追送について	市町村あて
17	社援第二一九号	合祀通知状の追送について	市町村あて
25	社援第一八七号	戦没者遺族旅客運賃割引証の送付方について	南連所長あて
28	社援第六一七号	遺族判明による合祀通知状等の交付方について	羽地村長あて
31	社援第六〇四号	靖国神社合祀通知状等交付方について	局長あて
36	社援第四七七号	昭和三十五年十月通知状等送付の件	局長あて
40	社援第二五九号	戦没者の合祀依頼について	未帰還調査部あて
44	社援第六五二号	合祀通知状の送付について	与那城村豊見城村長あて
52	社援第二四八号	合祀通知状の発行送付方について	靖国神社あて

59　社援第一三六号　靖国神社合祀について（照会）　未帰還調査部あて
68　社援第八〇七号　合祀通知状等の送付について　那覇市長あて
74　社援第四二九号　合祀通知状等の返送について　局長あて
76　社援第一〇八六号　合祀通知状等の交付方について　市町村長あて
92　社援第九三一号　合祀通知状交付状況に関する件　局長あて
95　社援第八一九号　合祀通知状等の再交付方について　靖国神社あて
100　社援第八一九号　祭神名訂正及び通知状再発行の件　局長あて
101　社援第一三六九号　合祀通知状の送付について　石垣市長あて

これらの事務処理の件名と宛て先をみるだけでも、日本政府、琉球政府、各市町村役場、靖国神社の間で、援護法の適用をうけた戦没者の名簿がいかに頻繁に行き交っていたかが推察できる。

この文書綴りのなかから一例をあげて、日本政府が靖国神社の合祀にいかに係わっているかをみておきたい。

昭和三六年三月十一日

〔宛て先〕琉球政府社会局援護課長殿
〔差出人〕厚生省引揚援護局　未帰還調査部第四調査室長

靖国神社合祀について（回答）

社援第一三六号により、照会のあった標記については次のとおり回答する。

一、元陸軍兵長　　××　×
　昭和三〇・四・二一　　合祀番号を第四六六号で合祀済
二、元陸軍伍長　　×××　××
　昭和三〇・四・二一　　合祀番号を第二九四四号で合祀済
　以上のとおり合祀済であるから合祀年月日、及（および）番号を記載の上靖国神社へ直接連絡されたい。

また、沖縄県公文書館には「靖国神社合祀者名簿」も保存されている。ちなみにその表紙の一つは「第五号第一種　昭和三十三〔一九五八〕年十月十七日　霊璽奉安　靖国神社合祀

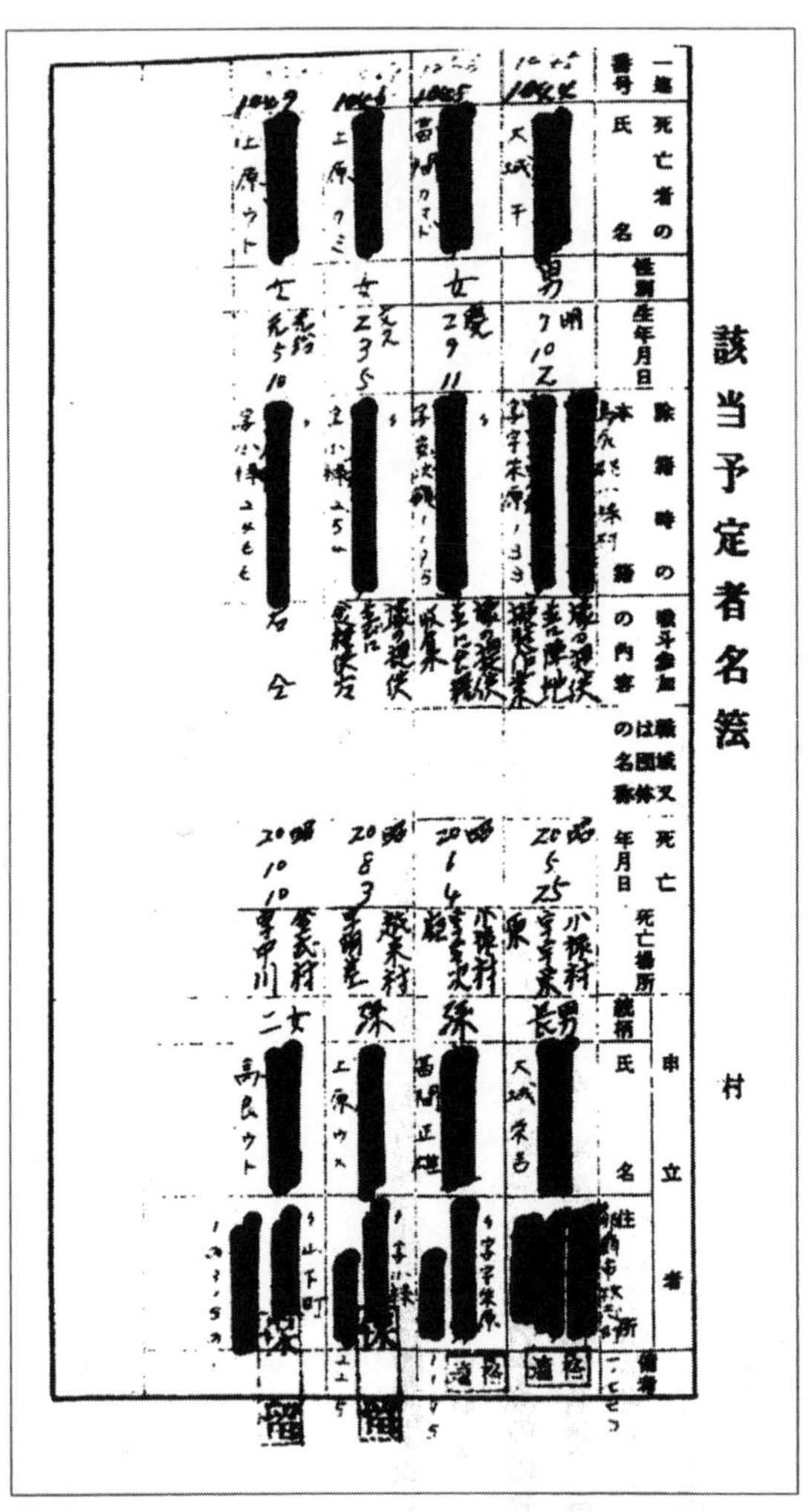

該当予定者名簿

村

一連番号	死亡者の氏名	性別	生年月日	除籍時の本籍	戦斗参加の内容	所属部隊又は団体の名称	死亡年月日	死亡場所	申立者 続柄	申立者 氏名	申立者 住所	備考
10484	大城 [illegible]	男	明 7 10 2	[illegible]	壕の提供 [illegible]		20 5 25	小禄村字宮城 東	長男	大城 [illegible]	[illegible]	適格
10485	富 [illegible]	女	明 29 11	[illegible]	壕の提供 [illegible]		20 6 4	小禄村 [illegible]	孫	富 [illegible]	[illegible]	適格
10486	上原 クミ	女	元治 2 3 5	[illegible]	壕の提供 [illegible]		20 8 3	[illegible]	孫	上原 [illegible]	[illegible]	保留
10487	上原 ウト	女	慶応 元 5 10	[illegible]	仝		20 10 10	[illegible]	二女	高良 ウト	[illegible]	保留

生年月日に注目。慶応生まれなどの高齢者が、戦闘参加者として靖国神社に合祀されている。沖縄戦当時、明治元年生で77歳だから、それ以上の高齢者が戦闘参加者として合祀されているわけだ。

者名簿　戦闘参加者（その一）沖縄（陸軍全六冊の内　四）」である。このなかでは合祀番号と階級のみが開示され、氏名、死没年月日、死没区分、死没場所、本籍、遺族現住所、続柄氏名は非開示である。一方、靖国神社はいったん合祀されたら、合祀の取り消しはできないということだが、次のような「合祀後の削除」という文書も保存されていた。

［事務連絡］

合祀後の削除について（連絡）

昭和三十九年二月二十九日　靖国神社

琉球政府厚生局　御中

みだしのことについて左記の通り削除いたしましたので御了承願います。

記

合祀年月日　合祀番号　階級　氏名　摘要

三八・一〇・一七　三三七四　陸軍軍属（無給）　××　××　三八・一〇合祀二九〇と重複に付削除

前記のように間違って合祀した場合に、靖国神社は合祀を削除することが可能だった。靖国神社の創建主旨に照らして合祀すべきでないという訴え（沖縄靖国神社合祀取消裁判）に対しても、前記のような「合祀削除」の作業を実施するのが「理に適う」こととといえよう。

［第七章］六歳未満児への適用と戦闘参加者に関する仕組み

一、沖縄戦被災者への被害補償を求めて――一九七〇年代の新たな展開
――全国比較でみる沖縄戦被害

一九六〇年六月に始まっていた全戦争犠牲者に対する補償を要求する運動の新たな展開というべき動きが沖縄で生まれた。一九七一年六月二三日、「沖縄戦被災者補償期成連盟」（川野長八郎会長）が設立されたのである。同連盟は、沖縄戦における全住民への補償を日本政府に要求し、軍命の有無にかかわらず老幼婦女子にまで援護法に準じた補償を拡大すべきだと考えていた。要請内容は、「死亡者、負傷者の調査と其の補償要請」という見出しが付いた次の文書（沖縄戦被災者補償期成連盟（編集・発行）「沖縄戦死亡者調査資料」沖縄県立図書館所蔵）に具体的に示されている。

本件は、年金、若しくは扶助料、弔慰金等の対象となるものでありながら、其の遺族

が受給資格者である事を知らず、国家の処遇に不満を持っている人びとが未だに多い事を知り、この際国家の恩恵に浴せしめるべく援護法を理解せしめて申請させたものであります。二十七年〔戦後二七年目〕の今日、何故この様な状態に置かれていたか、その理由は沖縄は日、米の谷間にあって祖国の事情が十分通らず、又琉球政府や市町村も殆んど解決済みと云った考えに立っていた様で本件調査も全く独自の立場で進めたものであります。而し、本連盟の精力的努力も完全に浸透したとは考えられません。従って調査の完結まで幾分の時日を要する事と思慮せられます。去る〔一九七一年〕三月三十一日一応締め切った結果次のような莫大な数字が出て来ました。本件は事務段階で処理される事と考えられますので、何卒至急着手して補償して頂き度いと思います。

この文書とともに、「一九七一年七月十二日付提出の沖縄戦被災者に関する補償要請書」（前掲「資料」所収）にはこうある。

　茲に我々住民は、被災者全員を結集し沖縄戦被災者補償期成連盟を結成し強く母国政府に戦災の補償方を要請する次第であります。下記事項は要請事項の概略でありますが、具体的には目下調査中で、資料等については必要に応じて作成し、まとまり次第進達する所存であります。

記

1、推定死亡者　三万余人に対する補償
1、推定一家全滅　一万余人に対する補償
1、負傷者及物件損傷等に対する補償
1、昭和二十年八月十五日現在戦地に於ける生存者三十四万余人に対する慰謝料の要請

以上

この文書で注目すべき点は、一九七一年七月の時点で沖縄戦被災者補償期成連盟が日本政府に対して戦争被害の「物件補償」や「生存者三十四万余人への慰謝料の要請」をしていたことである。沖縄戦で被ったすべての被害に関する補償要求だった。こうした動きが醸成されたのは、凄惨な戦争を体験した住民の証言を収載した『沖縄県史　第9巻――沖縄戦記録1』が戦後二五年を経て刊行され、それまでは個別の認識だった「沖縄戦の真実」を被害住民全体で共有しはじめたことが反映しているようにみえる。この動きは、一九七三年一一月一八日に初めて開催された沖縄戦被災者補償期成連盟主催の県民総決起大会に発展した。

また、「日本復帰」まもない一九七二年八月一九日に、学童が乗った疎開船「対馬丸」の

撃沈による一般「遭難者」の遺族に対する「見舞金」の支給要綱が閣議決定され、勲八等の勲記並びに勲章授与が決まった。

さらに一九七八年四月には、沖縄県議会代表団が「沖縄戦被災者の早期補償に関する要請」のため上京し、沖縄県遺族連合会とは別の動きが具体化していった。

一方、沖縄県遺族連合会は県議会代表団上京から半年後の一一月に、未申告の戦闘協力者へ援護法の適用を求める陳情を政府に行っている。これまで述べてきたように、戦闘参加者という法的身分は遺家族が申告した戦没者を厚生省が審査することによって確認されてきたので、未申告ではそもそも援護法適用の対象外になるわけである。沖縄県遺族連合会はこうした未申告遺家族への救済を求めて陳情したのである。

また一九七八年という年は、沖縄戦死没者の三十三回忌（三十三年忌）だった。沖縄で三十三回忌というのは「終焼香（うわいすうこう）」といい、この年をもって死者は昇天するとされている。三十三年忌には付き合いの薄かった人も含めて親族関係縁者が仏前に多数集まるのが習わしである。そのため生存者同士が自然発生的にお互いの体験を伝え合う機会が増え、行政主導の戦争体験記録運動が沖縄全域で広がり始めていた。また、援護業務を担当してきた援護課でも、三十三回忌にちなんでこれまで扱ったデータをまとめた。一九七七年一〇月二二日付『沖縄タイムス』は、《〝戦禍〟まざまざ／特別弔慰金、全国の三倍／県民の二七％が受給／

戦没者叙勲は東京に次ぐ》の見出しをつけて、援護課がまとめたデータに基づく記事を載せている。

戦争で父母や祖父母、配偶者、十八歳未満の子供を亡くした遺族に交付する特別弔慰金の受理件数は、全国平均の三倍以上。戦没者叙勲は、人口の最も多い東京都に次ぐ件数。人口千人当たりにすると全国でもトップで、県民の二七パーセントは、沖縄戦による一時金や年金、恩給を受けている――。県生活福祉部援護課はこのほど「援護恩給等の事務取り扱い件数」をまとめたが、このような数字に、職員はあらためて沖縄戦が激しく、多くの住民が戦禍に巻き込まれたかを物語っている――と再確認した様子。

この調査は、戦没者や、その遺族に支給する一時金、年金、恩給などの受理件数から、同課の業務量を掌握することと、三十三年忌にちなみ数字から沖縄戦をのぞいてみよう――として行われた。調査は五十二〔一九七七〕年三月三十一日現在の受理件数で、全国との比較は、厚生省がまとめた各県の状況。一時金、年金、恩給の種類は二十二。調査は、各項目別に、沖縄県と、各都道府県を比べているが、それによると、父母、祖父母、配偶者、十八歳未満の子供が死没した遺族に給付する特別弔慰金は、県は七万四千件。各県の平均は二万四千件で、沖縄は三倍以上、肉親を戦争で失ったことになる。軍人、軍属の遺族年金を受ける件数は、五千七百六十九件でトップ。二百六十万県民のいる広島が二位で、四千四十四件。戦没者がいかに多かったかが、わかるのが戦没者叙勲。大都市・東京がトップで、十万七千十六件。次いで沖縄の九万三千八百八十三件。人口割にすると沖縄がトップ。三位が福岡の八万七百四十三件。そのほか公務扶助料二万五千六百八十六件で類似県の徳島よりも五万件も多い。これらすべての受理件数を合計すると、最も多いのはやはり東京。沖縄は七位。だが、人口千人当りにすると、沖縄がトップ。受理件数は一部重複するところもあるが、二七・四パーセントが、受給者にあたるかっこう。二位は鹿児島で一六パーセント。西村正次援護課長は「戦没者の数がいかに多いかわかる。それも生存者に対する給付は少なく、死没者に対する給付が圧倒的。激戦のあとがうかがえる」と、改めて驚いたようす。五十一年度には推定三百億円が支給されたという。

日米両軍の最後の地上戦であった沖縄戦が住民に多大な被害を生んだことを裏付けるデータであり、援護法で知る「沖縄戦の真実」でもあった。また、戦没者叙勲が割合として全国一位というのは、沖縄が戦後三十数年経てもなお戦前の皇国史観に「からめ取られている」形を、いみじくも数字が表しているともいえる。

二、六歳未満児への適用拡大を求めて
――遺族の補償要求が原点

沖縄戦研究者の協力も得ながら「沖縄県戦災障害者の会」(新川トミ子会長。以下、「戦災障害者の会」)が設立されたのは、一九七九年一二月四日である。新川トミ子会長は沖縄戦三十三回忌が終えるのを待って戦災障害者の会を結成した。結成直前の一九七九年一一月一五日付『沖縄タイムス』は《援護法……私たちにも/六歳未満だった戦災児ら近く組織化/体ごと政府に当る/主婦ら〝熱い壁〟に執念》という見出しをつけてその経緯を詳細に伝えた。

新川会長は三歳のときに沖縄戦で眼に被弾して障害を負ったが、援護法は適用されず、すべて自己負担の義眼生活を強いられてきた(被災体験は母親から聞かされていた)。「日本政府は「戦闘能力がなかった。あなたたちに適用すれば全国の人にも適用しなければならない」」の一点張り。怒りがこみあげてどうしようもありません」と、申請当時の心境を同紙に語っている。そして、沖縄県庁、国の出先機関の総合事務局、沖縄県出身国会議員などに何回も援

護法適用を要請したが、政府の壁は厚かった。「戦争反対、再び戦争はしないなどと言いますが、私たちのことを放ったらかして、一体、何が戦争反対でしょうか。私はまだ恵まれている方ですが、援護法の適用のため、平和を願う一人として、死ぬまで叫んでいくつもりです」と、新川さんは憤懣やる方ない思いを吐露している。

彼女の思いは、戦災障害者の会の設立総会の決議に表現された。『沖縄の援護のあゆみ——沖縄戦終結五〇周年記念』（沖縄県生活福祉部援護課）によれば、第一回総会において「沖縄戦で多くの人命を失い、そのうえに多くの戦災障害者をだしたが、当時六歳未満の負傷者についても「国との雇用関係がなかった」という理由で、政府がなんらの補償もしていないとして、①六歳未満沖縄戦障害者にも援護措置をすること、②六歳未満沖縄戦障害者の実態調査を早急に実施すること、③戦時災害援護法を即時実施すること——この三項目について決議がなされ、県に要請した。その後、県としても調査検討を行ったが、日本軍との雇用関係がなく補償実現は困難な見通しであったが、実態調査を含めて強く要請したいと議会でも答弁している」（注1）。

一九八〇年三月二六日、新川トミ子会長らは、野呂恭一（のろきょういち）厚生大臣ら日本政府関係者に「沖縄戦当時六歳未満であった戦傷病者に対して援護法の適用」を訴えた。野呂厚生大臣は、「沖縄戦の被災は十分理解できる」とし、「六歳未満の被災者補償について積極的に援護したい」

と述べ、同年から調査に入ることを明らかにした(注2)。そして一九八一年八月一七日に、日本政府は「沖縄戦当時六歳未満の戦傷病者並びに戦没者の遺族に対し援護法を適用する」ことを発表した。

同八一年八月一八日付『琉球新報』は、《六歳未満にも援護法適用へ／戦没・戦傷病者に／県内対象者は約三千人／五年そ及〔遡及〕で支払》という見出しを掲げて報じた。一九五七、八年の援護法関連記事を彷彿させる報道だ。沖縄戦当時六歳未満児だった生存者や戦没遺家族の目は、次の記事にくぎ付けになった。

「幼児で戦闘能力はない」として援護法（戦傷病者戦没者遺族等援護法）の適用から除外されていた「六歳未満」の戦没者、戦傷病者に対し、国は十七日、同法の適用を認め、県に連絡があった。これを受けて県では「軍との協力関係」「傷病程度」などを基準にふるい分け、事務的な対応を行うことにしているが、同法の新たな適用者は、戦没者約三千人、戦傷病者約二百人と推定、申請後、支給が決定されれば五年そ及して年金が支払われることになっている。

六歳未満の者についての援護法適用に、国は「六歳未満では個人の意思は働かず戦闘能力もない。政府との雇用関係もなかった」と除外してきた。しかし、県では四十八

〔一九七三〕年以降、「援護法に準ずる処遇を」と要請、四十九〔一九七四〕年十二月には、戦災傷病者などが中心になって「沖縄県戦災傷病者（六歳未満）の会」も結成された。また、国会でも取り上げられ、今年三月に野呂厚相は「沖縄は戦場になったところであり援護法を適用すべきだ」と述べ、適用の方向での検討を明らかにしていた。

この日の厚生省の決定で、「沖縄戦で軍命によって戦闘に参加した六歳児未満の戦没者、戦傷病者」に対しても、援護法が適用されることになるが、対象者は推定で約三千人に上るもよう。国は三十八〔一九六三〕年二月、当時の琉球政府を通じて六歳未満の戦没者に、特別見舞金（二万円）を支給しているが、その時に五千八百四十六人が受給している。その後、十八年を経ており遺族も死亡している者も多く約三千人が「遺族年金」の対象となるもよう。その他、戦傷病者は二百十人いる。しかし、これらが全員援護法の適用を受けるのではなく、今後、「戦闘参加者かどうか」「傷病の程度」などを基準に、適用者を決めていく。特に戦闘参加者の認定については、事実関係を明らかにするには、戦後三十六年を経て困難な面も残している。県では厚生省からの事務通達がありしだい、各市町村に事務説明、申請作業を受けることにしている。同法が適用されると、戦没者の遺族には百二十三万円（年間）の遺族年金、戦傷病者には十一のランクの戦傷程度に応じて五十八万円（年間）から三百六十四万円（年間）の年金が、それぞれ五年そ及して支払われることになっている。今回の国の決定について、傷病者の会の新川トミ子会長は「三十六年の苦悩を訴え続けてきたが、これを理解、人間として認めてくれた国に感謝するとともに、多くの方の協力に感謝したい」と述べながらも、「しかし戦争は国が引き起こしたもので補償は当然と考える。私たちのようなみじめな思いを世界のどの国の人にももう味わってほしくない」と話していた。

新川トミ子会長の「戦争は国が引き起こしたもので補償は当然と考える」という発言は、一九五二年三月、援護法制定にむけた公聴会で、日本の遺族会代表の佐藤信公述人が、無謀な戦争で有為の青年たちを死地へ赴かせたのは国家の殺人行為だと糾弾し、援護法ではなく補償法にすべきだと主張した国会での発言内容に相通ずるものがある。遺族は当初、援護法をどのように捉えていたのか――それが端的に表れた例として、国会会議録に収載された佐藤信公述人の発言を次に紹介したい。遺家族の戦争に対する共通の思いが時空を超えて伝わってくる〔旧仮名遣いは原文のママ〕。

一三―衆―厚生委員会公聴会―一号　昭和二七年三月二五日

○佐藤公述人　私は日本遺族厚生連盟の副会長佐藤信であります。今回戦傷病者戦没者遺族援護法案の御審議にあたりまして、遺族としての意見を陳述する機会を与えられましたことを感謝いたします。（中略）ただ、私たち遺族は、無謀なる戦争によつてそれぞれその肉親を失つたものでございます。しかも、それはおおむね特攻戦術とか、その他これに類するような、絶対死ぬ境地に陥れられて、野蛮きわまる方法を強制された殺人行為であつて、人命の尊厳を蹂躙(じゅうりん)した鬼畜の行為を、国家の名において行つたものであります。かくのごとくして二百万人に上る有為の青年を殺し、そしてその陰に幾百万人の父を奪われた遺児、夫を奪われた妻、子を奪われた老父母を血涙(けつるい)に泣かしめておるのでございます。私はこれを考えますときに、ほんとうにはらわたの底から、むくむくと熱鉄のごとき憤懣と憎悪と怨恨の念が燃え上つて来るのでございます。これは八百万遺族の全部の憤懣であり、憎悪であり、怨恨であろうと考えるものでございます。（中略）かくのごとき心境に生きている遺族に対し、政府がその生活を援護するというがごとき態度をもつて臨まれることは、遺族の誇りを傷つけるものであつて、決して遺族の心境に沿うゆえんではない、世の為政者はよろしくこれを察しなければならないと存ずるものであります。遺族は、国家の感謝をこそ求め、当然の補償をこそ求めておるのに、政府はこれに援護を押しつけようといたしており、しかもそれが生活保護法を下まわるようなものを与えて、どこにその意義があるか。私は国家のために一家の柱石を失い、そのためにやむを得ず貧困に陥つた遺族を、生活保護法で救済する前に、当然の補償をなすべきであると信ずるものでございます。（以下略）

三、六歳未満児への適用開始――一九八一年

六歳未満児への援護法の適用拡大は、日本政府が戦闘参加者申立書の申請受理を開始した一九五七年八月に次ぐ、思い切った措置だった。第二章でみてきたとおり、この時期は戦後はじめて国内戦場を想定した有事法制制定の動きが活発化していた政治情勢と重なる。見方によっては、六歳未満児への適用拡大は国防族の活動が本格化しはじめた政治的背景を反映した動きだったともいえるかもしれない。

一般には知られていないが、援護法に規定された戦闘参加者概況表の「⑮集団自決」に該当する場合、書式が整っていればゼロ歳児まで援護法が適用され、軍事行動をした戦闘参加者という身分が付与されて準軍属扱いとなり、靖国神社に合祀されていた。したがって日本政府としては、前例にならえば、六歳未満児への適用拡大はとくに難問題ではなかったのか

もしれない。実際、実現が確実視されていたかのように、一九五七年に作られた戦闘参加者概況表の印刷（「秘」印＝「秘」が□で囲われた印＝が押された「昭和五十五年七月再版」というクレジットがある。一八九頁参照）が密かに準備されており、戦闘参加者申立書の申請の動きに備えていた。いずれにせよ、一九七〇年代以降の日本政府への戦災補償要求運動が実を結んだわけである。多くの戦争被害者の長年の思いがかなって、一九八一年一〇月一日からは沖縄戦当時六歳未満児の戦傷病者並びに戦没者への援護法が適用され、障害年金、遺族給与金等の申請受付が開始された。

六歳未満児の適用申請開始から一〇か月後の一九八二年八月七日、沖縄選出の喜屋武眞栄参議院議員が、「戦傷病者戦没者遺族等援護法等の運用上に関する質問主意書」を議長に提出した。この質問主意書にも、「沖縄県においては国内唯一の地上戦闘が行われ、前線も銃後もなく県民が等しく激しい戦闘に巻き込まれ、多大な犠牲を払った等の特殊事情」があるという理由で、「昭和五十六年十月一日以降、沖縄戦当時六歳未満であった戦傷病者や戦没者の遺族に対しても援護措置がとられてきた」ことが記されている。戦闘参加者概況表や援護法適用の理由は一九五〇年代とまったく変わっていない。

遺家族や戦傷病者は沖縄各地で戦闘参加者申立書をいっせいに申請した。戸籍簿に載っていない戦没者でも、遺家族が家庭裁判所に訴えをおこし(注3)、戸籍簿への掲載が認められたら戦闘参加者となるので、直ちに申請したのである。一九五〇年代末にも沖縄各地で援護法への適用申請の嵐が巻き起こったが、今回も小規模ながらその再来となった。

優先順位第一位の遺家族はすでに死亡している場合も多いが、日本政府が申請を受理した数については、国会議員の質問主意書に対する答弁書で確認することができる。一九八七年八月一八日、中曽根康弘総理大臣は、喜屋武眞栄参議院議員が提出した六歳未満児への援護法の適用に関する質問主意書に対する答弁書を送付している。それによると、沖縄戦における六歳未満の戦闘参加者に援護措置を適用した対象者数が、遺族年金、遺族給与金、弔慰金別にそれぞれ以下のように示されている（注4）。

年度	障害年金（人）	遺族給与金（人）	弔慰金（人）
昭和五七（一九八二年）	三	一一五	一二八
昭和五八（一九八三年）	九	四二七	四八二
昭和五九（一九八四年）	一〇	四七二	五一九
昭和六〇（一九八五年）	五	六八五	七一六
昭和六一（一九八六年）	四	四〇一	四一一
計	三一	二、一〇〇	二、二五六

戦闘参加者と認定された死没者は一九五〇年代同様、靖国神社に合祀されているようだ。一九八〇年代に援護法が六歳未満児に拡大されたとき、かれらも戦闘参加者として靖国神社に合祀されているのかと、糸数慶子参議院議員事務所が二〇一五年に厚労省に問い合わせた。厚労省はその問い合わせに直接返答しなかったが、糸数事務所は合祀されていると推量している。その根拠の一つとして挙げているのは、二〇〇七年三月二九日に参議院厚生労働委員会で、社民党の福島瑞穂議員がこの件について質問したときの政府回答である。福島議員の質問に対して、厚労省の荒井和夫政府参考人は「昭和六一年度までは、靖国神社を含めて遺族それから戦友会などから調査依頼があった場合には、一般的な調査回答の一環として回答してきました」（会議録）と述べている。また、一九八〇年から一九八八年までの沖縄関係者の靖国神社合祀者数は二八名であるが、一九八九年から一九九二年にかけて一挙に三五三名が追加合祀されている。厚労省が明確に答えようとしなくても、靖国神社に戦闘参加者として認定した資料が届いていなければ合祀できるはずがない（注5）ので、ここからも厚労省が靖国神社に連絡していると推察することができる。

四、老幼婦女子が戦闘参加者扱いになる仕組み

1　援護法適用の現場

一九四五年四月の米軍上陸時に日本軍の命令で焼却したり戦火で焼失した戸籍簿を戦後復元するにあたって、役所は家族構成員ごとに費用を徴収したので、それを負担できない困窮した家庭のなかには戦没者を復元した戸籍に記載されていないケースがあった。つまりオリジナルの戸籍簿が焼失した結果、この世に存在していなかったとされる人たちがいたのである。六歳未満児まで援護法が拡大されたとき、そのような家庭ではまず、家庭裁判所で戸籍簿から消えた子どもたちを復活させ、直ちに戦闘参加者申立書を申請した。エピソードのひとつだが、ある沖縄の県庁援護課職員は、沖縄戦の実態を知らない若い厚生省職員が「沖縄の戦時中の人口がどんどん増えますね」（二九九頁の数字）と皮肉にもとれる言い方をしていたと、憤慨して語っていたのを憶えている。

新たな申立書申請が増加することによって、援護業務の窓口担当者はずいぶん戸惑ったことだろう。私自身図らずも申立書の代筆をしたことがある。それはある近所の小母さんから六歳未満児二人の申請を依頼されたときだった。私は一九八一年にその女性から聴き取り調

査した結果を、その他の調査とともに一九八四年刊行の『沖縄県史　第10巻──沖縄戦記録2』に収録していた。代書依頼にさいして、その女性の証言の裏付けとしてさらに一週間かけて第三者からの聴き取り証言も重ねて準備万端整え、窓口に書類一式をそろえて提出した。ところが、このような内容では受け付けられないと、突き返されてしまった。何が問題なのですか、と尋ねると、民家に避難中に直撃弾をうけて死んだという説明では、沖縄戦のことを知らない厚生省の審査係には理解ができない。安全な場所にいて被弾死することはありえないと受け取られる。申立書が受理されるためには、岩陰とか壕に避難しているとき、その場所を戦闘に使うという部隊（日本軍）の要請に従って出て行ったら被弾死した、それも二四時間以内に被弾死したという説明でなければならない──これは私自身が直接、女性の担当職員から聞いた忠告である（注6）。

近所の小母さんは、「この司書さんが申立書をかけば、厚生省の審査係に受理される」という有名な人がいるという評判を耳にした。小母さんはその司書に代書を頼み、私の任務は終了となった。かつて新聞のインタビューに答えて、援護法は「沖縄戦の真実」を記録するときのガンと言明したことがあったが（三三八頁・序章の「注4」）、その背景には、この代書体験もその一つとしてあった。

援護業務の窓口では当然、担当者の交替や若い人へのバトンタッチがある。おそらくそうした実情に対応するためだろうが、理解しやすいようマニュアルに整理する必要性がでてきた。こうしたなか、厚生省（現・厚労省）社会・援護局援護課監修『〈戦傷病者戦没者遺族等援護法〉援護法Q&A――仕組みと考え方』（以下『援護法Q&A』）という書籍が二〇〇〇年に新日本法規から出版された。この本は一九五〇年代から使用されてきた援護法解説をふまえた、新人であっても誰でも窓口業務を担当できるようなマニュアルである。次項では、沖縄戦に限定して老幼婦女子が戦闘参加者として扱われていく仕組みと考え方をみていく。

2 『援護法Q&A』と琉球政府文書が説く戦闘参加者の定義

●「国と雇用類似の関係」とは

すでに何度も触れているので本書の読者にはご理解いただいていると思うが、日本政府が援護法適用のために考えだした「沖縄戦の真実」には常識として理解しがたいものがたくさんある。援護法で捏造された「沖縄戦の真実」をさぐるため、ここでは厚生省が作った『援護法Q&A』や琉球政府文書を使って再定義された「沖縄戦の真実」を明らかにしたい。まず、琉球政府文書の一九六六年「援護関係表彰綴」(注7)のなかにある宮村幸延座間味村総務課長の「功績調書」の記述を紹介する〔原文の分かち書き部分には句読点をいれた〕。

この資料は、本書にとって、最重要であり、沖縄タイムス謝花直美記者による二〇〇七年一月一五日付朝刊トップの「『集団自決』早期認定」記事に連動している。

一九五七年八月、慶良間戦に於ける集団自決補償のため上京す。一九六三年十月、集団自決六歳未満から0才児まで（一四八名）準軍属に決定。

このように、ゼロ歳児が準軍属扱いされたことが明記されている。さらに、ゼロ歳児でも準軍属に決定されれば遺族の了解を得ることなく、靖国神社に「護国の神」・祭神として合祀される。はたして日本政府は、いかなる仕組み・いかなる考え方に基いて高齢者からゼロ歳児を含む乳幼児に対して兵士に準じた戦闘参加者という身分を付与しているのであろうか。

以下では、『援護法Q＆A』における日本政府の沖縄戦認識に係わる部分について確認する。まず最初は、戦傷病者戦没者遺族等援護法＝援護法の「法律の目的」（以下も、ゴチックの表記は『援護法Q＆A』の解説タイトル）、から再確認しよう。

第一条　この法律は、軍人軍属等の公務上の負傷若しくは疾病又は死亡に関し、国家補償の精神に基づき、軍人軍属等であった者又はこれらの者の遺族を援護することを目的とする（注8）。

「軍人軍属等」が援護法の対象と定義してあるにもかかわらず、沖縄ではなぜ、高齢者から乳幼児にいたる一般住民にまでその対象を拡大できるのか。

［A］援護法は、国家補償の精神に基づき、①国と雇用関係（軍人および軍属）または雇用類似の関係（準軍属）にあった者が、②公務上または勤務に関連した傷病により死亡された場合、③死亡者の遺族に、④遺族年金または遺族給与金および弔慰金を、支給しようとする法律です（注9）。

すなわち、援護法が適用される対象者は「国との雇用関係」（軍人および軍属）または「国と雇用類似の関係」（準軍属）が明確に存在していたか否かが前提条件となっている。そこから、援護法の適用を受けようとする一般住民には、高齢者から乳幼児まで国とどのような雇用類似の関係にあったかを証明する必要が生じてくる。乳幼児が、軍人・軍属として国と雇用類似の関係を結ぶことはあり得ないので、保護者が戦闘参加者ならば運命共同体として、援護法適用の道が切り開かれたのである。

遺族は戦闘参加者申立書を申請するにあたり、二〇のケースに類型された戦闘参加者概況表のいずれかの項目で、国と雇用類似の関係にあったと、国が判定できる書き方が求められる。ここが申請にあたっての最大の関所で、沖縄戦体験を捏造する分岐点になっていくのである。

次に雇用類似の関係が成立した高齢者から乳幼児を含む一般住民が、準軍属扱いとなるのはどんな場合か。

[A] 準軍属とは、国家総動員法に基づく国民徴用令により徴用された者、総動員業務に協力させられた動員学徒・女子挺身隊員、軍の要請に基づいて戦闘に参加した戦闘参加者、建物疎開などに従事させられた国民義勇隊員、防空業務に従事した警防団員・医療従事者などです。(注10)

つまり沖縄戦で、老幼婦女子の一般住民が準軍属扱いとなる決定的要素は、「軍の要請に基づいて戦闘に参加した戦闘参加者」だったかどうかである。前記で何度も触れたが、二〇〇七年第三次教科書検定事件では、検定(日本政府文科省)によって、「軍の関与(軍命令)

による集団自決」という教科書の記述から「軍の関与」が削除されたことが大問題になった。ところが、援護法の適用にあたっては「軍の要請に基づいて」、つまり「軍関与」というのが必須要件である。このことも改めて再確認しておきたい。

次の問題は、戦闘参加者がどのように定義されているかだ。高齢者から乳幼児までを戦闘参加者扱いとするには、それに該当する具体例があったどうかで決定される。それはともかくさず、日本政府の沖縄戦認識を示している――「戦闘参加者とは」〔引用文の傍点は筆者〕。

［A］陸軍または海軍の現地部隊長等の要請に基づいて直接戦闘に参加した一般邦人で、本邦で唯一戦場となった沖縄本島、満州、サイパンなどにその例があります。なお、沖縄のように日本住民が居住する地域に米軍が上陸して、官民が一体となって戦闘が行われた地域においては、日本軍の戦闘を有利に導くため、軍の要請による弾薬・食料の運搬、炊事、避難壕の提供など戦闘を幇助する軍事行動に参加した者も戦闘参加者として処遇されます。これらの者は、法律に基づかないため、実際に軍事行動によって負傷または死亡した者のみが、法上の戦闘参加者の身分を取得します。（注11）

ここでも戦闘参加者の身分を取得するうえでの基本要件はまず、軍の要請があったか否かである。援護法の適用にあたって極めて重要な「陸軍または海軍の現地部隊長等の要請」によるという条件のなかの「要請」という言葉は辞書では、要求や要望より「最も低姿勢で願い求めることで、頼むに近い」と説明されている。しかし、沖縄戦の実態に照らすと、軍の要請による「弾薬・食料の運搬」や「避難壕の提供」は、「皇軍」兵士が「有無をいわさず」「命令する」ものだった。「避難壕の提供」はとりもなおさず「避難壕からの追い出し」だが、それが「戦闘を幇助する軍事行動」と言い換えられている。ここに、「沖縄戦の真実」を捏造する仕掛けが組み込まれているわけだ。

また、「日本住民が居住する地域に米軍が上陸して、官民が一体となって戦闘が行われた地域においては、日本軍の戦闘を有利に導くため」という『援護法Q&A』の文章は、日本政府の沖縄戦認識を決定づける。二〇〇七年第三次教科書検定事件で、超党派の沖縄県民一一万人余による検定意見撤回抗議集会を受けて、日本政府文科省は、教科書の「訂正申請の書き直し指針」を発表した。しかし政府は、その本質をまったく変えていない。「指針」における沖縄戦認識についてみてみよう――「沖縄戦について」。

沖縄では、軍民一体となった戦時体制下で、住民を巻き込んだ地上戦が行われた。沖縄戦全体において、いかなる事実がどのように起こったかが誠実に探求され、その成果

が生徒にきちんと伝わる記述にする必要がある。（注12）

日本で唯一戦場となった沖縄県では、自国軍隊が自国民を殺害したり、死に追い込んだ（強制集団死）ケースがたくさんあった。ところが、政府はこういう事実を歴史から抹消して、軍官民が一体となった戦闘が行われたと、教科書を通して国民一般に植えつけようとしている。こうした沖縄戦体験の真実を捏造する歴史認識が一九八二年第一次教科書検定事件や一九八三年第二次教科書検定事件、二〇〇七年第三次教科書検定事件の底流にある。

さて、次は「準軍属」という定義である――「準軍属の身分」。

準軍属の身分は、「満州開拓青年義勇隊員」など各種類別に八号まであるうち、昭和三四〔一九五九〕年一月一日の適用となった「戦闘参加者」は、「法令上の根拠なし」に、「業務の内容等」が「戦時下の特殊事情により現地部隊長等からの要請により直接戦闘に参加する等軍事行動に参加した者」とされ、「参考」として、「特に年齢制限はないが地域は限定される沖縄、満州、サイパン、テニアン、フィリピンなどの地域」（『援護法Q&A』五二頁）をあげている。なお、「義勇隊開拓団員」は、昭和五六〔一九八一年〕一〇月一日に適用されている（注13）。

「戦時下の特殊事情」とは、沖縄戦のように非戦闘員である住民を巻き添えにしながら日米両軍が入り乱れて戦う地上戦闘のなかで、戦場動員された住民が戦闘員として戦うという〝戦争の常識〟を超えた状況を指す。地域は限定しつつ「年齢制限がない」という定義が、沖縄では高齢者から乳幼児までに戦闘参加者という身分を付与して準軍属に認定する根拠になっているといえよう。

●「沖縄の戦闘参加者」と「軍の命令」

沖縄戦戦闘参加者に該当する死没者は非戦闘員である一般住民だから、『援護法Q＆A』では具体的に「沖縄の戦闘参加者」という項目まで作成している。

1、戦闘参加者の要件

（1）陸海軍の要請または指示があったこと

（2）直接戦闘に参加または軍の戦闘行為を幇助したこと

（3）原則、戦時災害による傷病であること

上記三つの要件に該当しない者（空襲による一般の犠牲者等）は、戦闘参加者とは認め

られません。

2、沖縄の戦闘参加

沖縄においては、昭和二〇〔一九四五〕年四月一日のアメリカ軍上陸以後、本邦で唯一の地上戦が行われ、民間人の中には現実の戦闘の場で軍の命令により戦闘に参加する例が多数みられました。具体的には、沖縄本島や慶良間諸島など、アメリカ軍が上陸し地上戦が行われた地域で、具体的な軍の命令により敵との銃撃戦に参加したり、弾薬・食料・患者等の輸送、陣地構築、炊事・水汲み・救護等の雑役などに従事したり、四散した部隊に協力した（壕の提供、道案内等）方々がアメリカ軍の攻撃を受け死亡したり障害の状態になった場合に、戦闘参加者として援護法が適用されます。なお、年少者であっても、保護者が戦闘参加者である場合は、保護者とともに行動することがいわば運命共同体的な関係となることから、戦闘参加者になり得ると解釈されています。（注14）〔傍点は筆者〕

ここも、沖縄戦認識を左右する解説だ。戦闘参加者の要件はこれまで、「軍の要請または指示」があったという表現だったが、『援護法Q＆A』では現実の戦闘の場での「軍の命令により戦闘に参加」という表現に変わっている。沖縄住民への援護法適用にあたって、「軍の命令」が前提条件であることを示す表現なのだ。政府は援護法適用にあたって、住民が「軍の命令により集団自決」「軍の命令により壕提供」「軍の命令により弾薬運搬」「軍の命令により食糧供出」等の軍事行動をとったかどうか——それが遺族が申請する戦闘参加者申立書と添付された現認証明でいかに証明されているかを重要視していたのである。既述のくりかえしとなるが、政府が住民に「集団自決」という用語を使用する場合、前提として軍令が必須要件であり、だからこそ当該行為によって戦闘参加者として処遇されると『援護法Q＆A』は説明しているのである——「サイパン島の邦人の自殺」。

［Q］サイパン島において軍人の命令により炊事をしていた婦女子が、アメリカ軍が迫ってきたので崖から身を投げて死亡しました。遺族には援護法は適用されますか？
［A］軍の要請により炊事作業中の者が、砲弾破片等により死亡した場合は、戦闘参加者として死亡した者の遺族に援護法が適用されます。しかし、ご照会の事例は、死亡の原因が自殺であって、軍の要請に基づく炊事作業中戦時災害による死亡ではないため、援護法の適用を受けることはできません。（参考）事例と同じ状況のもとで、軍の命令により、軍から支給された武器（手榴弾等）により集団で自決したような場合は、戦闘参加者として処遇された例があります。（注15）

「サイパン島の邦人の自殺」に関する「参考」例には、「集団自決」で軍命があったかどうかが援護法適用の判断基準になっていることが示されている。

最後に、六歳未満児に戦闘参加者という身分を付与する根拠についてみてみたい。左記は、厚生省の指示に従って、県援護課が各市町村援護課窓口担当者へ指示した文書（沖縄県援護課資料より）である。

戦闘参加者（六才未満）に係る処遇基準等について

1　処遇基準について

1　六才未満の者であっても本人について戦闘参加の実態が認められる場合には六才以上の者と同様に取り扱う。

2　保護者と一体となって行動したことにより受傷し、又は死亡した幼児で保護者に戦闘参加の実態があり、かつ保護者が幼児と共に行動することについてやむをえない事情があったと認められるときには幼児についても戦闘参加の実態があった者と認定する。

3　2の認定にあたっては特に次の点を充分精査し厳正に取り扱うことにする。

（1）保護者が真に戦闘参加者と認められるかどうか。

（2）保護者が幼児と共に行動することについてやむをえない事情があったかどうか。

2　審査にあたっての留意事項

六才未満戦傷病者戦没者に係る「戦闘参加者についての申立書」の作成にあたっては、六才未満という特殊なケースであり本県の地上戦のみ対象とされていることから、他の戦没者（軍人、軍属）と異なり公的資料を要求することが困難である。したがって最終的には人証（現認者等）と保護者（当時）の申立書が中心となる。

1　戦闘参加の期間は、原則として昭和二〇年三月二三日米軍が慶良間諸島及び島尻南部に艦砲射撃が開始された日から昭和二〇年六月二三日沖縄戦終結の日までとする。

2　年令――昭和一四年四月二日から昭和二〇年六月二三日までに出生した者。

3　前回（見舞金）(注16)の申立と今回申立に相違があった場合は前回申立書をくつがえすだけの資料を添付させる。

4　請求書を審査した時点で明らかに戦闘参加者と認められない者については請求書の取り下げを指導する（戦闘参加概況表参照）。

5　請求者の不備で補正に日時を要する場合は補正事項を附し市町村長あて返戻（へんれい）する。返戻書類が再進達（数回往復）されてもなおかつ心証が得られないものについては取り下げを指導する。

『援護法Q＆A』というマニュアルではほかにもさまざまな解説がなされているが、「国と雇用類似の関係」を前面に強調する形をとって、実相とは真逆の沖縄戦認識が一九八〇年代以降にも有事法制制定の動きと連動して沖縄戦体験が捏造されていることを特記しておきたい。

［終章］沖縄靖国神社合祀取消裁判の意味するもの

沖縄の靖国裁判とは、①二〇〇二年に提起された小泉純一郎首相の靖国神社参拝を違憲とする沖縄原告団による「沖縄靖国裁判」（一〇三頁）と、②二〇〇八年に提起された「沖縄靖国神社合祀取消裁判」（三二四頁）のことである。私は②の裁判で原告側から専門家証人になることを依頼されたが、いずれの裁判においてもまず、原告団とその支援者に援護法に係わる「集団自決」という言葉の問題から説明を始めた。原告が裁判において「住民の『集団自決』という表現を使用したら、少なくとも沖縄戦に係わる部分では裁判を起こす意味がないし、裁判にもならない」と、長いあいだ流布されてきた〝常識〟をひっくり返すところから問題を提起した。

既述したとおり、集団自決という用語が初めて使われたのは、一五年戦争終結前の一九四五年七月三〇日、『福島民報』紙が敗戦直前の沖縄から脱出してきた二人の日本軍将校の体験談を紹介する記事だった。その記事の中見出しに、軍人を讃える表現として初めて集団自決という言葉が使用された。次いで一九五〇年に地元紙『沖縄タイムス』が、沖縄戦を伝える『鉄の暴風』という書籍を出版し、そのなかで慶良間の集団死事件について、軍人の集団自決に似た死に方をした住民に、「集団自決」という表現を使用していた。こうした表現がやがて一般に流布されていく。

また、援護法の戦闘参加者概況表の事例では、「集団自決」という言葉が、「壕追い出し」を軍事行動を意味する「壕の提供」と捏造して使用されていることと同質だということも、第五章（二一三頁）で説明したとおりである。援護法では「集団自決」と認定された住民は天皇のために死んだとして、靖国神社に祭神として祀られている。こうした事実を「裁判支援の会」でも説明して、「沖縄戦の真実」を隠蔽する文脈で使用される「集団自決」という言葉が持つ危険性を訴えてきた。

しかしこうした問題提起が原告や裁判支援者全体で共有されるまでには相当な議論と時間が必要だった。戦時中に軍国少年、軍国少女として「天皇のために死ぬ」とか「靖国神社に祀られることは最高の栄誉だ」と教え込まれた人たちには、軍人と行動を共にしたり、父や兄や弟が軍人として出征していったのを見送った体験があった。こうした人たちと戦争体験のない人たちとのあいだに「沖縄戦の真実」についての共通認識を確立するのは容易なことではなかった。そこで私は靖国神社合祀取消裁判をとおしてここ数年、資料探索と研究を重ねて、沖縄戦認識を原告側全体で共有できるよう、努力してきたのである。ここに現在到達している私の沖縄戦認識を示すことで、本書の終章に代えたい。

一、共有されてこなかった沖縄戦認識

1　いま沖縄の議会で

戦後七〇年の二〇一五年、メディアは大々的に沖縄戦の特集を組んだ。メディア各社からの一年近くにわたって受けた取材を通じて、私自身が再確認し、はっきりと理解できたことがある。沖縄戦とは何だったのか、住民被害の元凶は何だったのかという「沖縄戦の真実」について、メディアも被害住民もいまだに事実認識が共有されていないことだった。取材後の報道記事は私が納得できるものばかりではなく、不正確な報道に怒り心頭に発したことも一度ならずあった。

第五章で触れたが、戦後七〇年も暮れようとする一二月二二日、豊見城市議会では市民代表多数の声として、「国連各委員会の『沖縄県民は日本の先住民族』という認識を改め、勧

告の撤回を求める意見書」を採択した。その意見書のなかで「私たちは沖縄戦において祖国日本・郷土沖縄を命がけで日本人として守り抜いた先人の思いを決して忘れない」（一八七頁）という沖縄戦認識が表明されたのである。そしてあろうことか、年明け早々の二〇一六年二月二三日に開かれた沖縄県議会で、自民党県議が議長席直下の質問席で、議場を圧するような大音声を張り上げ、両手を挙げて「天皇陛下バンザイ！」と叫んで質問を締めくくった。一九九九年にも同様な発言があって一日議会が空転したが、今回はとくに問題視されることはなかった。沖縄戦で住民が「天皇陛下バンザイ！」と叫んで、天皇や国に殉じて「集団自決」したという言説を再確認するかのような言動が、いまや県民を代表する議会で展開しつつあるのだ。戦前回帰への志向が強まりつつある。

2 沖縄戦認識の変遷

沖縄戦認識が被害住民に共有されてこなかった理由はいろいろあるが、調査研究に携わってきた側の責任も大きい。一九七〇年から被害住民の聴き取り調査を続けてきた私も、その批判を甘んじて受けねばならない。その一方で、沖縄靖国神社合祀取消裁判が提起された二〇〇五年以降になって、私の視野は沖縄戦認識に関する根源的な問題に一気に広がった。

戦後間もない時期からの国会会議録や戦傷病者戦没者遺族等援護法関係資料など、手許にあっても手つかずの状態に近かった史資料や書籍を改めて読み直してみて、遅まきながらこれまで気づかなかった事実認識を新たにすることもできた。

こうした史資料の精査を通して、「軍民一体」の戦闘として始まった沖縄戦でなぜ、住民が自国軍隊である日本軍（友軍）に殺されたり、間接的に死に追い込まれたりしたのかに研究の焦点が当てられた。そして、こうした事実をどのように捉えるのかという歴史認識としての沖縄戦認識が被害住民はおろか研究者のあいだでも共有されていないことが判明したのである。この認識の相違は、皇民化教育や軍国主義教育がもたらした歴史認識に対する見解の相違から生じており、そこには、四通りの認識が存在していることが見えてきた。

第一は、沖縄住民は皇民化教育・忠君愛国・軍国主義教育の成果を血肉化した立派な帝国日本の「臣民」であり、軍民一体となって勇敢に闘い、軍人同様に「玉砕」（「集団自決」）した日本人の鑑（かがみ）として讃える、「靖国の視点」に立つ認識である。靖国思想の沖縄版とも言い換えられる。

第二は、皇民化教育・忠君愛国・軍国主義教育を担った教師や地域の戦争指導者はもとより、教育によって「臣民意識」を植え付けられ受容した生徒・住民が、軍の命令（軍関与）に従って「集団自決」（玉砕・殉国死）をしたり、軍に協力した結果、各地で悲劇が生まれた――

すなわち、住民は皇民化教育・忠君愛国・軍国主義教育の犠牲者だったという認識である。

第三は、日本軍部も認めているように、沖縄住民は、皇民化教育・忠君愛国・軍国主義教育が本土のようには浸透しなかったという考え方があり、また、ある程度教育が浸透していたとしても、軍機保護法指定地域である沖縄ではいずれにせよ、住民が敵軍に投降したり捕虜（保護されること）になれば、軍事機密の漏洩は避けられないので、住民に投降は絶対に許さなかったし、住民をスパイ視・非国民視して殺害した——すなわち沖縄戦の教訓は、軍隊は住民を守らない、それどころか、軍事作戦を優先したり、自己保身のため住民を殺害（直接殺害）したり、死に追い込んだりした（間接殺害）とする、「反靖国の視点」に立つ認識である。

第四は、第三の見方にのっとりつつ、場合によって第二の見方を強調したり、ときにはまた、第三の見方を強調する、一貫性のない認識である。

これら四つの認識は、時代・社会の潮流によって変化してきた。

沖縄戦は「軍民一体の戦闘」だったことを前提として援護法の適用を拡大していった一九六〇年前後までは、第一の認識が一般的であった。しかし、一九七〇年前後から行政主導による住民の戦争体験の記録が開始され、そうした記録が集積されていくなかで、第二の認識が共有されはじめた。一九八〇年前後には、国内が戦場となったときの戦争マニュアルといわれる有事法制制定に向けた動きが顕著になり、政府・国防族は沖縄戦で起きたことを捏造する「教科書検定事件」、つまり一九八二年第一次教科書検定事件（日本軍の住民殺害の記述削除）や一九八三年第二次教科書検定事件（国の沖縄戦体験を捏造した戦闘参加者概況表の「住民虐殺」と「集団自決」記述の押しつけ）を引き起こした。その過程で、「集団自決」という言葉の意味が問われることで沖縄戦認識の研究が深化し、第三の認識が提起されはじめた。

ところが二〇〇〇年前後から、歴史修正主義者が満を持して沖縄戦の歪曲・捏造にむけた活動を活発化させ、第一の認識を精力的に流布しはじめた。とくに二〇〇三年六月に有事法制関連三法が制定され、翌二〇〇四年に国民保護法が成立すると、沖縄戦の歴史捏造の最終段階として、第一と第二の認識（「集団自決」の軍命の有無＝殉国死を意味する「集団自決」という言葉の定着化）を争点とした大江・岩波沖縄戦裁判がおこされた。この裁判を契機に、第三の認識に達していたメディアや研究者のなかから新たに第四の認識に立つ者が現れ、「集団自決（強制集団死）」とか「強制された集団自決」などという表現が生まれた。その結果、被害住民の沖縄戦認識はますます混乱した（注1）。

以上のように沖縄戦認識は被害住民にも共有されていないので、沖縄戦の事実や実相を歪めて捏造しようとする側からの攻勢に抗しきれなかった。たとえば、二〇〇七年第三次教科書検定事件（「集団自決」記述からの「軍関与」削除）やその直前の大江・岩波沖縄戦裁判にその問題点が凝縮されている（注2）。

いま、沖縄の住民は沖縄戦で「日本人として」「天皇のため」「国を守るため」に軍民一体となって勇敢に戦い、いざというときには「集団自決」（玉砕・殉国死）もいとわなかったと説明され、その「気高さ」を讃える形で沖縄戦認識の再定義化が図られている。その根本原因は、沖縄戦が「皇土防衛」「国体護持」を目的とした戦闘であったという歴史認識は共有しながらも、被害住民への援護法の適用などを利用する巧妙な政策・手法で天皇制国家や日本軍の戦争責任・戦争犯罪を免責・免罪にしようとする日本政府や国防族の意思をあばいて批判する知見が欠如していること、すなわち「沖縄戦の真実」に関する歴史認識が共有されていないところにある。しかもこの根源的な問題について真正面から向き合い、分析し、問題点を明らかにしていこうという視点や決意も欠けていた。歴史修正主義者・国防族はその隙を突いて、持論を展開してきたのである。

沖縄靖国神社合祀取消裁判は沖縄戦における国家の戦争責任、日本軍の犯罪を問題にしたが、一部のメディアを除くと沖縄戦研究者をはじめほとんどの人たちがこの裁判に無関心だった。援護法を争点に捏造された「沖縄戦の真実」をあばく画期的な裁判を原告五人が提起してくれたにもかかわらず、裁判の傍聴券を求める人数でも明らかなように、原告の支援者以外には真正面から向き合おうとする人は少なかった。沖縄靖国神社合祀取消裁判は、沖縄戦認識の共有化を阻むものを図らずも浮き彫りにしたのである。

二、沖縄靖国神社合祀取消裁判とは

既述のとおり、軍人・軍属・準軍属の遺家族五名が原告となって二〇〇八年三月一九日、国と靖国神社を相手に「靖国神社合祀取消裁判」をおこした（原告名は仮称とする――筆者）。父が軍人（A原告）、軍属扱いされたひめゆり学徒を姉に持つ弟（B原告）、母や弟が準軍属扱いされた一般住民の遺家族（C原告、D原告、E原告）計五名による訴えであった。とくに、軍人・軍属でない一般住民が戦闘参加者という身分を付与されて、靖国神社に祭神として祀られていることを取り消せという訴えは、これまで沖縄の遺家族の経済生活に多大な影響を及ぼしてきた援護法そのものの「仕組みと考え方」を問うものであった。

ところが、二〇一〇年一〇月二六日、那覇地方裁判所民事第二部は判決文で「援護法の適用によって軍属扱いされたにすぎない純粋な民間人を祭神化することの宗教的な意味は神社の信教の自由に関わる問題であり、教義的背景に立ち入るのであれば裁判所に与えられた固有の権限を超えるものであることにほかならない」と、原告敗訴の理由を述べた。この判決文では、父が軍人であるA原告や、戦闘参加者として準軍属扱いされた母や弟の遺族である

C原告、D原告、E原告についてはまったく原告の存在そのものを無視している。つまり、軍属扱いされたひめゆり学徒を姉に持つB原告のみを対象にした判決文なのである。いわば、B原告ひとりを対象にした判決理由によって、五名の原告に敗訴を言い渡したのである。援護法の根幹を問うこの判決文は、援護法の内実を熟知していない人にはまったく理解できない。したがって、原告弁護団はただちに以下のような抗議声明文を発表した。

沖縄靖国合祀取消訴訟判決に対する声明

那覇地方裁判所民事第二部は、本日、靖国神社に合祀されている沖縄戦で亡くなった者の遺族らが、合祀は遺族らの承諾を得ずに行われたもので、遺族らの「家族的人格的紐帯の中で本件戦没者を敬愛追慕する情を基軸とする人格権」を侵害するものであるとして、靖国神社に対しては合祀の取消しと慰謝料を、また、戦後何年にもわたって靖国神社に対し戦没者の情報を積極的かつ大量に提供し同神社による戦没者の合祀を可能にした国に対しては慰謝料を、それぞれ請求していた事件で、遺族らの請求をいずれも棄却する不当な判決を下した。

わたしたちは、裁判の中で、靖国神社が、単なる一宗教団体ではなく、天皇のために死んだ戦死者を戦争賛美宗教の「祭神」として祀るという、きわめて特異な政治的な性格をもつ宗教団体であること、また、それゆえ靖国神社は、決して戦争の被害者を追悼しているのではないことを訴えてきた。また、そのような靖国神社に、沖縄戦当時、主婦や、一七歳の少女、二歳の男の子等であった家族らの無断合祀を認めることは、戦争被害者である家族らが加害者と同列に置かれ、上記靖国神社のもつ非民主的・反平和的な政治理念と歴史観を広め、強制する手段として利用されることを意味するものであって、遺族にとって許し難い怒りと苦痛を与えるものであることも訴えてきた。

にもかかわらず、本日の判決は、これら遺族の真摯な訴えに真正面から答えようとしないものであって、きわめて不当な判決である。

しかし、わたしたちは、この裁判の中で、また、裁判と並行して広く、沖縄戦の犠牲者たる住民が、加害者と同列の「戦闘参加者」として合祀されるに至った経緯、すなわち、国と靖国神社が共謀して「戦傷病者戦没者遺族等援護法」（援護法）の適用を靖国神社の合祀行為に利用することで、本来は天皇制国家護持のための「捨て石作戦」であった沖縄戦の真実をねつ造し、新たに沖縄の民衆を天皇制国家思想に取り込もうと画策した経緯についても明らかにしてきた。そして、それに対する社会的反響は決して少なくない。それゆえ、当初掲げていた本訴訟の意義のうち、少なくとも靖国神社合祀にまつわる問題点を広く世に知らしめるということについては、達成できたのではないかと考えている。

わたしたちは、本日の判決を契機とし、靖国神社の問題点を広く世論に訴えながら、一日も早く靖国神社による合祀取消がなされるよう力を尽くす所存であることを表明する。

二〇一〇年一〇月二六日

沖縄靖国合祀ガッティンナラン訴訟団
沖縄靖国合祀取消訴訟弁護団

この裁判では、援護法の「仕組みと考え方」が全面的に問われたが、一九八〇年代以降、国が新たに六歳未満児までも戦闘参加者と認定して、靖国神社に合祀することを容認してきた沖縄社会では、勝訴の芽はなかったのかもしれない。しかも一九七〇年代以降に行われた六歳未満児への援護法適用は、政府としては有事法制制定の地均しだったともいえるが、沖縄戦被害者が悲痛の思いで国に補償を求めた運動の成果として実現していた。メディアもそれを運動の成果として報じてきたし、また、一九五〇年代から六〇年代にかけて行われた援護法の住民適用や靖国神社への合祀は当然の「権利」と考えるのが沖縄社会の常識になっていたので、合祀取消裁判は援護法の適用を受けた住民にとっては〝不都合な真実〟だったのである。

原告団には援護法の適用に必要な戦闘参加者申立書を申請したことのある当事者は一人もいなかったので、裁判支援者とともに援護法の「仕組みと考え方」を学習するところから出発して、非戦闘員だった肉親がなぜ軍人同様に靖国神社に合祀されているのかを解明し、認識を共有する作業を重ねながら闘ったのである。

こうして、これまで沖縄社会でタブーとされていた援護法の仕組みと考え方が法廷で明らかにされた。さらにゼロ歳児から高齢の被害住民が祭神として靖国神社に祀られている〝不都合な真実〟が史資料に基づいて白日の下にさらされた。そのため「皇国史観に基づく沖縄戦後史」を見直すという歴史的裁判になった。こうした戦後史の古い流れは、前述の豊見城市議会の意見書や「天皇陛下バンザイ！」の発声に如実に表れている。

戦後七七年を迎え、「軍事基地の島」から脱却して、あらゆる戦争を拒む「平和な島・沖縄」を創造していきたいと私（たち）は考えている。こうした新たな沖縄戦後史とは異質の、戦前に連なる皇国史観を引きずる沖縄戦後史と対峙したのが沖縄靖国神社合祀取消裁判であり、それはまた、人間の尊厳をとり戻そうとする崇高な取り組みであった。こうした裁判を果敢に闘った原告団とその弁護団、そして「支援者の会」の歴史的役割は極めて大きかった。

裁判所には、原告側・被告側双方が提出した甲号証・乙号証という公式記録が残されたので、沖縄戦認識をめぐる諸問題について、次世代の人々が客観的に考え、分析できる資料が揃ったことになる。この意味は決して小さくなく、「沖縄戦の真実」を住民の手に取り戻すためにこうした史資料を今後活用していくことこそ、歴史を切り拓いた原告・弁護団と「支援の会」の熱意に応えることになろう。

三、執筆をおえて去来する思い

●知らなかったがゆえに

体験していないので知らなかったがゆえに、まったく知識がなかったがゆえに、私は必死に聴きだしたり、資料探しをしたりしてきたものだとつくづく思う。沖縄戦体験とそれにまつわる援護法と靖国神社合祀のことである。

私は、台湾の宜蘭でアジア・太平洋戦争がはじまる半年前に生まれたので、沖縄戦の実相はまったく知らなかった。台湾から米軍の艦船で沖縄へ引き揚げ（一九四六年一一月一四日）、激戦場跡の首里大名(おおな)に住むことになったのは五歳半のときだった。

　破壊された米軍や日本軍の戦車、さまざまな兵器類、うず高く積まれたさまざまな種類の不発弾や破片類、家一軒分位の砲弾穴など、戦争が終結した直後、初めてみる沖縄の光景は目に焼き付いている。しかし、激戦場を生き延びた周りの人たちから私は、小中高校大学時代をとおして、戦争体験をまったく聞いていない。聴こうともしなかったし、周りの人たちは誰も語ろうともしなかった。

　一九七〇年に大学の教壇に立つことになったとき、たまたま、『沖縄県史　第10巻——沖縄戦記録2』の執筆陣に加えてもらい、はじめて沖縄戦体験を順序立てて聴きだすことになった。教え子の肉親や近所の小父さん、小母さんたちから戦場体験を聴き取りしはじめた。「針の穴をくぐってきた」と、奇跡としか言いようがない連続で生き延びられた生存者のかたがたと接していると、よくも普通に生活されているものだと思った。そして、聴き取りを重ねる中で、戦争死没者と紙一重で生き残れたのだから、その語りは「死者は語れない、しかし、死者のことばは蘇らすことができる」という思いがつのっていった。

　そして、生存者をとおして蘇らせた死者のことばは、戦争へつながる一切の動きを拒む力をもっているものと信じていた。だから、それを文字にして同時代、将来世代の人たちに読んでもらえば、戦争のない社会、時代を築いていける礎になる、と思っていた。

●体験者の相反する思いに接して

聴き取りを始めたころは、「日本復帰」前後で、自衛隊の沖縄配備の問題が戦争体験者にとっては関心事だった。自衛隊＝旧日本軍というポスターが、至る所の電信柱に貼られていた。

台湾では沖縄出身者がまったくいない「日本の租界」のような社宅に住んでいた私は「日本人」そのものであり、小中高校時代は米軍占領下の沖縄で、「母国復帰」ということばに共鳴し、日の丸に憧れ、相撲中継の君が代斉唱に涙したものである。そして一九六二年には憧れの日本本土の大学進学への夢が実現し、私の後を追うように、弟が大阪で集団就職した。弟の職場環境の悪さを見かねて、自衛隊への入隊を勧めようとも思った。だが、相談した大学の友人（兵庫県の人）に止められた。それほど、私は無知だった。それから数年後、その自衛隊が、沖縄へ配備されようとしたとき、戦争体験者は、自衛隊は旧日本軍だと認識していることを知った。「二度とあのような戦争を起こすものではないよ。軍隊がいたから地獄のような戦場になったのだ。自衛隊は絶対に沖縄へ入ってきてはいけないよ」と異口同音に語っていた。

また、私が戦争体験の聴き取りを始めたときは、ベトナム戦争の真っただ中だったので、沖縄はベトナムの戦場と直結し、きな臭さが漂っている雰囲気だった。そのような状況下の沖縄で、二〇数年前の沖縄戦体験を聴き終えたとき、「ベトナムの人たちは、米軍に皆殺しにされない前に、抵抗しないで降参したほうがよいのに」とつぶやく体験者もいた。数十年後、ベトナム戦争の指揮を執っていた元米国国防長官が、ベトナムを訪問したニュースに接したとき、当時は「なんてことを言うのだろう」と思っていたその体験者のことばが蘇った。戦場体験から学んだ戦争を否定する平和思想を体現していたのだろう、と思うようになった。

しかし、一九七〇年代終わりのころ、敵軍に追いつめられ、恐怖のあまりお互いで死んだほうがよいということになり、母親が親友の手で殺められたという神主さんから聴き取りしたときのことである。しきりに、「自衛隊を増強しなければならない」という話になった。戦争体験に話を戻しても、いつの間にか、「自衛隊を増強しなければならない」ということを真剣に語りだすのだった。「でも戦争は絶対に起こしてはいけないよ」と強調しつつ、現在の軍事力増強に熱弁をふるう理由を語り始めた。「あのとき、日本軍が弱体だったから、母親が親友に殺められるようなことになったのだ。あのような悲惨な目に遭わないためには、強力な軍備をもっていないといけないのだ」と力を込めて語っていた。

思い出したくない、語りたくないほど凄惨な戦争体験を強いられてきた人たちをとおして、「死者のことば」を蘇らせたら、戦争につながる一切の動きにみんな反対するだろうと思っていた私には、衝撃的なことばであった。

聴き取り相手が自分の体験をとおして、現荘の状況を見る目がいろいろあることに気が付いた。そして戦争体験者のことばをいくら集積していっても、戦争体験の継承というのは、現実の社会や世界をみている人たちそれぞれにおいて一様ではないことが分かった。「非軍事による平和」か「軍事による平和」かという真逆な「平和思想」の形成に生かされていることを知ったのは、一九七〇年代後半だったのだ。それは一九七八年版日米ガイドラインをうけて、有事法制制定の動きと平行して、「防衛費ＧＮＰ一パーセント」突破のせめぎ合いがおこっている時だった。

●一九五〇年代といま

二〇一五年版日米ガイドランの合意をうけて「戦争法」を施行し、海外での戦争ができる国へと、「国の姿」を変えた安倍晋三首相が「積極的平和主義」を唱えているのは、まさに、戦争体験の継承を「軍事による平和」に生かすというのが、国民の多数を占めていることを意味しているのだろうか。

靖国神社合祀関係の資料をみていると、日本国憲法はあってなきが如し存在だったとつくづく思った。第二〇条のことだ。「いかなる宗教団体も、国から特権を受け、又は政治上の権力を行使してはならない」という条文が絵に描いた餅のように見えてきた。なぜなら、率先して違憲行為を積み重ねる国、それを後押しする遺家族——そうした構図が浮かび上がってきたからだ。

また、新聞をめくっていると、一九五二年四月二七日には、《きょう占領最後の日／独立日本の最大課題／内外の再軍備要請と憲法改正》、五三年九月九日には、吉田首相が《新国軍の創設》というみだしが一面トップを飾り、五七年五月一五日には、岸首相が《自衛上、核兵器は合憲／岸首相記者会見で重ねて表明》(いずれも『琉球新報』記事より)と報じられている。大学に造兵学科も創るべきという話が持ち上がっているというニュース(同紙五九年七月二日夕刊《波紋ひろがる『造兵学科』／〝既成事実〟の恐れ／研究費は流れ込んでいる》)には度肝を抜かれた。

戦争法が施行された日本の国の〝設計図〟は、一九五〇年代に新聞を読んでいた人たちにすでに示されていたのだ。いまとなれば、小学校六年(一九五三年)から新聞を欠かさず読んできた私ではあったが、その〝設計図〟になんの疑問も抱かなかった私の姿が浮き彫りに見えてくる。

私は大学教壇に立ってから、沖縄戦の体験を知り愕然としたが、日本政府は一九五二年から沖縄戦の実相を知り、その沖縄にどのように向き合えばよいのかということを具体的に、沖縄戦体験を捏造するあの手この手を打って来ていたのである。

＊　＊　＊

一九七〇年から沖縄戦の体験を聴き取りしてきた者として、国のあの手この手を見抜けなかった研究者としての未熟さと「戦争死没者のことば」を蘇らせてくださった体験者の思いに十分には応えられなかった非力をいま改めて考えると、慙愧に堪えません。

しかし、明るい未来の「非軍事による平和」の土俵をいかに創意工夫して広げていくのか、聡明な将来世代のみなさんに期待してやみません。

●注記

※紙誌や史資料の記述における旧漢字は原則、新漢字に修正し（修正しなかった箇所もある）、分かち書きの箇所には句読点、記号等を挿入するなどした。本文同様、引用文中の読み仮名を付した箇所もある。〔 〕は補記・注記。

【序章】

1 防衛庁防衛研修所戦史部『〈戦史叢書〉沖縄方面陸軍作戦』朝雲新聞社、一九六八年、二五二頁。

2 一九九七年七月一五日付『沖縄タイムス』朝刊。

3 一九四五〔昭和二〇年〕七月三〇日付『福島民報』（『毎日新聞』『讀賣報知』『朝日新聞』の統合紙）の一面記事トップ見出しは《沖縄はかく戦った／両将校の脱出報告／比なし軍の精鋭度／敵物量を越え大出血へ》と書かれていて、次に、《祖国の必勝信じ／重傷者は集団自決》という見出しをつけて、その集団自決を意味する内容が記述されている。この集団自決の見出しは、管見によれば『福島民報』のみ。（本書の三三頁）

個人の精鋭度だがこれは自決の状況が何よりも雄弁に示してゐる。第一線の或る部隊の如きは重傷か然（しか）らずんば死であったが、しかも重傷者の一人を後方野戦病院に搬送するには数名の兵を要した。かうした認識下重傷者は口を揃へていふのだった。私一人のために第一線から数名の兵隊を割いて部隊の作戦行動に影響しては申訳ありません。私はどうでもいゝのですからどうか第一線で頑張ってください。そして重傷者は数人づつ、車座になり、中に一人が入って手榴弾を爆破し文字通り一蓮托生の壮絶な自決を遂げ従容〔落ち着いていること〕として尽忠〔忠義を尽くすこと〕の大義に生きてゆくのであった。この鬼神も哭く見事な最期はこれこそ日本陸軍の精鋭度を端的に現したものであった。

4

一九八三年六月二七日付『沖縄タイムス』朝刊文化欄の見出し《島ぐるみ調査が必要／ガンは「援護法」に／沖縄戦体験どう伝える〈6〉／草の根の聞き書きを続ける——石原昌家氏」》に続く本文は以下のとおり。

「……ぼくは沖縄戦の記録を通して、真実を記録することのいちばん大きなガンになっているのは援護法だと思います。日本軍によって虐殺された人に対して援護法を適用させる場合に、結局は軍への協力ということでないと適用をうけられないわけでしょう。だから、事実を曲げていかせるような、そういう仕掛けになっているんです。そこでは遺族は真実を語れないんです。記録をとっていくとどうしてもその問題にぶつかります。……」

このインタビュー記事は、一九八〇年代に援護法の適用が新たに「六歳未満児」にまで拡大されて間もないときに行われた私のコメントである。

5 二〇〇七年三月三一日付『沖縄タイムス』朝刊。
6 二〇〇七年三月三一日付『琉球新報』朝刊。
7 二〇〇七年九月二七日付『沖縄タイムス』朝刊。
8 内容分析のために琉球新報社から提供された文書。

【第一章】

1 『平和への証言——沖縄県平和祈念資料館ガイドブック』沖縄県生活福祉部援護課（編集・発行）、一九八八年一二月、二～三頁。
2 石原昌家・大城将保・保坂廣志・松永勝利『争点 沖縄戦の記憶』（社会評論社、二〇〇二年三月）に、沖縄県当局が業者に指示した改ざん資料も含めて事件の経緯が詳述されている。
3 『沖縄県平和祈念資料館 総合案内』沖縄県平和祈念資料館、二〇〇一年三月、七二頁。
4 大江健三郎「誤読・防諜・「美しい殉国死」——沖縄『集団自決』裁判地裁判決を聞いて」岩波書店編『記録・沖縄「集団自決」裁判』二〇一二年二月、三二頁。
5 **牛島司令官の訓示** 以下は前掲『沖縄県平和祈念資料館 総合案内』資料編（二頁）からの引用。

……第五『現地自活ニ徹スヘシ』極力資材ノ節用増産貯蔵等ニ努ムルト共ニ創意工夫ヲ加ヘテ現地物資ヲ活用シテ一木一草ト雖モ之ヲ戦力化スヘシ 第六「地方官民ヲシテ喜ンテ軍ノ作戦ニ寄与シ進テ郷土ヲ防衛スル如ク指導スヘシ」之ガ為懇ニ地方官民ヲ指導シ軍ノ作戦

準備ニ協力セシムルト共ニ敵ノ来攻ニ方リテハ軍ノ作戦ヲ阻碍セサルノミナラス進テ戦力増強ニ寄与シテ郷土防衛セシムル如ク指導スヘシ　第七「防諜ニ厳ニ注意スヘシ」　右訓示ス

尚細部ニ関シテハ軍参謀長ヲシテ指示セシム

昭和十九年八月三十一日　軍司令官　牛島　満

前段では、「地方官民」すなわち軍人以外の沖縄の人たちが軍事機密を軍人同様に知るような戦闘にも参加協力するよう求めながら、最後の訓示「第七」では軍事機密漏洩の恐れを表している。この牛島司令官訓示から二か月後の一一月には「軍官民共生共死の一体化」という県民指導方針が出され、軍事機密漏洩防止のために「官民」にも絶対に投降を許さない、という住民被害の元凶が具体化していった。詳細は『沖縄県史　沖縄戦日本軍史料　沖縄戦6』沖縄県、二〇一二年、四七頁。

6　**近衛文麿の上奏文**　以下は前掲『沖縄県平和祈念資料館　総合案内』資料編（二頁）からの引用。

敗戦ハ遺憾ナカラ最早必至ナリト存候。（中略）敗戦ハ我カ国体ノ瑕瑾タルヘキモ、英米ノ輿論ハ今日マテノ所国体ノ変革トマテハ進ミ居ラス（中略）随テ敗戦タケナラハ国体上ハサマテ憂フル要ナシト存候、国体護持ノ建前ヨリ最モ憂フルヘキハ敗戦ヨリモ敗戦ニ伴フテ起ルコトモアルヘキ共産革命ニ御座候。ツラツラ思フニ我カ国内外ノ情勢ハ今ヤ共産革命ニ向ツテ急速度ニ進行シツツアリト存候。即チ国外ニ於テハソ連ノ異常ナル進出ニ御座候。（中略）ソ連ハ究極ニ於テ世界赤化政策ヲ捨テサルハ最近欧州諸国ニ対スル露骨ナル策動ニヨリ明瞭トナリツツアル次第ニ御座候。（中略）カクノ如キ形勢ヨリ推シテ考フルニ、ソ連ハヤカテ日本ノ内政ニ干渉シ来ル危険十分アリト存セラレ候。（中略）昨今戦局ノ危急ヲ告クルト共ニ一億玉砕ヲ叫フ声次第ニ勢ヲ加ヘツツアリト存候。カカル主張ヲナス者ハ所謂右翼者流ナルモ背後ヨリ之ヲ煽動シツツアルハ（中略）共産分子ナリト睨ミ居リ候。（中略）勝利ノ見込ナキ戦争ヲ之以上継続スルハ、全ク共産党ノ手ニ乗ルモノト存候。随テ国体護持ノ立場ヨリスレハ、一日モ速ニ戦争終結ノ方途ヲ講スヘキモノナリト確信仕リ候。（中略）従テ戦争ヲ終結セントスレハ先ツ其前提トシテ此一味ノ一掃カ肝要ニ御座候。（中略）此ノ一味ヲ一掃シ軍部ノ建直シヲ実行スルコトハ、共産革命ヨリ日本ヲ救フ前提先決条件ナレハ、非常ノ御勇断ヲコソ願ハシク奉存候。

昭和二十年二月十四日　元首相　近衛文麿

この近衛文麿元首相の国際情勢の把握はほぼ的確だったといえるだろう。この進言を昭和天皇が受け入れて即刻、戦争終結の方途に着手しさえすれば、沖縄での地上戦は起きなかったはずだ。また、「注9」で見る「天皇メッセージ」と重ねて上奏文を読めば、その関連性がわかる。詳細は木戸日記研究会編『木戸幸一関係文書』東京大学出版会、一九六六年、四九五〜四九八頁。

7　**『球軍會報』**（四月九日付）以下は前掲『沖縄県平和祈念資料館　総合案内』（七一頁）からの引用――「一、炊事場出入口ニ関シ左記ノ通リ定ム　……五、爾今軍人軍属ヲ問ハズ標準語以外ノ使用ヲ禁ズ沖縄語ヲ以テ談話シアル者は間諜トミナシ処分ス」

8　**国土決戦教令**　以下は沖縄県教育庁文化財課資料編集室編『〈沖縄県史資料編23〉沖縄戦6』（沖縄県

教育委員会、二〇一二年三月、三六頁）からの引用。

昭和二十年四月二十日　大本営陸軍部

……第二章　将兵ノ覚悟及戦闘守則

第十四　敵ハ住民、婦女、老幼ヲ先頭ニ立テテ前進シ我ガ戦意ノ消磨ヲ計ルコトアルベシ斯カル場合我ガ同胞ハ己ガ生命ノ長キヲ希ハンヨリハ皇国ノ戦捷ヲ祈念シアルヲ信ジ敵兵撃滅ニ躊躇スベカラズ

9　資料館での展示は英文のみだが、前掲『沖縄県平和祈念資料館　総合案内』資料編（一〇頁）では、邦訳文が掲載してある。以下は〈「天皇メッセージ」（2）〉の邦訳。

……一九四七年九月二〇日

マッカーサー元帥のための覚え書

天皇の顧問、寺崎英成氏が、沖縄の将来にかんする天皇の考えを私〔シーボルト〕に伝える目的で、時日を約束して訪問した。寺崎氏は、米国が沖縄その他の琉球諸島の軍事占領を継続するよう天皇が希望していると、言明した。天皇の見解では、そのような占領は、米国に役立ち、また、日本に保護をあたえることになる。天皇は、そのような措置は、ロシアの脅威ばかりでなく、占領終結後に、右翼および左翼勢力が増大して、ロシアが日本に内政干渉する根拠に利用できるような〝事件〟をひきおこすことをもおそれている日本国民のあいだで広く賛同を得るだろうと思っている。さらに天皇は、沖縄（および必要とされる他の島々）に

たいする米国の軍事占領は、日本に主権を残したままでの長期租借――二五年ないし五〇年あるいはそれ以上――の擬制にもとづくべきであると考えている。天皇によると、このような占領方法は、米国が琉球諸島にたいして永続的野心をもたないことを日本国民に納得させ、また、これにより他の諸国、とくにソ連と中国が同様の権利を要求するのを阻止するだろう。手続きについては、寺崎氏は、(沖縄及び他の琉球諸島の)「軍事基地権」の取得は、連合国の対日平和条約の一部をなすよりも、むしろ、米国と日本の二国間条約によるべきだと、考えていた。寺崎氏によれば、前者の方法は、押し付けられた講和という感じがあまり強すぎて、将来、日本国民の同情的な理解をあやうくする可能性がある。

W・J・シーボルト

(『沖縄と天皇』あけぼの出版より)

10 石原昌家「書き換えられた沖縄戦――「靖国の視座」による沖縄戦の定説化に抗して」『世界』岩波書店、二〇〇七年七月、六七~七七頁。

11 浦添市史編集委員会編『浦添市史第五巻資料編4　戦争体験記録』浦添市教育委員会、一九八四年、三〇四頁。

12 前掲(注1)『平和への証言』一三頁。

13 松尾高志編『〈平和資料〉日米ガイドラインと戦前「有事法制」Ⅳ』港の人、一九九八年三月、三六二頁。

14 防衛庁防衛研修所戦[マ]史室[マ]編『〈戦史叢書〉沖縄・臺灣硫黄島方面　陸軍航空作戦』朝雲新聞社、

一九七〇年七月、三二二頁。

15 『沖縄作戦における沖縄島民の行動に関する史実資料』陸上自衛隊幹部学校、一九六〇年五月（馬渕新治氏調査執筆【した資料】を防衛研修所戦史室が複製）（本書の二一一～二一三頁）。

16 松尾高志編『〈平和資料〉日米ガイドラインと戦前「有事法制」Ⅳ』港の人、一九九八年三月、第一条～第四条、三五一頁。

17 国立公文書館に所蔵されている『秘密戦ニ関スル書類』のなかに、表紙に「極秘」と押印され〈「報道宣伝防諜等に関スル県民指導要綱」昭和十九年十一月十八日　球第一六一六部隊〉と記された書類がある、以下はその書類の一文（傍点は筆者）。

第一　方針　皇国の使命及ビ大東亜戦争ノ目的ノ深刻ニ銘肝（めいかん）セシメ我ガ国ノ存亡ハ東亜諸民族ノ生死興亡ノ岐（わか）ルル所以（ゆえん）ヲ認識セシメ真（まこと）ニ六十万県民ノ総蹶起（そうけっき）ヲ促シ以テ総力戦態勢ヘノ移行ヲ急速ニ推進シ軍官民共生共死ノ一体化ヲ具現シ如何ナル難局ニ遭遇スルモ毅然（きぜん）トシテ必勝道ニ邁進（まいしん）スルニ至ラシム

ここに、軍事機密を知る住民も兵士とともに「共死」することが前提とされた軍の県民指導方針が明記されている。軍の指導による住民の集団死発生を裏付けている。

【第二章】

1 **集団自決の再定義**　一九五〇年発行の『鉄の暴風』（沖縄タイムス社）のなかで執筆した新聞記者・太田良博氏は、手榴弾・カミソリなどを使った住民の集団死が軍人の集団自決に似通っていたので、軍人の集団自決同様に住民にも「集団自決」という言葉を使用した。しかし、太田氏は曽野綾子氏との論争のなかで、同書読者の理解を誤らせたことになったかもしれないと反省している。援護法の戦闘参加者概況表「⑮集団自決」で、軍の関与（強制、命令など）があれば戦闘参加者という身分が付与されることになった。二〇〇〇年四月一日に開館した沖縄県平和祈念資料館では、これまでの集団自決の表記を「強制による集団死」に改めた。以後、強制集団死という用語が使われるようになった。歴史修正主義者は、強制・命令がなくても「国家のために忠誠を尽くして自発的に死ぬ」殉国死を意味する「集団自決」ということばの定着化を図っている。それを「集団自決」の再定義という。

2 水島朝穂教授（早稲田大学）の編著『知らないと危ない「有事法制」』（現代人文社、二〇〇二年五月）によれば、以下のとおり――〈【三矢作戦研究】一九六三年、自衛隊制服組が行った極秘シュミレーションのこと。正式には「昭和三八年度統合防衛図上研究」といいます。第二次朝鮮戦争が起こったことを想定して、アメリカが朝鮮半島で行う武力介入に日本が協力するという内容を盛り込んでいました。またその際、国内では二週間以内に八七本の戦時立法を国会で可決させ、物価・金融から生活必需品までを統制し、基本的人権を制限するとともに、厳重な報道管制を敷くことが計画されていました〉（五頁・脚注）

3 一九八〇年代の援護法適用の拡大問題は、第七章を参照されたい。

4 前掲『知らないと危ない「有事法制」』五頁。

5 吉川弘文館編集部『日本軍事史年表――昭和・平成』吉川弘文館、二〇一二年三月、三四八頁。

6 前掲『知らないと危ない「有事法制」』六頁。

7 『沖縄タイムス』『琉球新報』『東京タイムス』、『歴史と実践――〈特集〉沖縄戦と教科書検定』(第一一号、沖縄県歴史教育者協議会発行、一九八三年七月)などを参照。

8 同上『歴史と実践』四~五頁。

9 同上『歴史と実践』五頁、江口圭一『沖縄戦の記述と検定――教科書執筆者として』。

10 教科書検定訴訟を支援する全国連絡会編『家永・教科書裁判　第三次訴訟　地裁編　第五巻　沖縄戦の実相』(ロング出版、一九九〇年一一月)。

11 一九八五年五月一一日付『沖縄タイムス』「土俵をまちがえた人――曽野綾子氏への反論(1)」

12 石原昌家・大城将保・保坂廣志・松永勝利『争点・沖縄戦の記憶』社会評論社、二〇〇二年。

13 非戦闘員の住民が援護法の適用をうけるためには、戦闘参加者申立書という文書を申請する。

14 援護法への適用申請にあたって申請者は戦闘参加者概況表の二〇のケース、たとえば「壕追い出し」は「壕の提供」、「強制・命令による集団死」は殉国死を意味する「集団自決」――などに捏造して記述しないと受理されない。

15 二〇〇二年六月二三日付『沖縄タイムス』五面、社説。

16 大阪地裁判決直前にお読みいただきたいと大江健三郎氏へ送った二論文とは、石原昌家「イデオロギーの問題となった集団自決という言葉の意味――「軍民一体意識」の形成をめざす国防族」(沖縄国際大学南島文化研究所紀要『南島文化』第三〇号、二〇〇八年三月)と西谷孝二「沖縄戦における「集団自決」・「強制集団死」論の史的分析」(沖縄国際大学大学院修士論文)のことで、大江氏は住民の死には「集団自決」という言葉は使えないとの判断に至ったようである。岩波書店編『記録・沖縄「集団自決」裁判』（岩波書店、二〇一二年二月）も参照されたい。

【第三章】

1 朝鮮戦争によって沖縄の米軍基地の重要性を認識した米国は、本格的基地建設のために国際入札を実施した。その際、本土から錢高組などが参入し、本土土木企業関係者が多数沖縄入りした。かれらは休日を利用してボランティアで、山野に眠る遺骨を収集した。

【第四章】

1 沖縄県遺族連合会編『還らぬ人とともに』若夏社、一九八二年、八一～八四頁。

2 **中央政府** 一九五二年四月一日に創設された琉球政府の前身「琉球臨時中央政府」（一九五一年四月一日～一九五二年三月三一日まで存在）を指す。照屋栄一『沖縄行政機構変遷史』（著者・発行者＝照屋栄一、自費出版、一九八四年）による。

3 北緯二九度線のこと。米軍政下の琉球と日本本土の行政分離線は、北緯三〇度線（一九四六年一月二九日～一九五一年一一月二三日）、北緯二九度線（一九五一年一一月二四日～五三年一二月二四日）、北緯二七度線（一九五三年一二月二五日～七二年五月一四日）と、米国は沖縄の施政権返還までに三回にわたって島々を日本に返した（前掲『沖縄行政機構変遷史』参照）。

4 「注2」の「琉球臨時中央政府」の前身として、沖縄群島政府・宮古群島政府・八重山群島政府・

奄美群島政府と、四つの政府が各島嶼に置かれていた（一九五〇年一一月〜一九五二年三月三一日まで。前掲『沖縄行政機構変遷史』参照）。ここでいう群府とは、沖縄群島政府を指しているのであろう。

5 沖縄県議会図書館蔵の『琉球立法院議会議事録　公報（号外）』二〇頁。

〔差出人〕琉球遺族会会長　島袋全発
〔宛て先〕立法〔院〕議長　泉有平殿

沖縄戦の展開された土地として我が琉球が如何なる損害を蒙ったかという云う事は我々琉球人が一番よく知っているのであります。そして杖とも柱とも頼む我が子我が夫が父を失った我々遺家族の悲嘆と生活の不安は軽重の差こそあれ、誰しも思いを一つにするものでありますす。本年二月、日本政府が遺家族援護の事を立法化し援護金を支給するとの報至るや我々琉球の遺家族は本年二月十日那覇劇場に於いて遺家族大会を開催し全員の要望に依り琉球遺家族会を結成、日本政府に対し我々にも援護金を支給されたしと陳情書を提出しました。我々は此の問題を積極的に推進し所期の目的を達するには琉球政府が主体となり官民一致協力する必要を痛感しここに左の通り陳情する次第であります。

一、日本政府に対する折衝の件（略）　二、遺家族調査依頼の件（略）　三、援護設置の件

6 沖縄県議会図書館所蔵の「琉球立法院議事録　一九五二年六月一三日　公報（号外）第二号」参照。

7 前掲『還らぬ人とともに』八四頁。

8 前掲『還らぬ人とともに』八四〜八五頁。

9 沖縄県生活福祉部援護課編『沖縄の援護のあゆみ——沖縄戦終結五〇周年記念』沖縄県生活福祉部発行、一九九六年、一八六頁。

10 前掲『還らぬ人とともに』一〇〇頁。

11 前掲『還らぬ人とともに』一〇〇頁。

12 沖縄県遺族連合会編『沖縄の遺族会五十年史』沖縄県遺族連合会（発行）、二〇〇二年。

13 前掲『還らぬ人とともに』一〇四頁。

14 陳情活動の方針は、沖縄公文書館所蔵の「琉球政府文書」として保存されている資料「一九五三年度　諸団体に対する補助金交付に関する書類（沖縄遺族連合会）社会局援護課（第二号第一種永久）」の中に見出される。一九五三年六月九日付の琉球遺族連合会（島袋全発会長）の事業計画書によると、「日本政府並びに琉球政府に対して戦傷病者、戦没者遺族等援護に関する各種問題解決並に其の実現を期す為陳情を行ふ」として、「援護法の適用と援護金の早期支給について」「大東亜戦争に参加したる学徒隊、防衛隊、其の他軍命に依って戦闘に参加して死亡した者も軍人、軍属と同様に取扱ふこと」「琉球政府に援護課を早急に設置せよ」などが第一の目的に掲げられ、第八の「巡回相談並に個人指導」には、「傷い〔傷痍〕軍人並に遺族の各家庭を巡り総ゆる調査指導相談に応ずることは現下最も重要なる仕事であって特に琉球の現状から見て傷い軍人並に遺族の生活の実態を早急に調査し彼等の相談相手となって厚生の道を開拓させることは現下の急務である。特に今後の援護法で援護されるかされないかの境にある軍人及軍属其の他軍に協力した者の援護についても充分調査研究しこれ等遺族をして後顧の憂ひない様に努める」とある。この方針の下に沖縄の遺族会は行動を起こし、援護課もそれをバックアップすることになった。

15　那覇日本政府南方連絡事務所総理府事務官馬淵新治／緒方尚行（共著）「沖縄の援護業を顧みて」『援護のあゆみ』琉球政府社会局、一九五八年八月、九七頁。

16　厚生省社会・援護局援護課監修『〈戦傷病者戦没者遺族等援護法〉援護法Q&A――仕組みと考え方』（新日本法規、二〇〇〇年、一七五頁）によれば、『軍人（準軍人、文官を含む）が公務死亡した場合、基本的には恩給法が適用され公務扶助料が支給されます』が「一人の戦没者に対して恩給法の公務扶助料と援護法の遺族年金の二つの年金を、それぞれの遺族が受給している場合があります」とされる。

17　前掲『還らぬ人とともに』所収（六三～六四頁）の『琉球遺族連合会代表、初の上京陳情（経過メモ）』参照。

18　前掲『還らぬ人とともに』九二～九三頁。

19　前掲『還らぬ人とともに』一〇六頁。

【第五章】

1　石原昌家『虐殺の島――皇軍と臣民の末路』晩聲社、一九七八年、六九頁。

2　石原昌家『証言・沖縄戦――戦場の光景』青木書店、一九八四年、一七三～一七四頁。

3　沖縄県遺族連合会編『還らぬ人とともに』若夏社、一九八二年、九三～九四頁。

4　①義勇隊（各村毎に調整）――各村は各駐屯部隊の指示により義勇隊を編成し、左の任務に服した。

〔注4〜注23までの「概況」注記では、原典における旧漢字や当て字を新漢字・新仮名遣いに改め、誤読を回避するために適宜、句点・中黒等を補ったりして整理した〕

一、部隊の食糧、弾薬患者その他軍需品の輸送。
二、対戦車壕等の土工作業。
三、第一線部隊の戦闘に協力

目下判明している義勇隊は以下の通り――真和志（まわし）村、知念（ちねん）村、玉城（たまぐすく）村、伊江村、越来（ごえく）村、中城（なかぐすく）村、東風平（こちんだ）村。義勇隊は防衛召集以後に残っていた男女をもって編成された。この中には鉄血勤皇隊等の学徒隊に編入されなかった男子及び女子学徒も含まれている。

5

②直接戦闘――所在部隊が敵に圧迫され敵と至近距離において戦闘が行われた。その付近に避難していた住民あるいは部隊と行動を共にしていた住民が部隊（行動群としての小グループを含む）と共に直接戦闘に参加して戦死した。

（例）

一、南部地区においては首里戦線崩壊後において、撤退部隊が休止間不意に敵と遭遇し、住民がこれに協力して手榴弾竹槍モリ等をもって、直接戦闘に参加した。

二、中部地区において、読谷及び嘉手納飛行場所在部隊が敵上陸とともに壊滅的損害を被り分裂状態となって国頭（くにがみ）方面に撤退する途中、付近の住民が撤退部隊に対して食糧の補給軍需品の運搬、道案内、敵情捜索等に協力中、敵と遭遇し直接戦闘に参加した。

三、北部地区においては国頭支隊（第三、第四の遊撃隊及び元青柳支隊を含む）遊撃戦に協力し、直接戦闘に参加した。

6 ③弾薬、食糧、患者等の輸送――敵上陸作戦の当初から終戦直前（概ね昭和二〇〔一九四五〕年六月一八日頃）まで長期にわたり部隊に協力し、この間、砲爆撃、艦砲、機銃掃射等により、相当の損害を出した。その協力状況は次のとおりである。

一、敵が嘉手納海岸に上陸当初は、同方面警備中の賀屋支隊（独歩一二大隊主力）、青柳支隊（飛行場所在部隊）の弾薬食糧等の後送に、主として中頭地区の住民が協力した。

二、浦添及び首里戦線の激戦当時は第一線部隊の後方まで弾薬、食糧等を前送し、患者を後送した。特に第二四師団独混四四旅団等のごとく島尻地区より浦添首里戦線に増援した部隊は、駐屯地に一部の残置隊を残し、駐屯地住民に命令し、ほとんど常続的に協力させた。そのうち義勇隊を編成した部落は第一線まで弾薬補充に挺進したものもあった。

7 ④陣地構築――敵の上陸必至の情勢となるや、軍は一部部隊の配備を変更するとともに従来の防御施設を急速に増強するため、各部隊所在の住民を各部隊ごとに区長を通じて総動員した。陣地構築の主なるものは壕掘り、対戦車障碍物の構築（対戦車壕作り、並木の切り倒し軌条の運搬石垣作り等）等であった。これに協力した者で艦砲爆撃等により、死傷したものも多数に上った。

8 ⑤炊事、救護等雑役――敵の上陸必至の情勢となるや、各市町村所在部隊は直接の戦力増強のために兵力を使用するに至ったので開戦前から区長を通じ、通勤で炊事等の雑役に住民を使用した。戦闘開始後においては部隊と行動を共にして、炊事婦等は患者の手当等にも使用され、この間、戦死した者も多かった。また、開戦後特に部隊の移動するに伴い、移動先において付近の住民に炊事・

水汲み・薪の収集等を命じて協力させた。部隊が玉砕する時期においては斬込みに参加した者もあり、自決するに至った者もある。

9 ⑥食糧供出——戦闘開始後においても軍は食糧・馬糧の供出を要請していたため、各市町村長は区長に割当て、区長は壕長（部落の避難壕ごとに指名された区長の分身者）に命じ、砲爆撃、機銃掃射の危険を冒して食糧を収集（芋掘り、野菜取り、豚・牛・山羊の集荷等）して軍の戦力維持に協力した。特に西原、浦添村以南の地区においては約二ケ月の長期にわたって行われたため戦死者も多かった。

10 ⑦四散部隊への協力——敵と交戦指揮系統を失った小部隊が敵及び住民と混淆（こんこう）して行動したため、付近の住民に対し、防空壕の提供、食糧の供出を要請し、あるいは道案内、敵情捜索を命じ住民がこれに協力し、戦死したものがある。このケースは青柳支隊（読谷、嘉手納西飛行場の所在部隊）に多かったが首里戦線崩壊後においては知念半島方面等にもあった。

11 ⑧壕の提供——部隊の配備変更による壕の不足あるいは前線から後退した部隊のため、あるいは患者収容所等を新設または拡張するため、あるいは作戦上の必要から部隊の壕を交換するため、艦砲砲爆撃または機銃掃射、火焔放射、ガソリンによる焼払いに晒（さら）されて死亡した者が多かった。特に南風原村、小禄村以南の地区においては、このケースが多い。また軍の最後の抵抗線「である」具志頭（ぐしかみ）、八重瀬岳（やえせだけ）、与座岳（よざだけ）、国吉（くによし）以南においては軍民混淆し、壕を求め得ない者は死を宣告されたも同様の状態であった。

12 ⑨職域関係（県庁職員報道）——県庁職員は昭和二〇年二月七日、長参謀長と島田知事の戦場行政打ち合わせ以来、知事以下軍と一体となり、軍の戦力維持に挺身し、国頭へ疎開、食糧増産、壕内生活の指導、志気高揚の企画・指導を行い、軍の作戦に協力し、島尻南部においては知事以下多数の犠牲者を出している。また沖縄新報社は緊急戦備下令後、昭和二〇年四月二四日頃〔の〕新聞発行停止まで軍の報道業務に協力し、その後は一般住民と同様、壕掘り等に協力した。

13 ⑩区（村）長として協力——敵上陸の前後を通じて食糧の増産及び供出、各種戦闘協力人員の差出、疎開避難の指導、義勇隊の編成及びその指導または直接指導等を行い、最下部の最も重要なる直接責任者として長期にわたり終始一貫軍に協力し、その功績は衆人の等しく認める所である。中南部地区の激戦地域においては挺身協力中に戦死したものも少なくない。また区長なるが故に召集こそされなかったが、区長の仕事の大部分は軍の命令・指示に基づく協力業務であり、一般住民は避難させても区長は部落の責任者として軍の命令・指示を協力実行するため、部落内に踏止まり最後の時期に避難する状態であった。

14 ⑪海上脱出者の刳舟（くりぶね）輸送

一、神参謀、森脇大尉等の本土脱出の際、漁師に要請してクリ舟の操手を命じ海路脱出を計ったがその際これに協力したもの

二、三宅参謀が渡嘉敷島に作戦指導に行っているうち米軍が上陸したので、渡嘉敷島から沖縄本島へ帰任するために漁師とクリ舟を要請したもの

三、なお、高山中尉（沖縄県立第二中学校配属将校）等も右要領により日本々土に脱出しているが、沖縄の北端より与論島まで漁師がこれに協力している。

15 ⑫特殊技術者——鍛治工、大工等の職人が所在部隊の要請により特技者として協力を求められたも

ので（要請以後のものがある）終始、部隊と行動を共にして死亡した。

（例）一、豊見城村及び東風平の鍛治工が部隊の要請により「モリ」を製作（作業は兵隊と職人が一緒になってやった）しており、部隊移動後も該部隊に追随して生死不明となっている。

二、美里村泡瀬で大工を動員し、車輌約三〇〇台を作って居りその作業中空爆により死亡したものである。

16 ⑬馬糧蒐集——挽馬の各部隊の要請により、馬糧として草刈や「トウモロコシ」の収集を命ぜられ、また馬匹の掩体壕構築等にも協力し、砲爆撃等により死亡したものがある。

（例）

一、豊見城村所在の野砲部隊の要請で草刈に部落民の老人（六〇才位）が毎日協力した。

二、東風平付近の輜重二四連隊では、二五〇頭の馬匹、掩体壕構築に部落民の援助を求め、引続き草刈などに協力した。

17 ⑭飛行場破壊——敵に制空権をとられるに至り、かつ、敵の上陸必死の情勢となったので、軍は営々として建設した各飛行場（伊江島、読谷、嘉手納、仲西、小禄、石嶺、西原）を急速に自らの手によって破壊するため、各飛行場付近の住民に協力を要請した。その作業期間中に敵機の銃爆撃または艦砲による死傷者をだした。

18 ⑮集団自決——狭小なる沖縄周辺の離島において、米軍が上陸直前または上陸直後に警備隊長は日頃の計画に基づいて島民を一箇所に集合を命じ「住民は男女老若を問わず軍と共に行動し、いやしくも敵に降伏することなく各自所持する手榴弾を以って対抗出来る処までは対抗し愈々と言う時にはいさぎよく死花を咲かせ」と自決命令を下したために、住民はその命をそのまま信じ集団自決をなしたるものである。なお沖縄本島内においては個々に米軍に抵抗した後、手榴弾で自決したものもある。集団自決の地域――座間味島、渡嘉敷島、伊江島。

19 ⑯道案内

一、作戦上必要から急拠、第一線へ部隊が転進する場合にその行動がほとんど夜間実施されたため、転進の各部隊長は道案内を要請し協力を求めた。

二、小部隊斥候、伝令、傷病兵の後送等で道に迷った者の案内や、住民が壕避難している処を四散部隊が通過中に国頭への道案内を命ぜられてこれに協力した者が途中敵と遭遇し、友軍諸共多数の死傷者をだした。

20 ⑰遊撃戦協力

国頭支隊（第三、第四、遊撃隊元青柳支隊を合む）

関係／時期―昭和二〇年四月七日　終戦／地域―国頭地区一帯／関係市町村―国頭部各市町村

概況

国頭方面においては敵上陸前より第三、第四遊撃隊が遊撃戦を準備し、昭和二〇年四月七日より進入した敵に対し遊撃戦を行った。青柳支隊主力は、読谷、嘉手納方面より昭和二〇年四月二日石川岳到着以後〔、〕国頭支隊主力（宇土部隊）は昭和二〇年四月一七日真部山の戦斗終了後〔、〕それぞれ各部隊毎に現地自活しつゝ遊撃戦を行った。この為一般住民に対し食糧の増産、収集、供出を要請し、又は遊撃戦のため、道案内、敵情捜索を命じ若干の犠牲者を出した。

部隊の特性上国頭地区の遊撃戦斗は第三二軍玉砕後勿論〔、〕昭和二〇年八月一五日以後も継続された。

21

⑱スパイ嫌疑による斬殺――一八三頁「一、戦闘参加者概況表とは」で既述。スパイ嫌疑の斬殺は、日本軍によって行われたものと、米軍によって斬殺されたものの二つがある。

一、日本軍によるもの――（イ）投降勧告の行為をなし、又は米軍の指示によって、投降勧告文書を持参して日本軍陣地に来た住民を斬殺したもの。（ロ）米軍に拉致された住民が一旦釈放（帰宅）を許され部落に帰って来た者を日本軍が其の人名を調べ斬殺したもの。（ハ）友軍陣地をうろついたためにスパイ嫌疑をうけ斬殺されたもの。（ニ）かつては米国に居住した事のある者で英語が話せるためにスパイの嫌疑をうけて斬殺されたもの。

二、米軍によるもの――昭和二〇年六月一八日、高嶺村真栄里においてパックナー中将が狙撃され戦死したとき、附近に避難していた住民は殆ど全部その嫌疑又は報復手段により斬殺されたもの。

22

⑲漁撈勤務――駐屯部隊中、特に海岸の近くにいる部隊は自給給養のために該町村の漁業組合長を通じて漁撈要員を指定して漁獲物の納入を命じさせていた。漁撈要員は部隊より給与も受けて何日出漁していたが、偶々昭和一九年一〇月一〇日、海域で漁撈中、敵機の機銃掃射を受けて死亡した者が多い。右空襲後も引続き漁撈させており、漁撈要員の中には臨時召集をうけ入隊したが召解を

許され、再び漁撈勤務に従事し、昭和二〇年三月二三日、第二回目の大空襲時に死亡したものもある。

（例）一、知念村の漁船（クリ舟）約三〇隻の中三隻は、敵機の機銃掃射を受け、破壊し、四名死亡。
二、玉城村、昭和一九年一〇月一〇日、漁業中六名死亡。

23 ⑳勤労奉仕作業——小学生の生徒が自発的に勤労奉仕を申出て、弾薬みがきや兵器の手入れをしているとき、敵機の爆撃により死亡したもの。

【第六章】

1 沖縄県遺族連合会編『還らぬ人とともに』若夏社、一九八二年、二頁。

2 沖縄占領した後、米国は沖縄への英語教育導を目論んだ。筆者が一九四八年に小学校へ入学したとき、起立をスタンダップ、着席をシットゥダウンなどと教えられた。上級生には英語のテキストも支給された。しかし、英語教師を確保できず、その計画は頓挫した。日本領有以前の小笠原諸島では英語が使用されていたが、それを占領下沖縄に実現させようとしたのではないかと思われる。

3 沖縄県生活福祉部援護課編集『沖縄の援護のあゆみ——沖縄戦終結五〇周年記念』沖縄県生活福祉部援護課発行、一九九六年三月、一八八頁。

4 沖縄県遺族連合会編『沖縄の遺族連合会五十年史』沖縄県遺族連合会（発行）、二〇〇二年、一八三頁。

5 加治順人『沖縄の神社』ひるぎ社、二〇〇〇年、一四三頁。

6 国立国会図書館調査及び立法考査局編『新編　靖国神社問題資料集』国会図書館発行、二〇〇七年三月、三〇四〜三〇五頁。

7　前掲『新編　靖国神社問題資料集』三〇七頁。

【第七章】

1　沖縄県生活福祉部援護課編『沖縄の援護のあゆみ――沖縄戦終結五〇周年記念』沖縄県生活福祉部援護課発行、一九九六年三月、一三～一四頁。

2　同上『沖縄の援護のあゆみ』二一六頁。

3　日本軍は、米軍上陸前後に沖縄県に戸籍簿、土地台帳の焼却命令を出し、県庁は市町村へその命令を伝えた。その結果、役場職員がそれらを焼却したり、埋めたり、また米軍の砲爆撃などがあったために戸籍簿は焼失した。戦後、琉球政府が戸籍簿を再製するにあたり家族構成員分の費用を徴収したので、困窮所帯のなかには、死没者を載せなかったケースがあったり、避難壕内で生まれた子どもが名前を付ける間もなく栄養失調、被弾死したので戸籍簿不記載がある。一九九五年六月二三日除幕した平和の礎に「～の孫」「～の長男」などと名前の無い死没者刻銘はそのケースにあたる（私は、伊芸徳一（いげいとくいち）中頭郡地方所長（当時）から、「軍の命令で、敵に利用されるものはすべて焼却することを各市町村に三月三一日（一九四五年）に連絡したのです。住民の戸籍簿や土地台帳の焼却」を指示した証言を得ていた。拙著『証言　沖縄戦』（青木書店、一九八四年、一八七頁に掲載）。

4　喜屋武眞栄質問主意書と中曽根康弘政府答弁書は、いずれも参議院議員糸数慶子事務所が所有。

5　沖縄県遺族連合会記念誌部会編『いそとせ』（沖縄県遺族連合会発行、一九九五年、六〇四頁）所収の「靖国神社合祀者数表」。

6　金城見好氏元援護課職員の証言（本書・二〇三頁）を参照のこと。
7　沖縄県公文書館所蔵の琉球政府文書。
8　厚生省社会・援護局援護課監修『〈戦傷病者戦没者遺族等援護法〉援護法Q＆A――仕組みと考え方』新日本法規、二〇〇〇年、二六九頁。
9　同上、一頁。
10　同上、三四〜三五頁。
11　同上、四八頁。
12　二〇〇七年十二月九日付『沖縄タイムス』朝刊、二面。
13　前掲『援護法Q＆A』五二頁。
14　同上『援護法Q＆A』一〇九〜一一〇頁。
15　同上『援護法Q＆A』一〇九〜一一〇頁。
16　一九六三年の六歳未満児への見舞金（二万円）支給のこと。

【終章】

1　石原昌家編『ピース・ナウ沖縄戦――無戦世界のための再定位』法律文化社、二〇一一年、第一章を参照。
2　前掲『ピース・ナウ沖縄戦――無戦世界のための再定位』、安良城米子担当の第三章を参照。

【付録】「戦傷病者戦没者遺族等援護法」関連年表

［作成］安良城米子　［補記・監修］石原昌家

＊月・日の順。
＊年表に登場する人物の敬称は省略。
＊□は月・日不明。
＊通貨単位は、表示されているもの以外、日本円・B円・ドルの区別は不明。

●一九四五年（昭和二〇）

7・□　内務次官通牒により、沖縄関係行政処理事務と疎開者の保護等を行うため、「沖縄事務所」を東京、大阪、九州各県に設置し、送還等の業務を行った（一九四八年一〇月一日廃止）。

8・15　裕仁天皇、戦争終結の詔書を放送（玉音放送）／政府は終戦対策処理委員会を設置。引揚者復員者に対する応急援護開始／米軍占領最初期における沖縄の統治機構「沖縄諮詢会」発足。

8・17　東久邇宮稔彦内閣成立（松村謙三厚相）。

8・22　ソ連軍、樺太占領。

8・28　東久邇首相、記者会見で国体護持、全国民総懺悔を強調。『沖縄方面陸軍作戦』によれば、前年の一九四四年に、「防衛総司令官東久邇宮稔彦大将が五月二十四日第三十二軍司令部〔沖縄本島首里〕を視察し」ている。

9・2　米艦船ミズーリ号上で降伏調印式／南洋引揚第一船、興安丸、千崎港に入港、海外からの引揚げ開始。

9・5　ソ連軍、千島全島の占領完了。

9・7　第三二軍先島守備軍、嘉手納で降伏調印。

9・13　大本営廃止。

9・15　GHQ（連合国軍最高司令部）、東京・日比谷の第一生命ビルで執務開始。

10・9　幣原喜重郎内閣成立（芦田均厚相）。

11・1　GHQ、非日本人の引揚げに関する覚書交付（注―沖縄人は非日本人扱い）。

11・24　勅令第六八号によって旧軍人・軍属の恩給が全面的に停止される／GHQ、軍人恩給等停止に関する覚書（恩給と恵与）交付（一九四六年二月一日まで）。

11・30　陸海軍省廃止→第一・第二復員省となる。

12・31　GHQ、修身・日本歴史及び地理の授業停止と教科書回収に関する覚書を公布。

●一九四六年（昭和二一）

1・1　天皇、「人間宣言」の詔書。

1・□　海外の旧軍人・軍属と一般邦人に引揚げが米軍艦船により進められることになった。

1・8　米陸軍は沖縄戦における米陸軍の死傷者は約四万三〇〇〇名（海兵隊及び海軍を含まず）、日本側死傷者は約一〇万以上と発表（『うるま新報』）。

1・29　GHQは「若干の外郭地域を政治上、行政上日本から分離することに関する覚書」を発する。

2・1　「恩給法ノ特例ニ関スル件」（勅令六八号）により、軍人恩給は一部の傷病恩給を除いては廃止された。

2・□　台湾や日本から八重山への引揚者多数あり。九月頃まで続く。

3・13　厚生省の外局「引揚援護院」誕生。初代長官は斉藤惣一。

4・1　第一復員局留守業務部島嶼課に「沖縄班」設置。

4・24　沖縄民政府、宮古民政府、八重山民政府が設立された。

5・3　極東国際軍事裁判（東京裁判）開廷。

5・22　第一次吉田内閣成立。

6・9　東京の京橋公会堂で「戦争犠牲者遺族同盟」結成大会開催。即座に政府の関係機関への陳情活動が開始された。これが「援護法」制定へ向けた遺族の運動の第一歩となった。

6・12　軍政府は日本および海外からの琉球人送還計画を発表。五二年二月までに沖縄本島は九万余人を予定。

6・28　『うるま新報』紙上に「日本政府は沖縄にいる全日本兵を七月三十一日までに帰国させる」と発表して、「残兵は出て来い」と広告掲載。

8・3　八重山で太平洋戦争犠牲者の合同慰霊祭挙行。

8・17　日本からの引揚船第一船入る。

10・5　五一二名の疎開学童引揚船の第一船那覇丸入る。

11・3　日本国憲法公布。

11・14　台湾の基隆港を一一月八日に出港した沖縄への引揚船LSTが中城村久場崎に入る（数回のうちの一例）。

●一九四七年（昭和二二）

1・31　GHQ、二・一ゼネストの中止を指令。

2・6　南方残留同胞帰還促進大会開催。

3・31　教育基本法、学校教育法公布。

4・26 「大東亜戦争行賞打切りに関する上奏」ですべての叙位叙勲事務停止。
5・3 日本国憲法施行。
5・9 (～一〇日)第二回「戦争犠牲者遺族同盟」会議。それ以後、名都道府県で戦没者遺族の全国組織の結成の機運が沸き起こる。遺族会結成準備の動きは、同年七月一三日も全国三三都道府県の遺族代表を集めて実施され、皇居に参入して天皇・皇后や皇太子に「拝謁」した。
9・20 「天皇メッセージ」――裕仁天皇が米国の沖縄占領の継続を希望している見解。
11・17 日本遺族厚生連盟(日本遺族会の前身)発足。

●一九四八年(昭和二三)

9・□ 「沖縄関係事務整理に伴う戸籍、恩給等の特別措置に関する政令」公布(昭二三令三〇六号)。
9・30 戸籍事務について、日本政府は福岡法務局の支局として「沖縄関係戸籍事務所」を設置し、取り扱う。
10・1 沖縄関係事務の終了により、一九四五(昭和二〇)年七月に設置された「沖縄事務所」は廃止された。
11・12 東京裁判、二五人に有罪判決。
12・23 東條英機ら七人、絞首刑。

●一九四九年(昭和二四)

4・23　GHQ、一ドル＝三六〇円の単一為替レートを設定。
5・6　米国、沖縄の長期保有を決定。
9・30　ソ連からの復員七七名帰る。
10・11　コリンズ米陸軍参謀総長来日、「沖縄の無期限保持・在日米軍の長期滞在」を言明。

●一九五〇年（昭和二五）

2・10　GHQ、沖縄に恒久基地建設計画を発表。
6・6　マッカーサー、共産党中央委員会二四人を公職追放。
6・25　朝鮮戦争勃発。
7・24　GHQ、新聞社に共産党員とその同調者の追放を指示（レッドパージが始まる）。
8・10　警察予備隊令公布。
10・13　公職追放を解除。
10・15　対馬丸遭難学童遺族大会開催（壺屋小学校）。
11・4　沖縄群島政府発足（厚生部長に宮城晋吉任命）。
12・5　「琉球列島米国民政府に関する指令」により米国軍政府は「琉球列島米国民政府」（USCAR〈ユースカー〉）に改称。

●一九五一年（昭和二六）

2・23　第一回全国遺族代表者会議。
4・29　日本復帰促進期成会結成、署名運動で沖縄群島有権者の七二%の請願署名を得る。
9・8　サンフランシスコ講和条約、日米安全保障条約調印。
10・16　戦没者等の援護問題を検討するため引揚援護庁に「審議室」を設置。
12・7　沖縄戦に於ける戦死者の遺骨（体）等の状況について（留守業務部）。

●一九五二年（昭和二七）
1・23　審議室が新たに「援護課」として発足。
2・10　沖縄仏教会主催の琉球遺家族会結成大会（那覇劇場）、会長に島袋全発、副会長に大城鎌吉を選任。直ちに日本政府に対し「沖縄の遺家族にも援護金を支給されたし」との陳情を行う。
3・2　第一回立法院議員選挙。
3・15　沖縄戦没者遺骨収骨状況調査団（引揚援護庁事務官は美山、森下、松本の三人）が東京を出発、三月二一日沖縄着（〜四月一九日）。
3・25　琉球臨時中央政府は来沖中の日本政府派遣の戦没者遺骨収骨状況調査団、美山・森下・松木事務官と「戦傷病者戦没者遺族等援護法」について懇談。
4・1　GHQ（連合国軍総司令部）は、沖縄と奄美に日本政府南方連絡事務所の設置を日本政府に要請／琉球政府発足。米民政府、行政主席に比嘉秀平を任命（琉球大学校庭で記念式典挙行）。
4・8　第二回全琉遺族大会開催。戦没者遺骨収骨状況調査団の厚生省復員局の美山部長、森下事

務官、松木事務官らが出席。日本政府側から沖縄にも援護法を適用しなければならないとの説明がなされた。大会では「琉球の遺家族にも援護法を適用されたい」と要請決議を行う。

4・18　琉球立法院に一九五二年四月一八日付で陳情書を提出。

靖国神社春の例大祭復活／琉球遺家族会の島袋全発会長、立法院に対して「遺族援護法」を琉球にも適用されるように、と陳情。

4・25　在日沖縄出身者・島清より遺家族援護法が琉球にも適用との朗電あり。

4・28　サンフランシスコ対日講和条約発効、日米安保条約発効（講和条約発効に至るまで沖縄は本土との交通が全く途絶えていたのでこの年の四月末まで、援護事務は全く実施することができなかった）。

4・30　戦傷病者戦没者遺族等援護法公布（同年四月一日施行適用。軍人・軍属及びその遺族に年金支給、戦傷病者に更正医療給付）。

5・1　皇居前でデモ隊と警官隊が衝突（血のメーデー事件）。

5・2　東京の新宿御苑で行われた天皇・皇后等皇族参列の日本政府主催の全国戦没者追悼式に琉球政府代表・泉有平副主席、山城篤男（住民代表）、琉球遺家族会代表・島袋全発会長の三名が正式招待を受けて参列（三月三〇日出発～五月一四日まで滞在）／立法院で「戦傷病者、戦没者遺族等援護法の琉球に対する適用要請」（決議第二七号）、「戦傷病者、戦没者遺族等援護法を琉球に対し、適用される交渉方依頼」（決議第二八号）が全会一致で採択。

5・14　援護法公布に伴う引揚援護庁の機構改革（昭和二七年度の援護庁の定員一七七九人）。

7・1　総理府南方連絡事務局設置。

7・□　沖縄においては援護業務の基盤となる復員処理が全く行われていなかった。把握しているのは「終戦後本土において把握した者」「終戦前の死没者」二万九六〇件（該当者名簿登録者）のみであった。

8・1　那覇日本政府南方連絡事務所（以下「南連」）が設置され、初代援護担当の斉藤元之事務官就任。

8・19　第一回琉球政府主催全琉戦没者慰霊祭が琉球大学で行われる。日本政府代表として厚生省引揚援護庁の木村長官、今城南連所長、故牛島中将夫人、故大田少将夫人、故荒井県警部長夫人、荒井警察部長長男参列。

10・15　警察予備隊が保安隊に改組。

10・16　恩給促進大会および遺家族大会開催（いずれも那覇劇場にて）。

11・16　第三回全琉遺族大会開催（那覇劇場）、「琉球遺族連合会」と改称する。

12・1　事務局を那覇一〇区一四組に設置、事務局長・与那国（のち山城）善三、主事・新川栄吉、書記補・安元順子が就任。

12・□　市町村援護職員の援護事務講習実施。

12・17　米国民政府、翌新年から琉球に日章旗の掲揚許可。

●一九五三年（昭和二八）

1・18　日本復帰期成会、第一回祖国復帰県民総決起大会開催（那覇市）。

1・20 本土で映画「ひめゆりの塔」上映。

3・11 日本遺族厚生連盟は法人化され、財団法人日本遺族会となる。

3・26 南西諸島の遺族への「援護法」適用が公表される――「北緯二九度以南の南西諸島(琉球諸島及び大東諸島を含む)に現住する者に対し、戦傷病者戦没者遺族等援護法を適用する場合の取扱いについて」通知(援護第一八七号)。その後各地で事務取扱講習が実施された。

4・1 琉球政府社会局に援護課設置される。課長に國場瑞星。各市町村にも援護係が新たに設置される。また四月から一二月にかけて、各市町村に遺族会が結成される。

4・3 米民政府、布令一〇九号「土地収用令」を公布。平和条約発効後の軍用地新規接収開始(武装兵まで出動するような強制土地接収)。沖縄社会大衆党(社大党)・沖縄人民党(人民党)、植民地化反対共闘委結成(即時復帰、自治権拡大、主席公選、選挙干渉反対をスローガンとする)。

4・11 米軍、真和志村銘苅に「土地収用令」を適用、武装兵が出動して強制土地収用始まる(以後、伊江島・伊佐浜・小禄などで強制土地収用)。

4・30 援護法適用が今城南連所長より比嘉秀平主席宛てに通知、各地域で事務取扱講習実施。

6・8 戦没者遺族、戦傷病者等援護事業団体に補助金交付。

6・16 比嘉秀平主席、琉球遺族連合会会長・島袋全発宛てに、一九五三年度において「二一五万円也」を補助することを通知。

6・20 石井南連局長より、南西諸島関係恩給法案が今月中に国会提出見込みとの連絡あり。

7・3 初の遺族年金・弔慰金進達(陸軍六件、海軍七件)。

7・7　（～八月二〇日）遺族連合会山城善三事務局長が、遺族処理陳情のため上京。その折り、靖国神社を訪問。沖縄遺族の参拝の打ち合わせを行う。八月六日に本殿参拝を行っている。これが沖縄遺族会の初の参拝と思われる。
7・15　米軍の土地収奪に対して伊江島土地闘争起こる。
7・□　遺族年金及び弔慰金の受付開始。
7・31　元南西諸島官公署職員等の身分、恩給等の特別措置に関する法律公布（法一五六号）。
8・1　恩給法の一部改正法（法律一五五号）で軍人恩給復活（同年四月一日適用）。
8・22　対馬丸撃沈された学童慰霊祭にて、毎年八月二二日の慰霊祭実施と死没者の処遇要求等を決議。
8・31　第一回遺族年金弔慰金裁定通知書、障害年金証書公布が、田辺繁雄引揚援護庁次長参列のもと主席室で行う。
9・2　琉球政府主催第二回全琉戦没者追悼式（那覇高校校庭にて）。日本政府代表厚生省引揚援護庁田辺繁雄次長、日本遺族会佐藤信理事が参列／年金証書三一件、弔慰金証書三八件、障害年金証書一四件交付される。
9・15　遺族新聞『琉球遺族の友』第一号発刊。
10・17　琉球遺族連合会の日本遺族会加入が正式に承認される。
10・18　初（第一回）の靖国神社参拝団一四名が出発（秋季例大祭）。
11・16　戸籍整備法公布。
11・19　全琉市町村遺族会会長会議、稲村・平井・鈴木・高瀬の衆議院議員（内閣委員会）四名を迎えて行われる。
11・20　来沖中の衆院内閣委四名と琉政各局長が恩給問題で懇談。
11・□　対馬丸遺族会設立。
12・□　小禄村具志に土地接収問題起こる。完全武装した米軍兵出動し土地を強制収用する。
12・5　琉球遺族連合会、第二代会長に比嘉秀平主席を選任。
12・17　琉球に対する恩給、援護金の支払送金事務講習のため郵政省安藤勇事務官来沖。
12・25　奄美大島返還される。
12・31　年金と恩給、支払・送金開始（総額八六万円）。

●一九五四年（昭和二九）

1・5　日本政府から遺家族年金二億円到着。
1・7　アイゼンハワー米大統領、年頭一般教書で「沖縄を無期限に管理する」と言明。
1・12　日本政府から弔慰金、および遺族国庫債券二七五件到着。
1・24　厚生省引揚援護局から弔慰金四五三件、遺族年金三一八件到着。
1・30　琉球遺族連合会第二代事務局長に金城和信を選任。
2・1　戦傷障害者への援護金支払開始。
2・9　遺族年金第二回目支払開始（五八万円）。
3・1　米国がビキニで水爆「ブラボー」実験、第五福龍丸が被ばく。

3・8　日米相互防衛援助協定（MSA協定）調印。
4・30　立法院「軍用地処理に関する請願」を全会一致で採択、①一括払い反対、②適正補償、③損害賠償、④新規接収反対の「土地四原則」を掲げ可決。
4・□　靖国神社参拝団、政府補助で春季例大祭に参列（二一名、引率者・松山朝要）。
5・21　比嘉主席、恩給援護金支払実現に対する答礼のため在琉米国領事館と南連を訪問。
6・18　各郵便局で戦後初の恩給支払いを開始。
6・□　日本政府から事務委託費交付、嘱託職員一八名増員（一〇九万二三〇〇B円）。
7・1　防衛庁、陸海空三自衛隊発足。
（七～一二月）琉球遺族連合会が男女学徒の死亡現認書を作成する。
7・31　各市町村遺族会長会、琉球遺族連合会を解消して、沖縄遺族連合会に改称。会長に比嘉秀平、副会長に原田貞吉、常務理事兼事務局長に金城和信を選任。
9・30　厚生省審査課藤森事務官、宮田補佐、森山事務官が来沖して事務講習会実施。戦傷病者の現地療養、国債買上、鉄血勤皇隊の身分問題について早急解決を約束。
10・2　県内各地で未帰還者留守家族援護法について事務取扱講習会を開催。
10・6　人民党弾圧事件起こる（瀬長亀次郎ら四四人逮捕）。
10・30　沖縄戦戦没学徒援護会を結成。会長に山城篤男、副会長に仲宗根政善、事務局長に金城和信を選出。
10・31　靖国神社参拝団（五五名）、秋季例大祭に参列。

11・5 沖縄遺族連合会が設立認可される。
12・11 波之上宮境内で殉職警察職員慰霊碑除幕式行われる。
12・17 援護、復員、恩給事務調査のため吉田嗣延南連第二課長が来沖。

●一九五五年（昭和三〇）

1・8 厚生省から女子師範戦没学徒八八人の死亡公報が発せられた旨、南連が発表。
1・11 遺族年金支払通知書一〇三件、約一七二万円が工務交通局郵務課に到着。
1・13 米軍の「沖縄民政」を衝く、と朝日新聞が大々的に報道。国際人権連盟議長ボールドウィン氏が日本の自由人権協会に米軍政下の沖縄住民が不当な扱いをうけているようなので、調査し抗議することを促した。その結果、人道上問題が多い調査結果を報じた。
1・31 宜野湾村伊佐浜の婦人代表が主席に「立ち退き」反対を陳情／厚生省本間事務官、恩給法請求事務指導で来沖、二月一日から三日間講習、恩給請求事務開始。
3・16 公務扶助料の第一回進達がなされる（陸軍関係二〇件）。
3・□ 立法院、「軍用地賃借料の一括払い反対」を決議。米憲兵、宜野湾村で軍用地接収に反対して座り込みをした七五人を強制退去。米軍、伊江島で強制土地接収開始。
4・21 靖国神社参拝団四九人（遺族会・四二名）が春季例大祭参列（自費一四人、引率者・山城清菊）／ひめゆり学徒の三柱、初めて合祀される。
5・22 軍用地問題解決促進住民大会（美栄橋広場にて）。

5・24 行政主席ら、四原則による土地問題折衝のために渡米。
5・25 金城和信沖縄遺族連合会事務局長、死没処理促進陳情のため上京（六月末帰任）。
6・2 旧軍人軍属資格審査委員会、琉球政府社会局で初会合。
6・13 伊江村真謝区で基地柵内耕作の三二人、「不法立入」で米軍に検挙。軍即決裁判に付される。
6・17 金城和信事務局長が衆議院海外同胞引揚及び遺家族援護に関する調査特別委員会で「参考人」発言の機会を得て、沖縄戦の実態調査を強く要望。
7・9 厚生省復員局沖縄班坂本力班長、比嘉新英事務官、海軍関係国吉房正事務官が来沖、一ヶ月滞在し死亡処理事務を指導／第五回沖縄遺族大会（那覇劇場にて）。
7・16 全沖縄軍用地地主大会が開催。
7・17 米軍、伊佐浜で軍用地強制土地接収を開始。
8・6 第一回原水爆禁止世界大会、広島で開催。
8・13 金城和信事務局長防衛隊処理、学徒隊の処遇陳情のために上京（二か月滞在）。
一月から九月にかけて、沖縄遺族連合会は学徒隊軍人処遇要請署名運動を展開し、一〇万名の署名を得る。
9・3 米兵による幼女暴行殺害事件発生（「由美子ちゃん事件」）。
9・5 一九五五年度の軍用地料九九一三万円、支払開始。
9・13 砂川基地反対闘争始まる。
10・1 海外引揚者連合会主催「在外資産補償要求引揚者大会」開催（国際劇場にて）。

10・23 プライス調査団（米下院軍事委員会軍用地問題調査団）来沖、二三日から二六日にかけて現地調査。

10・□ 靖国神社参拝団五八人、秋季例大祭に参列（自費一六人、引率者・仲田彦栄）。

11・7 沖縄の遺族の生活調査。援護事務調査促進のため日本遺族会の徳永正利事務局長が来沖（一九日まで滞在）。

11・11 教育関係戦没者慰霊祭（六七四三柱）、教育会館で行われる。

11・17 琉球政府主催全琉戦没者追悼式（琉大校庭にて）に、元沖縄県知事淵上房太郎衆議院議員、榊原透参議院議員、日本遺族会の福島恵美子理事、徳永事務局長が参列。

11・19 日本遺族会の徳永事務局長、「学徒隊軍人処遇要請署名簿」を預かり帰京。

12・9 日本政府から恩給、公務扶助料一〇六五万円（日本円）届く。

12・28 援護課戦没学徒の個人資料調査を開始、沖縄関係者の死亡広報が続々発行。

●一九五六年（昭和三一）

1・6 援護課で過去一年間の遺族年金、弔慰金、扶助料、障害年金および留守家族手当等を集計（一億七〇七六万B円）。

1・24 遺族弔慰金国庫券権援護課に届く（総計二八八五万日本円）。

1・25 第八回全国遺族大会に金城和信事務局長初参加。

1・27 援護課で厚生省要望による第一次戦没学徒合同調査結果まとまる（確認戦死者四七八名）。（二月初頭）男子学徒の身分を事実に基づいて軍人とすることが確定。
2・16 沖縄戦闘協力死亡者等見舞金支給要綱を制定（閣議決定）。
3・7 支払開始～一九五六年一月分における、日本政府から工務交通局［郵務課］（→援護課）への年金恩給の支払状況は以下のとおり――遺族年金＝一億七九五四万八八七六円、弔慰金＝一億一六四四万五四二五円、年金恩給＝一億三九四一万五七三五円［総計四億三五一一万五七三五円（B円か日円かは不明）。
3・24 琉球政府、戦没学徒調査の整理完了。調査票、南連を通じて厚生省に送付（三三三件）。
3・25 厚生省の安福課長補佐、戦闘協力者の実態調査のため来沖（一五日間滞在）。
3・30 金城事務局長が安福事務官等を案内し、座間味村・渡嘉敷村の「自決」状況の実態調査。
4・7 沖縄遺族連合会と佐敷村遺族会共催で安福事務官を迎えて佐敷村遺族大会を開催。
4・16 靖国神社参拝団四七人が春季例大祭参列（自費一三人、引率者・島袋林茂）。
4・17 日本遺族会主催の沖縄巡拝団六〇名が初めて米沖（一九日まで）。
5・4 男子学徒陸軍上等兵として戦死公報（第一次）発行される（男子師範一二一名、一中八一名、二中三〇名、商業三名、工業三一名、農林六名、水産一八名）。
5・□ 国際自由労連調査団、沖縄訪問。
5・5 米下院外交委員会、沖縄北部の〈国有地〉一万二〇〇〇ヘクタールの接収を発表。
6・8 プライス勧告発表（土地問題四原則を否定）。
6・14 （～一五日）立法院・行政府・市長村長会・軍用土地連合会の四者協議会「プライス勧告阻止・

領土権死守・鉄の団結」などを決議。土地問題四原則貫徹のため、立法院・行政府・市町村幹部・議員ら抗議の総辞職の決意表明申し合わせ。

6・16 四者協議会など「四原則貫徹本部」結成／第六回沖縄遺族連合会大会で、決議事項のひとつとして以下を決議「一、靖国神社は国又は地方団体で護持すること（日本政府にたいし）」。以後、毎回同じ内容を決議。

6・20 「プライス勧告反対・軍用地四原則貫徹全島住民大会」が五六市町村で開催。島ぐるみ土地闘争へ発展。

6・23 四者協議会に市町村議会議長会が加入、五者協議会となる。

7・28 「四原則貫徹県民大会」（那覇高校校庭にて）に十数万人参加。四原則に反して一括払いを認めるような発言をした当間那覇市長の退陣を要求。

8・7 米軍、八日からコザ地区への米兵立入禁止（オフ・リミッツ）を発表。

8・14 沖縄遺族連合会、援護促進総決起大会。この頃、琉球政府は各種援護を実施。靖国神社への遺族参拝援助。

10・□ 靖国神社参拝団四八人が秋季例大祭参列（自費一八人、引率者・玉城次郎）。

10・10 沖縄旧軍人軍属恩給有権者協会が解消。

10・13 琉球戦友協会設立（会長・宮城嗣吉）。

10・19 日ソ共同宣言調印、日ソ国交回復。

11・11 比嘉主席の死亡により、後任行政主席に当間重剛を任命。

11・15　沖縄関係の調査研究及び沖縄地域の居住者保護のため（財）南方同胞援護会設立される。
12・22　日本政府から工務交通局［郵務課］へ恩給、遺族年金等三四四九件・約五二九四万B円。
12・25　那覇市長選挙で反米軍の瀬長亀次郎（沖縄人民党）が当選。
12・27　（～二八日）米国民政府、瀬長当選で那覇市の銀行預金を凍結、都市計画融資・補助を中止。

●一九五七年（昭和三二）

1・4　レムニッツァー民政長官、軍用地問題の最終方針を発表（無期限使用・土地代の一括払い・新規土地収用・所有権・永代借地権は求めず・土地の評価再検討等）。
1・7　旧軍人会館、米軍より正式返還。九段会館と呼称。
1・30　米兵、演習場で薬きょう拾いの農婦を射殺（ジラード事件）。
2・23　米国民政府布令「米合衆国土地収用令」公布。
3・4　第八回評議員会で沖縄遺族連合会会長に山城篤男、副会長に屋良朝苗を選任。
3・28　厚生省引揚援護局の坂本沖縄班長、比嘉新英事務官、海軍関係の佐藤事務官が復員事務指導のため来沖、戦闘参加者を調査（五月一二日まで滞在）。
4・12　靖国神社春季例大祭に五六名参列（自費二三人、引率者・渡久地政信）
4・24　ひめゆり遺族会結成（会長・屋良朝苗、副会長・金城和信）。
5・12　日米琉合同沖縄戦戦没者第一三回忌法要（那覇商業高校にて）。
6・5　米大統領、「琉球列島の管理に関する行政命令」発表。高等弁務官制度実施。

6・17　那覇市議会、瀬長市長の不信任案可決。
6・18　瀬長市長、那覇市議会を解散。
7・4　モーア中将、初代琉球列島高等弁務官に就任。
7・7　社大党那覇支部と人民党が民主主義擁護連絡協議会（民連）結成（那覇市議選で瀬長市長擁護・祖国復帰・土地問題四原則貫徹の統一綱領）。
7・19　全琉援護事務研究会を開催。
7・27　第一回戦没学徒職員合同慰霊祭を挙行（教育会館にて）。
7・29　夏季靖国神社参拝団、昇殿参拝（四四人）。
8・□　戦闘参加者調査開始、「戦闘参加者申立書」申請開始。
8・4　那覇市議選（反市長派三分の二を割り、不信任再可決不可能となる）。
8・16　在日第三海兵師団、沖縄移駐開始。
9・26　立法院、民主党提案の軍用地問題解決のための要請決議を採択。
10・1　沖縄遺族連合会婦人部の結成大会（部長・嶺井百合子、副部長・安座間栄子、山元芙美子を選任）。
10・16　靖国神社奉賛会沖縄本部結成（会長・与儀達敏、副会長・山城篤男、吉元栄真）。
10・□　靖国神社参拝団四七人、秋季例大祭参列（自費一六人、引率者・糸数文雄）。
11・23　南連の馬淵事務官、海外引揚者給付金手続指導のため宮古、八重山へ渡島。引揚者給付支給事務講習会を実施／モーア高等弁務官、瀬長市長追放のため「市長村長選挙法」「市町村自治法」などを改正。

11・25　那覇市議会、市長不信任案可決。
12・20　那覇市長選告示（民連統一候補をめぐり社大党と同那覇支部が対立）。

●一九五八年（昭和三三）
1・12　那覇市長選で兼次佐一当選、民連ブーム起こる。
1・16　沖縄社会党創立（社大党那覇支部の脱党者が中心）。
1・25　全琉戦没者慰霊祭（日琉共催）で挙行（識名霊園内の中央納骨所前広場にて。参列者――靖国神社奉賛会長・北白川祥子、靖国神社宮司・筑波藤麿、総務郎長・岩重隆治、事務局長・水戸部孚、日本政府代表・藤原節夫、参議院代表・三木治朗、衆議院代表・安藤寛、米国高等弁務官・ムーア弁務官、米国主席民政官）。
1・25　『沖縄タイムス』夕刊に、「自衛隊募集に反対」の広告記事。
2・9　離島の各市町村、援護事務研修会を各所で開催（南連の高杉局長出席）。
2・20　年金恩給その他葬祭料二〇億二四八九万円に達す（一九五三年一二月～一九五八年一月末）。
2・21　南連の長峯事務官、昭和三二年度援護事務処理のため来沖。
2・25　（～二八日）南連の長峯事務官を囲み中南部、北部市町村援護及び引揚事務協議会を開催。
（三月）援護関係諸給付金が累計七〇億円に達する。
3・26　厚生省、引揚援護事務処理促進のため来沖（岩見小四郎、脇川勲、比嘉新英）。
4・2　全琉市町村援護事務職員講習会が開催。

4・7　A級戦犯放免。

4・15　靖国神社参拝団六一人（六三名という記録もある）、春季例大祭のため出発（自費二八人、団長・安里成盛、引率者・新垣政二郎）。

4・21　靖国神社春の例大祭で「ひめゆり部隊〔学徒〕」など一二万七千人余を合祀。

4・24　戦闘参加者（「集団自決」や学童疎開）などに初の弔慰金裁定通知書が届けられる。

5・1　恩給法、援護法の一部改正（法律第一二四号、一二五号）で、準軍属も年金対象となる。

6・6　立法院、核兵器の沖縄持ち込み反対を決議。

6・10　土地問題解決渡米代表団が出発（米陸軍省の招待。当間主席ら六人、二二日まで国務、国防省と折衝）。

6・14　第八回沖縄遺族連合会大会が聞かれ、決議事項のひとつとして「一、戦闘協力者の範囲を拡大援護すると共に総力態勢のもとに祖国防衛戦の犠牲となった一般戦争犠牲者全員を、年齢を問わず戦闘参加者同等の援護措置を早急に講ずること」が決議された。これによって沖縄戦における被害住民全員の補償を求める沖縄遺族連合会の意思が示された。

8・6　原水爆禁止沖縄県協議会（沖縄原水協）が結成。

9・19　B円軍票をドルに切り替え。

10・9　秋季靖国神社参拝団四三名が出発（二八日に帰沖）。

11・15　原水爆反対祖国復帰県民大会が開催。

●一九五九年（昭和三四）

1・16 祖国復帰促進県民大会（沖縄原水協主催）。

3・6 米軍、宜野湾村で六・五エーカーを強制的に新規接収。

3・28 「千鳥ヶ淵戦没者墓苑」竣工式。

4・1 米空軍、沖縄人雇用員一三一人を解雇。

4・20 一九五八年度（五七年四月〜五八年三月）年金恩給支払状況は工務交通局恩給係のまとめで、総額約七〇九万ドル（二三万二六〇五件）。

4・25 沖縄県護国神社仮本殿竣工、鎮座祭を行う。靖国神社奉賛会沖縄地方本部は「沖縄戦没者慰霊奉賛会」に名称変更。

4・26 沖縄県護国神社、戦後初の春季大祭、靖国神社池田権宮司斎主で執行（以降、例大祭は省略）。

6・30 石川市宮森（みやもり）小学校に米軍ジェット機墜落（死亡一七人、負傷一二一人発生。校舎、公民館、民家を焼く）。

7・26 夏季靖国神社参拝団六一名が出発（八月一四日に帰沖）。

10・5 沖縄自由民主党結成、社大党にかわり立法院で第一党になる。

10・11 秋季靖国神社参拝団が出発（三〇日に帰沖）。

11・13 沖縄県護国神社秋季慰霊祭の祭典奉仕のため、靖国神社池田良夫権宮司が来沖。

11・15 沖縄県護国神社秋季大祭、靖国神社池田権宮司斎主となり執行。

11・27 安保阻止第八次統一行動のデモ隊二万人余、国会構内に突入。

●一九六〇年（昭和三五）

1・19　日米新安保条約調印。

4・15　靖国神社春季参拝団一〇一名が出発（引率者・下地茂。五月五日に帰沖）。

4・28　沖縄県祖国復帰協議会（復帰協）結成。

5・19　岸信介政権（自民党）、新安保条約を強行採決。

6・15　安保改定阻止第二次実力行使に全国で約五八〇万人参加。全学連主流派、国会に突入、東大生樺美智子死亡。

6・18　「全戦争犠牲者の補償要求運動おこる」「未処理解決促進遺族大会」開催。

6・19　アイゼンハワー米大統領、二時間の沖縄訪問。阻止デモに遭い予定を変更して韓国へ。

6・23　日米新安保条約発効。

6・27　沖縄戦没者慰霊奉賛会設立が許可。

7・30　靖国神社夏季参拝団が出発（八月一五日に帰沖）。

8・4　琉球政府大田主席は厚生大臣に対して、沖縄戦戦闘参加者の遺族援護法該当保留者の法適用を陳情。

9・30　遺族国庫債券二一万一五〇〇ドル、厚生省から届く。

10・10　靖国神社秋季参拝団が出発（二六日に帰沖）。

10・16　沖縄遺族連合会青年部結成大会が開催（沖縄配電ビル・ホールにて）、部長に知念盛仁、副部長に又吉元亮、波平英子を選任。
10・30 沖縄県護国神社秋季大祭、靖国神社坂本斎主となり執行。
11・15 厚生省、沖縄の戦闘協力者に援護法を拡大適用と方針発表。
12・23 瀬長副主席、新里沖縄自民党幹事長が、戦闘協力者対策・疎開学徒の見舞金問題について厚相に面接。
12・26 藤枝総務長官、那覇日本政府南方連絡事務所庁舎落成式の出席のため来沖。
12・28 那覇日本政府南方連絡事務所庁舎が落成（与儀にて）。

●一九六一年（昭和三六）

1・□ 日本政府の昭和三六年度予算編成で「対馬丸遭難学童一人当たり二万円の見舞金支給」計上される。
4・16 春季靖国神社参拝団が出発（五月四日に帰沖）。
4・28 祖国復帰県民大会、約六万人参加（以後、「四・二八沖縄返還デー」として定着）。
6・1 「引揚援護局」が「援護局」と改称。
7・24 「住民の祝祭日に関する立法」の施行により六月二三日を「慰霊の日」とする。
8・6 夏季靖国神社参拝団が出発（二三日に帰沖）。
10・12 靖国神社秋季例大祭参拝遺族団九四名が出発。

●一九六二年（昭和三七）

2・1　立法院「二・一決議」（国連の植民地解放宣言を引用した「施政権返還に関する要請決議」の通称）を全会一致で採択。

2・16　沖縄戦闘協力死没者等見舞金支給要綱を決定（閣議決定）。（二月以降）六歳未満児及び疎開学童遺族に見舞金支給を開始（「対馬丸」関係七八三人）。

4・12　第二三回靖国神社参拝団一六一人が出発（団長・武村朝良）。

6・22　第一回平和祈願慰霊大行進が実施される（那覇—摩文仁間の二四キロ）。

8・4　沖縄遺族連合会の青年部、初めて遺児青少年の夏季靖国神社参拝を行い（五〇名）、昇殿参拝。本土各地の遺族会青年部と交歓研修（以後、毎年実施）。

9・22　青年部研修会（一泊二日、遺族会館にて。以後、毎年実施）。

10・19　主席公選要求県民大会。

11・25　「沖縄戦終結一七周年戦没者慰霊祭」挙行（琉大記念体育館にて。〈主催〉南方同胞援護会・日本遺族会主催、〈共催〉沖縄遺族連合会、〈後援〉日本政府・琉球政府）。

●一九六三年（昭和三八）

1・23　日本遺族会の靖国神社国家護持に関する小委員会、第一回会合を開催。靖国神社国家護持を会の「至上命令」として推進する方針を決定。

3・5　キャラウェー高等弁務官、「自治権神話」演説。

4・28 祖国復帰県民総決起大会（北緯二七度線で本土・沖縄両代表団が初の洋上交歓）。
8・5 原水禁大会分裂。
8・13 屋良朝苗副会長、全国戦没者追悼式参列で上京。
8・15 全国戦没者追悼式、日比谷公会堂で挙行（天皇・皇后臨席、記念煙草ピース発売）。以後、毎年八月一五日に実施（一九六五年以降は武道館で実施）／部分的核実験停止条約調印。
11・25 陸軍士官学校五六期慰霊巡拝団（団長・故牛島満大将の令息牛島貞二氏）一〇人が故牛島大将ら参拝のため来沖。

●一九六四年（昭和三九）
1・7 戦没者の功績を讃え、遺族の精神的慰藉を図るため叙位叙勲が復活（沖縄では一九六五年より復活）。
1・26 青年部成人式挙行、靖国神社で記念植樹を行う。
6・22 沖縄全戦没者追悼式（摩文仁が丘にて）。
8・13 立法院、高等弁務官の教育直接介入を撤廃し、日の丸掲揚の自由、日本国籍の明示、祖国復帰促進のための財政援助の要請を決議。
8・14 元台湾澎湖庁庁長の大田政作主席、全国戦没者追悼式に参列のために上京。

●一九六五年（昭和四〇）

2・7　米軍、北ベトナムへの攻撃開始。
2・10　国会で自衛隊の「三矢研究」が問題化。一九六三年二月、自衛隊内で朝鮮半島の有事→ソ連の日本侵攻を想定した演習が行われ、戦時における国家総動員体制の樹立も含めた研究を「制服組」が密かに行っていたことが発覚。
3・9　沖縄米国民政府より在京米国大使館を通じ、沖縄出身戦没者に対する叙勲発令に異議なしとの正式回答を受領。沖縄叙位叙勲事務が開始／陸上自衛隊の幹部候補生の海外研修を沖縄で実施。
4・9　ベトナム戦争介入抗議県民大会。
4・21　「住民の祝日に関する立法の一部を改正する法律」により「慰霊の日」を六月二二日から「六月二三日」に改める。
4・24　復帰協、立法院内で復帰貫徹ハンスト開始／べ平連、初のデモ行進。
4・28　祖国復帰要求県民総決起中央大会（那覇）に約八万人参加／本土政府、戦没者叙勲を発表（沖縄関係者二一八人）。
5・29　第一四回戦没者叙勲を発表（沖縄関係者一四〇人）。
6・11　読谷村で米軍の投下演習中のトレーラーが民家付近に落下、少女が圧死（棚原隆子（たなはらたかこ）ちゃん事件）。
6・22　第二次大戦戦没者叙勲第一回伝達式、主席室で行われる／日韓基本条約調印。
6・23　「慰霊の日」に沖縄戦没者追悼式を挙行。以後毎年、摩文仁でこの「慰霊の日」に追悼式を挙行。

8・14 松岡政保主席、全国戦没者追悼式参列のため上京。
8・19 佐藤栄作総理大臣、日本の首相として戦後初めて沖縄入り。南部戦跡を訪れる。「沖縄の復帰が実現しないかぎり、日本の戦後は終わってない」と声明。
10・15 主席公選要求署名運動始まる。
11・5 主席公選要求県民大会開く。

●一九六六年（昭和四一）
1・18 早稲田大学で学費値上げ反対スト。以後、学園闘争激化。
3・1 日本の人口が一億人を突破。
3・25 岐阜県「岐阜県の塔」除幕式（以後、一二月一〇日の福岡県「福岡の塔」除幕式まで、この年だけでも一二県の慰霊塔が除幕した）。
5・31 琉球政府、教公二法を立法院に送付（教職員の政治活動を制限する法案に沖縄教職員会の阻止闘争始まる）。
10・18 靖国神社の秋季例大祭で、対馬丸撃沈の学童を合祀。

●一九六七年（昭和四二）
2・1 「教公二法」を審議する立法院を「教公二法阻止県民会議」のデモ隊二万人が包囲、本会議を中止させ、廃案に追い込む（教公二法阻止闘争）。

2・11　初の「建国記念の日」。
3・24　沖縄の女子学徒の叙勲決まる。
5・29　日本政府厚生局主催の市町村援護事務職員の表彰式。
7・1　自衛隊員の琉大構内立入りに学生抗議、退去させる。
9・16　パスポート、南連事務所で発行（国籍表示が琉球人から日本人になる）。

●一九六八年（昭和四三）

1・27　佐藤栄作首相、非核三原則発表。
1・29　東大紛争始まる。
3・16　沖縄県教職員会、運動方針にはじめて「安保体制反対・基地撤去」を掲げる。
4・28　第八回祖国復帰要求県民総決起大会（約一〇万人余参加）
5・1　那覇日本政府南方連絡事務所を日本政府沖縄事務所に改称。初代沖縄事務所長に高杉幹二氏任命。
6・26　小笠原諸島、日本へ返還。
7・6　那覇商港での陸上自衛隊上陸阻止闘争で琉大・沖大の反戦学生が抗議活動。
10・21　新宿駅騒乱事件。
11・10　初の主席公選で、屋良朝苗（革新共闘）が当選。
11・19　嘉手納基地内でB52墜落、大爆発（B29墜落事故）。

12・7　B52撤去・原潜寄港阻止県民共闘会議（いのちを守る県民共闘会議）結成（一四団体、議長・亀甲康吉）。
12・14　いのちを守る県民共闘会議、嘉手納基地でB52撤去要求総決起大会開催。

●一九六九年（昭和四四）

1・6　いのちを守る県民共闘会議、二月四日の二四時間ゼネストに一〇万人動員を決定。
1・9　米軍が全軍労（全沖縄軍労働組合）に、ゼネスト参加者は懲戒処分と通告。
1・19　機動隊、東大安田講堂の封鎖を解除。
2・2　いのちを守る県民共闘会議幹事会、二・四ゼネスト回避を決定。
2・4　いのちを守る県民共闘会議、B52撤去要求県民大会開催（四万人参加）。
2・18　ベトナムへ沖縄船員二四人が出発。解雇の不安が理由。
2・21　戦闘参加者申立書の事務手続きに関して全琉援護事務職員に対する研修会を開催。
4・16　米空軍、一五〇〇人の解雇を発表。基地労働者の大量解雇が始まる。
4・28　四・二八東京中央集会沖縄代表団、国会前で座り込み抗議ストに突入。
5・3　米軍、ベトナム行き船員に乗船拒否すれば全員を解雇すると警告。
7・7　防衛庁、沖縄返還に備えて沖縄防衛に着手。
7・29　米軍が沖縄に配備した毒ガス兵器のガス漏れが明るみになり、復帰協が即時撤去を要求する県民大会を開催。

11・21 佐藤・ニクソン会談で日米共同声明発表、一九七二年沖縄返還で合意。

12・11 第三〇回沖縄遺族連合会大会で、決議事項のひとつとして「一、政府は憲法解釈を確立し靖国神社公式参拝の実行、さらに国家護持を実現すること」が決議される（以後の大会でも同内容が決議）。

●一九七〇年（昭和四五）

2・13 全琉援護事務職員研修会開催。

3・10 靖国神社国家護持貫徹遺族大会開催。

3・28 赤松嘉次元大尉（住民を処刑した「渡嘉敷島虐殺事件」を起こした海上挺進隊の隊長）の来沖で一波乱。

4・21 本土政府、空海港に〈沖縄ゲート〉を設ける。尖閣諸島に琉球政府の領土標石を立てる。

6・20 防衛庁、残波岬にミサイル場の自衛隊使用を検討。

9・10 琉球政府、尖閣諸島の領有権をアピール。

10・1 防衛庁、沖縄返還後の基地使用方針を固める。

（一〇月上旬）日本遺族会の板垣局長・末広部長が出席して各地区で処遇問題説明会を開催。

10・20 初の『防衛白書』公表。

11・15 沖縄、戦後初の国会議員選挙実施（衆院五名、参院二名）。

12・19 毒ガス即時全面撤去県民大会開催。

12・20　深夜、「コザ米軍車両焼き打ち事件」（反米軍市民蜂起）発生（米軍車両八三台、焼き払う）。

●一九七一年（昭和四六）

1・13　第一次毒ガス（一五〇トン）移送完了。住民五〇〇〇人が避難。

2・1　防衛庁第四次防で沖縄に六三〇〇人の自衛隊配備を決定。

2・21　陸軍沖縄守備隊第三二軍司令官・牛島満中将（沖縄戦当時）と長勇参謀長を祀った「黎明の塔」除幕式に、君子夫人、大橋れい子氏（息女）参列。

2・22　成田空港用地接収の強制代執行開始（成田闘争）。

6・17　沖縄返還協定調印。

6・23　第一〇回平和祈願慰霊大行進（糸満～摩文仁。この年から糸満出発となる）。平和大会には屋良主席、湊総理府総務副長官も参加。午後、琉球政府全琉戦没者追悼式開催／沖縄戦被災者補償連盟設立。

6・30　『沖縄県史　第9巻――沖縄戦記録1』（琉球政府編集・発行）。

11・10　〈日米共同声明路線の沖縄返還協定反対・交渉やり直し完全復帰要求〉ゼネスト決行。社会機能はマヒし、一部新左翼の集団と機動隊の衝突で警官一人死亡。

11・17　衆院沖縄返還特別委員会、返還協定を強行採決。屋良朝苗主席、佐藤栄作首相らに建議書を提出。

11・24　沖縄返還協定、衆院を通過。

12・4　婦人団体四〇〇〇人が反自衛隊デモ。

●一九七二年（昭和四七）

1・24　横井庄一元軍曹、グアム島で発見される。
（二月以降）対馬丸一般遭難者の遺族に対し見舞金三万円が支給。勲八等の勲記と勲章を授与。

4・17　国防会議、沖縄への自衛隊配備計画を決定。

5・13　遺族会創立二〇周年記念式典と第二二回全沖縄戦没者遺族大会を開催（那覇市民会館にて）

5・15　施政権が日本に返還され（5・15）、「沖縄県」誕生。ドルと円の通貨交換（一ドル＝三〇五円）始まる。

6・25　初の沖縄県知事選で屋良朝苗当選。

7・1　第一次田中角栄内閣発足。

8・10　B52飛来・自衛隊配備・軍事演習抗議県民総決起大会を開催。

8・19　沖縄革新市長村長会、軍用地の強制収用・自衛隊募集事務代行拒否を確認。

8・19　対馬丸等遭難者の遺族に対する見舞金の支給に関する要綱制定。

8・28　対馬丸遭難者に対する勲記・勲章伝達式。

8・29　平良市、自衛艦の平良港入港を拒否。

9・29　日中共同声明発表（日中国交回復）。

10・6　自衛隊強行配備反対・米兵による虐殺事件糾弾県民総決起大会を開催。

11・7 自衛隊の強行配備・自衛官の婦女暴行事件に抗議し、県民総決起大会を開催。
12・10 第三三回総選挙、西銘順治・上原康助・国場幸昌・瀬長亀次郎・安里積千代当選
12・13 厚生省遺骨調査団が来県（〜二一日）。
12・21 日本政府、年次計画で直接遺骨収集業務を開始。

●一九七三年（昭和四八）
1・1 那覇基地の航空自衛隊、緊急発進体制を実施。
1・18 全沖縄援護事務研修会が開催（ゆうな荘にて）。
5・3 沖縄特別国体（若夏国体）が開催（〜六日）。
6・19 復帰協、慰霊の日の全戦没者追悼式に自衛隊関係者を参列させないよう、大島知事公室長に申し入れをする。
7・3 靖国神社法成立促進総決起大会に沖縄から三名参加。
7・20 靖国神社法案審議促進陳情に沖縄から三名が参加。
11・6 全電通宮古分会、自衛隊の通話を拒否。
11・18 沖縄戦被災者補償期成連盟（川野長八郎会長）による初の「県民総決起大会」が開催。

●一九七四年（昭和四九）
3・31 『沖縄県史　第10巻――沖縄戦記録2』（沖縄県教育委員会編集・発行）。

5・28　靖国神社法促進大会に沖縄から五名参加。
9・27　県体協（沖縄県体育協会）、国体の県代表自衛官二人の参加を取り消す。

●一九七五年（昭和五〇）

1・22　厚生省援護局遺骨収集団は糸満や那覇市の埋没壕などで発掘調査を開始。
3・26　沖縄戦被災者補償期成連盟（川野長八郎会長）が「援護法」適用を訴える。那覇市・南部地区総決起大会開催（一二〇〇人余参加）。
6・12　沖縄県立平和祈念資料館（旧館）、糸満市摩文仁に開館。
7・17　海洋博（沖縄国際海洋博覧会）開会式出席のため皇太子夫妻来県、「ひめゆりの塔」を巡拝中に火炎ビンが投げられる。
7・20　沖縄国際海洋博覧会開会（〜翌一九七六年一月一八日）。
8・15　沖縄県遺族連合会主催の終戦三〇周年記念全沖縄戦没者慰霊祭に二〇〇〇名が参加（沖縄県護国神社にて）／三木武夫首相、靖国神社参拝。
11・21　日本遺族会、終戦三〇周年記念大慰霊祭に三名参列。

●一九七六年（昭和五一）

3・23　各市町村巡回遺族実態調査が開始（五月三一日まで）。
6・23　沖縄島南部の各基地から自衛隊員一〇〇〇人が車両八〇台で摩文仁へ深夜行軍。

●一九七七年（昭和五二）

1・9　対馬丸撃沈の学童に対し「遺族支出金」支給決定。

1・25　八重山・宮古での自衛隊の災害救助訓練予定が地元の反対で中止。

6・23　沖縄戦戦没者三十三回忌にあたる沖縄全戦没者追悼式を実施。

8・15　全国戦没者追悼式で遺族代表として照屋秀（沖縄県遺族連合会七代会長）が弔辞を捧げる。

●一九七八年（昭和五三）

4・10　県議会代表団が「沖縄戦被災者の早期補償に関する要請」のために上京。

4・16　韓国、台湾の人から靖国神社無断合祀に怒りの報道。

7・28　栗栖弘臣統合幕僚会議議長、「有事の際自衛隊は〝超法規的行動をとらざるをえない〟と発言し、更迭される。

7・30　交通方法の変更（「人は右、車は左」制度への変更）が実施され、沖縄各地で大混乱。

9・21　防衛庁が、有事法制研究のあり方、目的等を公表し、国民の理解を求める。

10・17　靖国神社、A級戦犯刑死者七人、獄死者七人を合祀。

11・27　日米安全保障協議委員会、「日米防衛協力のための指針」（日米ガイドライン）を決定。

12・11　沖縄国立戦没者墓苑竣工除幕式に各県遺族代表一〇〇名が参列。

●一九七九年（昭和五四）

2・25 沖縄戦没者墓苑が摩文仁に建立。橋本龍太郎厚生大臣、西銘順二県知事、遺族等二四六名が参列して、竣工式及び追悼式が執り行われた。

4・1 恩給局による恩給相談会開催（ゆうな荘にて）。

4・9 春季靖国神社参拝団の第一団二五三名が出発（以後、四月二二日の第七団二〇〇名出発まで合計一五四三名が参拝）。

11・1 沖縄県遺族連合会の津嘉山会長、厚生大臣へ戦闘協力者未申告処遇について陳情。

12・27 ソ連、アフガニスタン侵攻。

●一九八〇年（昭和五五）

1・15 那覇市小禄での成人式、自衛隊員の参加で大荒れ。

2・26 海上自衛隊、環太平洋合同演習（リムパック）に初参加。

3・26 沖縄県戦災障害者の会（新川トミ子会長）は野呂恭一厚生大臣に沖縄戦当時六歳未満であった戦傷病者に援護法の適用を訴える。野呂大臣は一九八〇（昭和五五）年から調査に入ることを明らかにする。

5・6 疎開船対馬丸撃沈被害者遺族会（新里清篤会長）は、西銘知事に対し、対馬丸戦没学童の父母・祖父母に支給されている特別支出金の支給引き上げ協力を要請。

●一九八一年（昭和五六）
1・7 県、自衛官募集業務の委託費を決め、各市町村へ通知。
1・16 県内革新市長村長会、自衛官募集業務拒否を正式決定。
8・17 厚生省は、沖縄戦当時六歳未満の戦傷病者並びに戦没者の遺族に対して、六歳未満戦闘協力者援護法適用を発表。
10・1 沖縄戦当時、六歳未満の戦傷病者並びに戦没者の遺族に対して援護法が適用され、障害年金・遺族給与金等の申請受付が開始される。
11・26 厚生省審査課山口課長補佐に他一名、六歳未満児死没処理事務指導のため来県。

●一九八二年（昭和五七）
4・13 戦没者を追悼し、平和を祈念する日について閣議決定（毎年八月一五日）
6・26 全国紙の「毎日新聞」は、教科書検定で日本政府文部省が沖縄戦で日本軍の住民殺害記述の削除を報道。
7・4 高校用教科書「日本史」の検定で、文部省が日本軍による沖縄住民虐殺の記述を削除したことが沖縄でも報道される。
9・4 沖縄県議会は臨時議会を開催して「教科書検定に関する意見書」を全会一致で採択。

●一九八三年（昭和五八）

1・19　訪米中の中曽根康弘首相、日本浮沈空母発言。
2・□　厚生省、初の沖縄戦遺骨収集を実施。

●一九八四年（昭和五九）

1・19　「第三次家永教科書検定訴訟」が始まる。
6・23　「魂魄の塔」前で第一回国際反戦沖縄集会。
7・4　沖縄戦記録フィルム、国会で上映。

●一九八五年（昭和六〇）

7・30　靖国神社公式参拝実現リレー陳情に沖縄県から五名派遣。
8・26　東京高裁、台湾人元日本兵の国家賠償請求を棄却。
9・14　「住民虐殺記述削除に抗議し、よい教科書を求める県民大会」開催。
11・11　旧軍人軍属、準軍属及び同遺族に対する各種年金等の援護について、県内一二地区で援護業務巡回相談が実施される。
11・19　沖縄県教育長が各市町村教育長や学校長に「日の丸・君が代」の指導徹底を指示。

●一九八六年（昭和六一）

4・29　天皇在位六〇年記念式典開催（両国国技館にて）。

9・6　社会党委員長選で土井たか子が当選し、日本初の女性党首誕生。

●一九八七年（昭和六二）

4・23　防衛費、GNP一%枠を突破。

9・22　天皇、体調悪化で手術、初の沖縄訪問中止。

●一九八八年（昭和六三）

2・9　（～一〇日）第三次家永教科書検定訴訟の沖縄出張法廷実施。

3・24　外地（台湾・朝鮮・南樺太・南洋諸島・旧満州など）での六歳未満戦傷・死没者に援護法適用開始。

●一九八九年（平成一）

1・7　天皇死去。皇太子明仁親王即位。新元号は平成。

6・22　「慰霊の日」休日廃止問題をめぐって県議会で紛糾。

6・23　ひめゆり平和祈念資料館開館。

7・10　県議会は本会議を開き、「慰霊の日」休日廃止関係条例二件を継続審議とすることを全会一致で決定。

●一九九〇年（平成二）

6・23　全戦没者追悼式に総理大臣として初めて海部俊樹首相が出席。
11・12　明仁天皇即位の礼。
11・18　県知事選で大田昌秀が当選。

●一九九一年（平成三）

1・17　多国籍軍、イラク侵攻開始（湾岸戦争）。
1・24　日本政府、湾岸戦争支援策として九〇億ドルの追加支出。
4・26　ペルシャ湾に向けて海上自衛隊の掃海艇六隻出港。
10・21　東京高裁、「第三次家永教科書検定訴訟」（沖縄戦に関する部分）控訴審。
11・27　自民・公明両党、衆院国際平和協力委員会でPKO協力法案を強行採決（時間切れで不成立）

●一九九二年（平成四）

1・17　訪韓中の宮沢喜一首相、従軍慰安婦問題で韓国国会で公式に謝罪。
2・23　戦傷病者戦没者の妻に対する特別給付金増額陳情のため座喜味和則会長が上京。
6・14　PKO協力法、衆院本会議で可決、成立。
9・17　PKO部隊の自衛隊第一陣、呉港から出発。
10・23　天皇皇后、初の訪中。

●一九九三年（平成五）
4・23 全国植樹祭、糸満市摩文仁で開催、明仁天皇初来県。
8・6 土井たか子元社会党委員長、初の女性衆院議長に。
8・9 細川護煕内閣発足、自民党初の野党に。
8・10 細川首相、記者会見で先の戦争は「侵略戦争」と明言。

●一九九四年（平成六）
1・29 政治改革法案が可決し、小選挙区比例代表並立制へ。
6・27 松本サリン事件発生。
6・30 村山富市連立政権誕生。
7・9 特別弔慰金説明会（北部地区）。
7・20 村山首相、臨時国会で自衛隊合憲の所信を表明。
9・9 沖縄視察中の宝珠山昇防衛施設局長官「沖縄は基地と共生、共存する方向に変化してほしい」と発言。

●一九九五年（平成七）
1・17 阪神・淡路大震災発生、死者六千人を超す。
3・20 地下鉄サリン事件おこる。死者一二人、重軽傷者五五〇〇人以上。

5・16　オウム真理教の教組、麻原彰晃（本名・松本智津夫）らを逮捕。
6・9　衆院で「戦後五〇年国会決議」。
6・23　沖縄戦終結五〇周年記念「沖縄全戦没者追悼式（摩文仁）開催。村山富市総理、土井たか子衆議院議長、原文兵衛参議院議長、草場良八最高裁長官、など三権の長が列席／沖縄戦終結五〇周年記念事業の「平和の礎」除幕式。
8・15　戦後五〇年の村山首相談話で、「植民地支配と侵略」とアジア諸国への「お詫び」を表明。
9・4　三人の米兵による少女凶悪事件発生。
9・28　大田沖縄県知事、県議会で米軍用地強制使用の代理署名拒否を表明。
10・21　米兵による少女凶悪事件抗議県民総決起大会に八万五〇〇〇人が結集（宜野湾市海浜公園にて）。
12・8　村山首相、代理署名拒否をした大田知事を提訴（職務執行命令訴訟）。
12・25　八重山地域マラリア慰藉事業で沖縄開発庁は三億円を計上。

●一九九六年（平成八）

1・11　橋本龍太郎内閣発足。
1・19　社会党、党名を社会民主党に改称。
4・12　日本政府（橋本龍太郎首相）、米政府と普天間飛行場の全面返還・県内移設で合意。
4・17　橋本首相とクリントン米大統領の首脳会談後、日米安保共同宣言発表。
7・1　大田沖縄県知事、米軍楚辺通信所の一部用地の公告・縦覧を拒否。

9・8　米軍基地の整理・縮小、日米地位協定見直しの賛否を問う県民投票で賛成多数。
9・13　大田知事、公告・縦覧の代行応諾。
9・28　民主党結成。

●一九九七年（平成九）
1・16　海上ヘリ基地、キャンプ・シュワブ沖で日米基本合意。
4・2　最高裁、愛媛県玉串料訴訟で靖国神社への公費支出は違憲と判決。
4・23　改正駐留軍用地特別措置法公布施行。沖縄の米軍基地用地を使用期限切れ後も使用可能に。
8・29　第三次家永教科書検定訴訟で最高裁が国の裁量権の逸脱を一部認める判決（三二年間の家永教科書裁判終結）。
9・23　有事の対米協力拡大を含む新しい「日米防衛協力のための指針」（新ガイドライン）で合意。
12・21　普天間飛行場の代替基地建設の是非を問う名護市住民投票で反対が過半数に。比嘉鉄也市長、基地受け入れを表明して辞職（一二月二四日）。

●一九九八年（平成一〇）
2・6　大田知事、海上基地の受け入れ拒否を表明。
2・8　名護市長に海上基地建設推進派の岸本建男当選。
7・30　小渕恵三内閣発足。

11・15　沖縄知事選、稲嶺恵一が大田昌秀知事を破り初当選、革新県政が敗北。

●一九九九年（平成一一）

5・24　新しい日米防衛協力のための指針（新ガイドライン）により周辺事態法という関連法成立（五月二八日公布）。

7・8　駐留軍用地特別措置法の再改定（四七五本の地方分権一括法案のなかで）され、知事の代理署名拒否権がなくなる。沖縄では「沖縄弾圧法」と呼ばれた。

8・9　日の丸・君が代を国旗・国歌とする法律（国旗国歌法）成立（八月一三日公布）。

8・11　新平和祈念資料館の展示内容改ざん問題発覚。

8・12　通信傍受法（盗聴法）、住民基本台帳法（国民総背番号制）成立（八月一八日公布）。

9・30　茨城県東海村の民間ウラン加工施設（ＪＣＯ）で日本初の臨界事故発生。

●二〇〇〇年（平成一二）

6・13　韓国の金大中大統領、朝鮮民主主義人民共和国を訪問、初の南北元首の直接会談。

6・15　戦傷病者戦没者遺族等援護法の手引書『援護法Q&A』が、一九五〇年代からの考え方を整理して、厚生省社会・援護局援護課監修のもとに刊行された。

7・20　沖縄サミットにむけて嘉手納基地包囲行動「人間の鎖」実施。

7・21　沖縄サミット（第二六回主要国首脳会議）、名護市の万国津梁館で開会（〜二三日）。

●二〇〇一年（平成一三）

1・4 ブッシュ、米大統領に就任。

4・3 「新しい歴史教科書をつくる会」の中学歴史・公民教科書が検定合格。

4・26 小泉純一郎内閣発足。

8・13 小泉首相、靖国神社参拝。

9・11 米国で同時多発テロ発生（9・11事件）。

10・7 米国、アフガニスタン空爆開始。

●二〇〇二年（平成一四）

2・17 米ブッシュ大統領来日。

4・21 小泉首相、靖国神社参拝。

8・5 住民基本台帳ネットワーク（住基ネット）稼働。

9・17 小泉首相、朝鮮民主主義人民共和国を訪問、「日朝平壌宣言」に署名。

12・16 米英軍後方支援のため、海上自衛隊のイージス艦をインド洋へ派遣。

●二〇〇三年（平成一五）

1・14 小泉首相、靖国神社参拝。

3・19 米英軍、イラク攻撃開始（イラク侵攻）。
6・6 有事法制関連三法成立。
7・26 イラク復興支援特別措置法成立。

●二〇〇四年（平成一六）

1・1 小泉首相、靖国神社参拝。
2・3 自衛隊（陸自、空自）の本隊がイラクに派遣。
4・8 邦人三人がイラクで人質に。
5・27 イラクで邦人二人が襲撃されて死亡。
6・14 国民保護法制定。
6・28 自衛隊、多国籍軍に参加（イラク戦争）。
8・13 米軍大型ヘリ、沖縄国際大学に墜落・炎上。

●二〇〇五年（平成一七）

4・1 個人情報保護法施行。
8・5 大江・岩波沖縄戦裁判提訴。
10・17 小泉首相、靖国神社参拝。
11・22 自民党立党五〇年、憲法改正草案を発表。

●二〇〇六年（平成一八）

5・1　日米の安全保障協議委員会、在日米軍再編で合意。

7・17　イラク派遣の陸上自衛隊の撤収完了。

8・15　小泉首相、靖国神社参拝。

9・26　小泉純一郎自民党総裁の任期満了によって小泉内閣は総辞職し、安倍晋三内閣発足（初の戦後生まれの首相）。

10・9　朝鮮民主主義人民共和国、核実験実施を発表。

11・19　沖縄知事選で、自民・公明の推薦を受けた仲井真弘多が野党の推薦・支持を受けた糸数慶子を破り初当選。

12・13　改正教育基本法、防衛省昇格法成立。

●二〇〇七年（平成一九）

1・9　防衛省発足。

3・31　教科書検定において、「集団自決」から「軍関与」削除の検定意見が付いたことが報道。

5・14　憲法改正の手続きを定める国民投票法成立。

9・12　安倍首相、辞任表明（九月二六日、福田康夫首相就任）。

9・29　「教科書検定意見撤回を求める県民大会」開催、一一万人余結集（宜野湾海浜公園にて）。

●二〇〇八年（平成二〇）

3・19　沖縄靖国神社合祀取消裁判提訴（原告五名）。

4・17　名古屋高裁、自衛隊のイラクでの活動に違憲判決。

●二〇〇九年（平成二一）

1・20　バラク・オバマが米大統領に就任。

5・21　裁判員制度施行。

5・25　朝鮮民主主義人民共和国、二〇〇六年に引き続き二度目の核実験。

8・30　衆院総選挙で民主党が大勝し、第一党に躍進。自民党は一九五五年の結党以来初めて野党に。

9・16　鳩山由紀夫内閣成立。

●二〇一〇年（平成二二）

1・24　沖縄県名護市の市長選で基地移設反対の稲嶺進が現職の島袋吉和を下して初当選。

6・8　鳩山内閣が総辞職（六月四日）し、菅直人内閣発足。

7・11　参院選で民主党が惨敗、ねじれ国会へ。

9・7　尖閣諸島沖で、中国漁船が海上保安庁の巡視艇に衝突する事件発生。

10・26　沖縄靖国神社合祀取消裁判一審判決で棄却される。

11・28　沖縄知事選で仲井真弘多が再選。

●二〇一一年（平成二三）

1・27　最高裁、一部原告の上告を退け、第二次嘉手納基地爆音訴訟が終結。
3・11　東日本大震災が発生。太平洋沿岸部を襲った大津波などで死者・行方不明者は約二万人。
3・12　(〜一五日) 福島第一原子力発電所でメルトダウンと原子炉建屋爆発。
4・4　沖縄靖国神社合祀取消裁判、福岡高裁那覇支部に控訴。
4・21　「大江・岩波沖縄戦裁判」最高裁で上告棄却。
9・6　沖縄靖国神社合祀取消裁判で福岡高裁那覇支部、遺族の控訴を棄却（後に原告、最高裁に上告）。

●二〇一二年（平成二四）

4・11　朝鮮民主主義人民共和国、金正恩が朝鮮労働党の第一書記に就任。
5・5　一九七〇年以来四二年ぶりに日本のすべての原発が稼働停止。
6・13　沖縄靖国神社合祀取消裁判で最高裁第二小法廷、遺族の上告を棄却。
7・23　オスプレイ、岩国基地に到着。
9・11　日本政府、尖閣諸島の国有化を発表。
10・1　垂直離着陸輸送機MV22オスプレイ六機が、岩国基地から普天間基地に相次いで着陸。さらに一〇月二日には三機、六日にも三機が岩国基地から普天間基地に到着し、これで全一二機が配備された。

11・6 オバマ米大統領再選。

11・8 中国、習近平が総書記に選出される。

12・17 朝鮮（朝鮮民主主義人民共和国、以下同じ）の最高指導者金正日総書記が死去。

12・26 自公が政権奪取、第二次安倍晋三内閣発足。

●二〇一三年（平成二五）

1・2 米海兵隊が本年七月までに、MV22オスプレイをさらに一二機、追加配備することが判明。

1・28 オスプレイの普天間基地配備撤回を求める県内四一市町村長と議長（代理を含む）、県内実行委員会代表らが安倍首相に面会して、「建白書」（配備撤回と普天間基地県内移設断念を求める）を手渡した。

2・12 朝鮮（朝鮮民主主義人民共和国）、三度目となる核実験を実施したと発表。

2・25 韓国初の女性大統領となる朴槿恵が就任。

8・3 岩国基地に搬入されていた追加配備のオスプレイ一二機のうち二機が米軍普天間基地に飛来。

8・12 オスプレイ九機が普天間基地に到着（九月二五日、最後の一機が飛来し、追加配備が完了）。

12・6 特定秘密保護法成立（二〇一四年一二月一〇日施行）

12・26 安倍首相、靖国神社参拝。

12・27 仲井真弘多沖縄県知事、名護市辺野古沿岸部の埋め立てを承認。

●二〇一四年（平成二六）

1・19 沖縄県名護市長選で現職の稲嶺進が再選。

5・15 安倍首相は懇談会の報告書提出を受け、憲法解釈変更へ政府・与党に検討を指示。

7・1 集団的自衛権の行使容認を閣議決定。

8・18 辺野古沖で新基地建設のボーリング調査開始。

11・16 沖縄県知事選で辺野古移設に反対する翁長雄志が初当選。

12・14 衆院選で与党が三分の二超の議席獲得／沖縄の小選挙区では自民党候補が全敗。

●二〇一五年（平成二七）

2・16 翁長沖縄県知事、沖縄防衛局に作業の一部中断を指示。

2・22 与那国島、自衛隊配備の住民投票で賛成が六三二票、反対が四四五票。政府の配備推進を追認。

4・27 日米防衛協力のための指針（日米ガイドライン）が合意。

5・14 安倍政権、集団的自衛権行使を可能にする安保関連法案を閣議決定。

6・4 衆院憲法審査会で憲法学者三人全員が安保関連法案を違憲と指摘。

7・15 与党、衆院特別委員会で安保関連法案を強行採決。翌一六日、衆院本会議で可決。

9・19 安保関連法制（戦争法）成立。

10・13　翁長知事、辺野古の埋め立て承認を取り消し。

10・28　国交相が翁長知事に取り消し撤回を勧告。

10・29　防衛省が辺野古新基地の本体工事に着手。

11・2　沖縄県、地方係争処理委員会へ不服審査を申し出。

11・17　日本政府、代執行に向けて沖縄県知事を相手に福岡高裁に提訴。

11・26　若宮健嗣防衛副大臣（当時）が、後の中山副大臣（当時）同様に中山義隆石垣市長に自衛隊配備を正式に打診。

12・24　地方係争処理委員会、沖縄県の審査申し出を却下。

12・25　沖縄県、取り消しの効力回復を求めて国を那覇地裁に提訴。

12・30　与那国に陸自、宮古・石垣でも計画、防衛省は南西諸島の防衛強化をうちだし、与那国町で陸上自衛隊沿岸監視隊の施設建設を進める一方、宮古島、石垣の両市での配備計画を明かした。

●二〇一六年（平成二八）

3・16　沖縄戦で被害を受けた住民・遺族が国に損害賠償と謝罪を求めた「沖縄戦被害国家賠償訴訟」で那覇地裁は、訴えを棄却する判決を下した。

3・28　陸自与那国駐屯地を開設し、沿岸監視隊を設置。

3・29　沖縄戦被害国家賠償訴訟の原告が控訴した／安保関連法制施行。

12・□　中山石垣市長が配置案などの情報を得るとして「自衛隊配備に向けた諸手続きを開始すること

を了承する」と表明。

●二〇一七年（平成二九）

5・□ 防衛副大臣が石垣島での自衛隊配備案を提示。

8・20 宮古島への自衛隊配備の駐屯地工事着手。

9・□ 石垣島に軍事基地をつくらせない市民連絡会が反対署名を提出。

●二〇一八年（平成三〇）

3・11 中山石垣市長が市長選で三選。

3・27 昭仁天皇が退位前、明治国家が琉球併合し沖縄県設置するため、首里城明け渡しを命じた（一八七九年）三月二七日に合わせて皇后とともに沖縄入りし、二年前に自衛隊駐屯地を開設した三月二八日に合わせて与那国島を空路初訪問。

7・18 中山石垣市長が陸自配備受け入れを表明。

9・30 「イデオロギーよりアイデンティティ」のもと、保守・中道・革新の枠組みで「オール沖縄」を結成させた翁長剛志沖縄県知事の急逝により、その後任として「辺野古新基地建設反対の玉城デニー知事が誕生。

●二〇一九年（平成・令和）

2・1　石垣市議会が陸上自衛隊配備の賛否を問う住民投票条例案を議長採決で否決。
2・25　「辺野古新基地建設」の賛否を問う県民投票が二四日投開票され、埋め立て「反対」が七二・一五％の四三万四二七三票に達した。
3・1　沖縄防衛局が石垣島の民有地で陸上自衛隊軍事基地建設着手。
4・30　平成の元号を五月一日から令和へ。
6・28　石垣市議会が議員提案の陸自建設にかかわる住民投票条例案を否決。
9・19　住民投票を求める会が市に住民投票実施を求めて提訴。
11・29　市公有財産検討委員会が陸自建設のため市有地を売却・貸し付けする方針を決定。

●二〇二〇年（令和2）

2・21　石垣市が陸自建設にかかわる市有地売却議案を市議会に提案。
2・27　石垣市議会特別委員会が陸上自衛隊建設用地として市有地の売却議案を可決。
3・2　石垣市議会本会議で陸上自衛隊建設用地として市有地売却議案を採決。

●二〇二一年（令和3）

3・23　石垣市平得大俣への陸上自衛隊配備の賛否を問う住民投票条例案が市議会で否決されたことを受け、「石垣市住民投票を求める会」の投票実施義務付けを求めた訴訟は、会側の控訴を福岡高裁が棄却。

6・16 土地規制法案を強行採決。自衛隊や米軍基地周辺、国境離島などの住民を監視する法案。(戦前の要塞地帯法に類似)。

8・23 防衛省、自衛隊の南西諸島へのミサイル配備を加速させている。

9・15 陸上自衛隊、一一月下旬までの三か月近く、約一〇万人を全部隊から動員して、南西諸島の戦場化を念頭に史上最大規模の軍事演習開始。中国との軍事衝突を想定。

11・8 陸上自衛隊宮古島市保良訓練場へのミサイル等弾薬搬入の平良港使用を、「オール沖縄」で推した座喜味一幸宮古市長は自衛隊容認だとの理由で、使用許可発表。

12・9 北大東村議会「自衛隊誘致に関する意見書」を全会一致で可決。

12・24 台湾有事の際、自衛隊と米軍が南西諸島を攻撃用に軍事拠点化する日米共同作戦計画の原案が報じられた。

新装改訂版のあとがき

本書は、旧著の出版社の経済的事情により、インパクト出版会が、新装改訂版の出版を引き受けることになりました。

沖縄戦と沖縄戦体験について一九八〇年代から深い見識を積み重ねてきているインパクト出版会には、史資料で語る旧著の意義を深く理解し、正当に評価してもらえていました。したがって、あらためて若い世代に沖縄戦体験がいかに日本政府に捏造されているか、その真実を取り戻そうという強い意欲のもと、新装改訂版の出版を即断していただきました。

旧著が日の目を見るというのは、なによりも、無念の思いで凄惨な死を強いられたにもかかわらず、自ら天皇のため、国家のために殉じたものとして、靖国神社に合祀されている人たちを明るみにだすことになります。別の表現をするならば、靖国神社に閉じ込められている戦争死没者のみなさんが、解き放されることを意味していると思います。それゆえ、死者の思いをわたしが代弁して感謝していると、お伝えする次第です。決して、わたしは、大げさに語っているわけではありません。二〇〇五年前後から援護法と靖国神社関係の資料を探し、その問題解明に明け暮れしてきたものとしては、旧著を命がけで出版にこぎつけたにもかかわらず、増刷どころか注文もできない状態に陥っているところでしたので、新装改訂版出版の意義は、計り知れないものがあります。

ところで、旧著が世に出る契機になったことを最小限略記します。

二〇〇八年三月一九日に原告五人による沖縄靖国神社合祀取消裁判がおこされる前、原告の一人金城実彫刻家に、専門家証人になるよう求められました。おりしもNHK大田ディレクターに沖縄県公文書館には援護法関係文書のなかに靖国神社合祀に関する琉球政府資料があり、靖国裁判関係の弁護士は公文書館通いをしていることを教えてもらいました。この二つのできごとが直接、援護法と靖国神社合祀関係資料を探し求める契機になりました。さらに沖縄国際大学大学院生豊島緑さんが在籍していなかったら、公文書館から多くの資料は入手できなかったし、『援護法Q&A』や『靖国問題資料集』の存在、『国会会議録』がインターネットで容易に入手できることなど本書の基本資料の入手には、豊島さんは欠かせない存在でした。また、援護法関係の年表作成を担当してもらった沖縄国際大学非常勤講師の安良城米子さんには、本書の内容全般にわたってつねに共同討議をしてきた研究仲間であり、お二人とも本書の共同制作者ともいえます。二〇〇九年一一月、日本平和学会で発表資料として配付した、沖縄靖国神社合祀取消裁判における私の「意見書」写しを、凱風社の小木章男氏が一読され、ただちに出版を企画していただきました。その即断によって沖縄住民に適用された援護法と靖国神社合祀問題を全国にアピールすることができました。

将来世代のためにということが執筆の根底にありましたので、二〇一六年当時小学校四年の孫の拓音くんが、「いまどのようなことを書いているの」と、ときおりパソコンをのぞき込んでくれていたのも、大きな励みになっていました。

新装版を出版するにあたって、書名の決定や内容のチェックなどインパクト出版会の川満昭広氏と発行人深田卓氏のご助言をいただきました。また、須藤久美子さんには、年末年始にゲラ作りに時間をさいて下さいました。皆さまには深く感謝しております。なお、カナダ・バンクーバー在ピース・フィロソフィー・センターの乗松聡子さんには旧著を精読していただき、援護法の分かりにくさを克服するために共同討議を重ねてきました。その成果は本書に直接反映することができました。それまでにもゼミナール学生をはじめ家族や多くのみなさんとのさまざまな形での話のなかからヒントを得たり、考えをつき合わせたり、長年にわたって試行錯誤しながらたどりついた認識を形にしたものです。したがって、本書は決して個人の力だけによる本とは微塵も思っていません。

二〇一六年旧著出版のあとがきに、資料や書籍、新聞などで自宅の居間や寝室までも「書斎化」して、家族に強いストレスを与えつづけて家族全員にたいへん申し訳ないとお詫びの言葉を書きました。あれから五年たったいまも、なんら改善されていないが、若い世代で「援護法」をさらに次の世代に伝えたいという人たちが現れたので、その後継者のみなさんに史資料も託し、わが家がスッキリする日が遠からず訪れることを願っているところです。

さいごに、新装改訂版の校正のため、数回精読していると、改めてこのテーマを与えていただいた彫刻家金城実氏は、研究上の恩人という思いがつのります。また、旧著で小木章男氏の精魂込めた編集作業に、研究者として襟を正す思いを新たにしています。旧知の仲だった川満さんと、編集作業を重ねるなかで、川満氏がこの本は、過去の問題に言及しているが、じつは、戦争ができる国へ姿を変えた日本の未来の姿を映しているのだという見識を示されました。この本の出版に注力されている川満氏の編集者魂にふれました。絶版になった旧著の命をよみがえらしてもらえたのは、戦争被害者や体験者の「ぬちどぅたから（命こそ宝）」の想いを将来世代へつなぐ役割も果たされることであり、私にとって川満昭広氏もまた金城実氏につづいて研究上の恩人であることを追記させてもらいます。

二〇二二年一月　人類史に特記されるコロナ禍のさなかに

石原昌家

［著者略歴］

石原昌家　いしはら・まさいえ

1941 年生まれ。沖縄県那覇市首里出身。1962 年 4 月入学の大阪外国語大学西語科を経て、1970 年 3 月大阪市立大学大学院文学研究科（社会学専攻）修士課程修了。1970 年 4 月、講師採用された国際大学を経て、72 年 4 月沖縄国際大学講師。82 年沖縄国際大学教授。現在、沖縄国際大学名誉教授。

［主たる著書］

『虐殺の島――皇軍と臣民の末路』（晩聲社)、『証言・沖縄戦――戦場の光景』（青木書店)、『空白の沖縄社会史――戦果と密貿易の時代』、『沖縄の旅・アブチラガマと轟の壕』（集英社新書)、『争点・沖縄戦の記憶』（共著・社会評論社)、『オキナワを平和学する！』（編著・法律文化社)、『ピース・ナウ沖縄戦――無戦世界のための再定位』（共著・法律文化社)、その他単著、共著、論文多数。

［主な社会的活動］

全戦没者刻銘碑「平和の礎」元刻銘検討委員会座長、沖縄県平和祈念資料館元監修委員など歴任。1991 年、「第三次家永教科書裁判」控訴審東京高裁で原告家永側の証人として法廷で証言。

■年表作成者

安良城米子　あらしろ・よねこ

1953 年生まれ、沖縄県大宜味村出身。2004 年 3 月沖縄国際大学大学院（修士課程地域文化研究科南島文化専攻）修了。元沖縄国際大学非常勤講師。

［主たる論文］

「琉球・沖縄の平和思想――「非暴力」の視点から」『オキナワを平和学する！』（法律文化社、2005 年)、「沖縄地元紙社説に見る沖縄戦認識：『沖縄タイムス』・『琉球新報』を通して」『ピース・ナウ沖縄戦――無戦世界のための再定位』（法律文化社、2011 年）

国家(こっか)に捏造(ねつぞう)される沖縄戦体験(おきなわせんたいけん)
——準軍属扱(じゅんぐんぞくあつか)いされた0歳児(ぜろさいじ)・靖国神社(やすくにじんじゃ)へ合祀(ごうし)

2022年 2月25日 第1刷発行

著　者　石原　昌家
装　幀　宗利　淳一
発行人　深田　卓
発　行　株式会社インパクト出版会
東京都文京区本郷 2-5-11　服部ビル 2F
Tel03-3818-7576　Fax03-3818-8676
impact@jca.apc.org　http://impact-shuppankai.com/
郵便振替　00110-9-83148

印刷・製本　モリモト印刷

インパクト出版会の本

沖縄人民党事件　米国民政府軍事法廷に立つ瀬長亀次郎

森川恭剛［著］

米軍統治下の沖縄の米国側の裁判記録を通して弾圧の内幕を知る。1954年の沖縄人民党事件の公判全記録が初めて明かされる！

2021年6月刊　定価3000円＋税　ISBN 978-4-7554-0307-7

沖縄戦 久米島の戦争　私は6歳のスパイ容疑者

久米島の戦争を記録する会［編］

沖縄戦時の久米島は、島に駐屯する日本軍34人によって支配されていた。住民虐殺は日本軍による組織的犯罪であった。

2021年1月刊　定価2000円＋税　ISBN 978-4-7554-3006-0

六月二十三日 アイエナー沖縄

大城貞俊［著］

この土地に希望はあるのか？ 沖縄の戦後を十年ごとに刻む方法で描いた斬新な小説の登場！

2018年8月刊　定価1800円＋税　ISBN 978-4-7554-3002-2

流着の思想　「沖縄問題」の系譜学

冨山一郎［著］

独立とは、あるべき世界への復帰である。渾身の書き下ろし長篇論考。

2013年10月刊　定価3000円＋税　ISBN 978-4-7554-0241-8

共同研究・戦友会　［新装版］

高橋三郎、溝辺明男、高橋由典、伊藤公雄、新田光子、橋本満［著］

戦争体験者たちの「戦後」を社会学の視座から読み解く。戦友会とは？ 戦後日本社会とは？　待たれていた戦友会研究の新装復刻版。

2005年4月刊　定価3500円＋税　ISBN 978-4-7554-0149-7

ぼくは皇国少年だった　古本から歴史の偽造を読む

櫻本富雄［著］

住井すゑ、金子光晴、瀧口修造ら作家・文化人の表現責任を追及する。

1999年8月刊　定価1900円＋税　ISBN 978-4-7554-0093-3